불교사회학

Buddhist Sociology of Buddhism

불교와 사회의 연기법적 접근을 위하여

박종철출판사는 신의와 신념을 지키기 위해 죽은 우리의 벗을 기억하고자
1990년에 설립되었으며, 그와 함께 꿈꾸었던 세상을 만드는 데
보탬이 되고자 합니다.

불교사회학

Buddhist Sociology of Buddhism

불교와 사회의 연기법적 접근을 위하여

유승무

박종철출판사

탈고를 위한 막바지 작업에 열중하고 있던 어느 날, 법정 스님이 열반하셨다. 스님의 저승길에는 수의도 없었다. 관도 없이 대나무 평상 위에서 평소의 승복을 입은 채 얇디얇은 가사 한 장을 걸치셨을 뿐이다. 다비의 연기와 함께 구름이 흩어지듯 사라져 대자유의 세계로 돌아가셨다. 스님의 '남기는 말'이 공개되었다. 그동안의 말빚을 다음 생으로 가져가지 않으려 하니 자신의 출판물을 그만 출간하라는 내용도 담겨 있었다.

그 소식을 듣자, 지금 내가 하고 있는 일도 부질없는 짓이 아닐까? 하는 의문이 자꾸 고개를 들었다. 그래도 굳이 이 책을 마무리한 것은 한국의 종교사회학이 기독교사회학과 등치되는 현실에서, 불교사회학도 존재한다는 사실, 아니 불교사회학도 존재해야 한다는 과제를 해결해야 한다는 실천적 문제의식 때문이었다.

불교사회학을 정립하는 일은 시쳇말로 '맨땅에 헤딩하는 것'과 다름

없는 무모한 일이었다. 당연히 '말빚'이 눈덩이처럼 불어날 수밖에 없었다.

이 책이 불교사회학의 지평을 여는 데 한 알의 밀알이라도 되기를 바랄 뿐이다. 미래의 어느 날, 한국 사회에서 그 누군가가 불교사회학이란 기름진 황무지를 옥토로 만들어 풍성한 결실을 맺는 날, 이 책은 스스로의 존재 가치를 상실하게 될 것이고 더불어 말빚도 청산될 것이다. 그날이 하루라도 앞당겨지길 간절히 바란다.

이제, 이후의 지속적인 수정 및 보완을 다짐하며 감히 탈고하려 한다. 독자 제현의 기탄없는 질정을 바란다.

이 정도의 난산難産이라도 가능했던 것은 지금까지 곁에서 힘이 되어 준 수많은 고마운 분들의 도움 덕택이었다. 누구보다도 고마운, 사회학이라는 학문의 길로 이끌어 준 모든 분들을 여기에서 일일이 나열할 수 없어 안타까울 뿐이다. 그동안의 학문 활동 과정에서 만난 여러 선후배들에게도 말로 다 표현할 수 없는 고마움을 전하고 싶다. 대원학술기금의 지원은 이 책을 출판하는 데 실질적인 힘이 되었다. 마지막으로, 상업성과 별 관계없는 학술서적을 기꺼이 출판하겠다고 한, 게다가 무더위에 매우 난삽한 글을 꼼꼼하게 교정해 준 박종철출판사의 모든 이에게도 진심으로 감사의 말을 전하고 싶다.

그러나 이 세상 그 무엇도 부모님의 한량없는 사랑과는 비견되지 않으리라. 그리고 이 책이 세상에 나오기까지 그 어려움을 이겨낸 공은 남편의 부족함을 채워 주며 튼실한 가정을 일구어 낸 아내에게 돌아가야 온당하리라. 상인이, 상희와도 기쁨을 함께하고 싶다.

끝으로, 손을 보아 이 책으로 묶이기 전의 각각의 글이 처음 실렸던 곳을 밝혀 두고자 한다.

제2장: 「불교사회학의 성립조건(Ⅰ)」, 『논문집』 제6집, 중앙승가 대학교, 1998년.

제3장: 「불교사회학의 성립조건(Ⅱ)」, 『논문집』 제7집, 중앙승가 대학교, 1998년.

제4장: 「베버의 대승불교 해석에 관한 비판적 이해」, 『논문집』 제5 집, 중앙승가대학교, 1996년.

제5장: 「'Tokugawa Religion'의 불교사회학적 이해」, 『논문집』 제 8집, 중앙승가대학교, 1999년.

제6장: 「불교와 마르크스주의의 동몽이상」, 『동양사회사상』 제21 집, 동양사회사상학회, 2009년.

제7장: 「불교와 근대성의 또 다른 만남」, 『사회와 이론』, 한국이론 사회학회, 2006년. (이 논문은 박수호 선생님과 공동으로 연구한 결과이 다. 공저자의 허락을 받고 나의 이 저서에 수록함을 밝혀둔다.)

제8장: 「상즉상입의 불교사회학」, 『동양사회사상』 제10집, 동양 사회사상학회, 2004년.

제9장: 「한국 불교와 현대적 제도의 만남」, 『불교학연구』 제18집, 불교학연구회, 2007년.

제10장: 「중도와 '또 다른 진보'의 선순환」, 『동양사회사상』 제11 집, 동양사회사상학회, 2005년.

2010년 9월
유승무

차례

제1장 서론

기원전 6~5세기경 인도 북부에서 고타마 싯다르타라는 이름의 석가釋迦족 왕자가 탄생했다. 그는 부왕父王의 염원이었던 석가족 왕이 되는 것을 포기하고 출가出家하여 깨달음을 얻었다. 깨달은 자[覺者], 즉 붓다가 된 것이다.

붓다의 출세出世는 '어둠을 몰아내는 작렬하는 태양에 비유되곤 한다. 이 비유에서 태양의 힘만 보고 어둠의 존재 의미를 찾지 못한다면, 이 비유가 말하고자 하는 바를 놓치게 될 것이다. 태양이 고마운 이유는 어둠이 존재하기 때문이며, 태양의 위력은 어둠의 깊이를 통절하게 느낄 때에만 실감할 수 있는 것이다.

여기에서 어둠은 무엇을 의미하는가? 어둠은 이른바 '악마의 군대', 즉 스님들이 일상생활 속에서 마군魔軍이라 부르는 그것이다. 불교 교리나 불교 경전에 따르면, 어둠은 개인적 차원에서는 무명無明을, 생명체들 사이의 관계라는 차원에서는 약육강식의 현실을 의미한다. 그러나 그런 의미만 있는 것이 아니다. 사회학자에게 어둠은 또 다른 의미를 가진다. 태양이 세상을 밝히는 존재라면, 어둠은 인간 세상을 어둡게 만드는 그 무엇이다. 사회학자에게 어둠은 붓다 출세 당시의 급격한 사회구조의 변동과 그로 인한 사회질서의 혼란을 의미하는 것이 될 수 있다. 요컨대, 인간의 무명, 약육강식의 현실, 급격한 사회구조의 변동으로 인한 혼란 등은 붓다 출세의 동기였고, 붓다의 출현 및 붓다의 가르침, 즉 불교는 그러한 문제들을 해결할 수 있는 영향력을 가지고 있다는 것이다.

그렇다면 이제 사회학자는 이렇게 물어야 한다. 당시의 급격한 사회변동은 붓다의 출현과 불교의 융성에 어떤 영향을 미쳤고, 붓다의 출현 또는 불교의 발전은 이후 사회의 변동에 어느 정도 영향을 미쳤는가? 그리고 그 양자 관계에서 어떤 쟁점이 실제로 존재하고 있었고, 그에 대한 붓다의 기본 입장은 무엇이었는가?

1. 붓다 시대 인도 북부의 사회변동

붓다 출세 이전인 고대 인도에서는 기원전 13~12세기경 유목민으로 알려진 아리안족의 이동에 의하여 베다 문명이 일어났고, 그 이후 일종의 정착 문화인 브라흐마나 문명이 기원전 9~6세기에 걸쳐 인도 고대 문명을 형성하고 있었다. 그러나 기원전 5~4세기경에 이르러 급격한 사회변동, 즉 사회적, 정치적, 경제적, 사상적 변화를 포함한 사회질서의 거대한 지각변동이 일어나기 시작했다.

첫째, 사회적 측면에서, 예부터 내려오던 씨족제도에 근거한 사회질서가 붕괴되고 있었다(오노신조, 1992). 수공업의 분화와 상업의 발달로 인해 계급의 분화가 발생하고 빈부의 격차가 점차로 커져 갔다. 이는 풍부한 음식 문화, 한층 발달된 놀이 문화, 강화된 가부장적 가족 관계, 각종 통과의례의 발전 등 사회생활 전반의 변화로 이어졌다(마스타니 후미오, 1983).

둘째, 정치적 측면에서, 세속적 통치자 계급인 크샤트리아의 사회적 영향력이 강화되어 가고 있었을 뿐만 아니라 그들이 종교적 사제 계급인 브라만의 독점 영역이었던 정신계로 진출하면서 전통적 브라만의 지위를 위협하는 양상을 띠기 시작했다(앞의 책). 또한 정치 공동체의 범위가 점차 확장되면서 왕권은 더욱 강화되어 갔다. 정치조직에서도, 공화정의 조직과 왕권의 조직이 공존하고 있었으나 공화정의 정치조직은 점점 쇠퇴하거나 왕국에 흡수통합되는 운명에 놓여 있었던 반면 전제 왕국은 그만큼 더 큰 세력을 형성해 나가기 시작했다. 실제로 당시 대표적인 공화정체의 정치조직을 유지하고 있던 석가족은 물론 붓다가 모범적인 공화정의 정치체로 간주했던 밧지 연합도 당시 인도 북부의 최대 제국이었던 마가다 왕국에 의해 정복되고 말았다.

셋째, 경제적 측면에서도 기원전 7세기경에 이르러 수공업이 분화되고 곳곳에 시장이 생겼을 뿐만 아니라 원격지 무역이 성행하고 나아가 군주국의 성시城市가 발달하여 촌락 경제는 급속하게 쇠퇴했다(앞의 책). 이는 도시 및 도시 경제가 성립되었음을 의미하며, 전통적 물물교환 대신에 상품 교역과 화폐경제가 발전하고 있었음을 의미한다. 또한 붓다가 출세했을 때에는 이미 대상隊商이나 선박에 의한 원격지 무역이 성행하였으며, 이른바 장자長子로 알려진 소수의 부자들이 생겨나고 있었다(오노신조, 1992).

이러한 급격한 사회변동은 종래 지식인 계급이 지니고 있던 신앙이나 인생관 등 세계관을 근원적으로 흔들어 놓았다. 붓다 출세 당시 인도 사회에서는 매우 뚜렷한 비非브라만적 사조가 형성되고 있었다. 브라만교의 입장에서는 이단이라 할 수 있는 여러 종류의 사문단沙門團이 등장했는데, 자이나교를 포함한 육사외도六師外道[1]와 불교가 그 대표적 사조였다. 우파니샤드의 시대로 일컬어지던 당시, 점점 더 높은 사회적 위상을 점해 가고 있던 크샤트리아의 세계관은 특히 자아에 대한 관점에서 브라만적 사상과는 상이한 내용, 즉 비非브라만적 사조를 지니고 있었다. 브라만은 내我의 본질을 외부에서만 구하려 했지만 크샤트리아는 내부에서 구해야 한다고 가르쳤다(마스타니 후미오, 1983). 이런 점에서 붓다가 무아無我를 설한 것, 그래서 내我를 보는 불교의 관점이 '무아 사상'이라는 것은 이러한 크샤트리아의 세계관과 무관하지 않다. 또한 당시 일단一團의 사문 집단이 출현하여 브라만교의 전통적 관습의 구속에서 완전히 벗어나 자유롭게 출가하고 자유롭게 주장을 펴고 자유롭게 생활하기 시작했는데, 붓다도 성씨에 사문沙門을 붙여 '사문 고타마'로 불렸다.

정리하자면, 붓다 출세시의 급격한 사회변동으로 인해 크샤트리아가 사회적으로 크게 부상함에 따라 브라만의 영향력이 상대적으로 하락하게 되었고, 그 결과로 사람들의 세계관도 브라만적 세계관에서 크샤트리아적 세계관으로 변해 갔다. 이런 사회변동은 낡은 질서의 한계를 넘어서는 것이었고 새로운 사상, 즉 붓다의 출현을 잉태한 것이었다.

2. 붓다의 가르침과 신분 차별의 철폐

붓다가 출세했을 때 고대 인도의 사회질서는 사제 계급인 브라만,

---

1) 기원전 5~3세기 인도 '우파니샤드' 철학의 영향을 받아 형성된 사상 가운데 여섯 유파, 즉 푸라나카사파, 마칼리고살라, 산자야벨라지푸타, 아지타케사캄발라, 파구타카자야나, 니간타나타푸타 등을 이르는 말이다. 힌두교의 기본 경전인 『베다』와 『우파니샤드』에 배치되는 주장이 많아 이들은 외도外道라 불렸다.

통치자 계급인 크샤트리아, 평민 계급인 바이샤, 노예였던 수드라 등 사성四姓 계급의 엄격한 신분 질서를 유지하고 있었다. 그리고 이러한 신분 질서는 단순히 직업과만 연계된 것이 아니었다. 각 계급은 범천梵天의 입(브라만), 팔(크샤트리아), 허벅지(바이샤), 발(수드라) 등에서 탄생했다는 브라만교의 종교적 선민사상과 밀접하게 연관되어 있었다. 상위 세 계급과는 달리, 수드라는 종교적 부정不淨이라는 측면 이외에도 아리안족에 의해 정복당한, 그래서 언제나 반란을 도모할 수 있는 선주민先住民이란 점에서 민족적 측면에서도 영원한 배제의 대상이었다. 인도 사회의 이런 카스트 질서는 철옹성처럼 단단하였다.

붓다는 이 철옹성에 도전한 최초의 사람이었다. 신분 차별과 그로 인한 폭력의 야만성을 지양하고 문명인으로 구성된 문명사회를 건설하려는 것이 붓다의 뜻이었다. 붓다의 궁극적 목표는 카스트제도라는 철옹성을 무너뜨리는 것, 즉 신분 차별의 사회질서를 전복하는 것이었다.

그러한 목표를 이루어내는 것은 결코 쉬운 일이 아니었다. 그리고 마치 깨달음이 자연적 욕망을 충족시키려는 세속적 목표의 달성을 위한 것이 아니라 세속적 목표에의 집착을 철저히 차단하기 위한 것인 것처럼, 이상 사회 건설이라는 붓다의 목표도 세속적 질서의 철저한 지양을 통해 이룩되는 그 무엇이었다.

신분 사회에 대한 붓다의 도전은 멈추지 않았다. 사회적 지위는 출신 성분이 아니라 행위자의 동기에 윤리적 책임을 묻는 사회적 행위, 즉 업業에 의해 결정된다는 것이 붓다의 결론이었다. "태어나면서부터 천민은 없다. 태어남으로 해서 브라만인 것도 아니다. 업에 의하여 천민이 되고, 업에 의하여 브라만이 된다."(Ratnapala, 1992, p. 49) 출신 성분에 따른 당시의 신분 질서로 볼 때, 이러한 가르침은 그 자체로 혁명적 선언이었다.

붓다는 선언으로만 그친 것이 아니라 가르침을 실천으로 옮겼다. 예컨대 승가(僧伽)에서는 철저히 출신 성분을 버리고 업에 의하여 질서를 유지하도록 했는데, 이는 신분 질서의 철폐를 위한 붓다의 사회변혁 전략이자 방법이었다.

이와 같이 들었다.
어느 때 부처님께서는 사위국 기수급고독원에 계시면서 여러 비구들에게 말씀하셨다.
네 개의 큰 강물은 아나바탑타 못에서 흘러 나온다. 네 개의 강물이란 이른바 항하·신두·바차·시타니라. ······
그러나 그 강들이 바다로 들어간 뒤에는 본 이름은 없어지고 다만 바다라고만 불리느니라.
이와 같이 네 가지 성이 있다. 어떤 것이 네 가지인가. 바라문, 크샤트리야, 바이샤, 슈드라 종족이다. 그러나 그들도 여래에게 나아가 수염과 머리를 깎고 세 가지 법옷을 입고 비구가 되어 도를 배우면 본 성은 없어지고 다만 석가의 제자 사문이라고만 불리느니라. 왜 그러냐 하면 여래의 대중은 큰 바다와 같고 네 가지 진리는 네 큰 강과 같아서 온갖 번뇌를 없애 버리고 두려움이 없는 열반성으로 들어가기 때문이니라. (동국역경원, 1997, 412쪽)

붓다는 승가를 통해 사회적 혁명을 수행하려고 했다. 실천적인 혁명 전략은 세속적 욕망을 실현하는 것이 아니라 무지로 인해 자연스럽게 발생하는 탐욕과 폭력을 지혜로 제압하여 모든 존재의 차별을 철폐하고 평화로운 공생을 이룩하는 것이었다.

붓다의 가르침이 신분 차별의 부당함을 강력하게 환기시킨 것은 사실이지만, 그것이 곧 전체 사회의 신분 질서 변동을 야기한 것은 아니었다. 게다가 붓다의 가르침은 혁명적 함의를 지니고 있기는 했지만, 연기사상緣起思想에 기초하고 있었을 뿐만 아니라 행위론적 측면과 관념적인 측면이 매우 강했기 때문에 사회변혁상의 실천적 함의는 상대적으로 약했다. 신분 질서, 도시 생활, 화폐, 소유 제도 등에 대한 붓다의 가르침이 양면적인 측면을 가지고 있는 이유도 이와 무관하지 않다. 그러므로 오늘날 불교와 사회변동의 관계를 이해하기 위해서는 먼저, 사회변동 및 그와 관련된 쟁점에 대해 붓다가 어떠한 관점을 가지고 있었는지를 알아보아야 할 것이다.

3. 초기 불교와 사회의 관계
-『초기 불교의 사회학』을 중심으로

베일리와 마벳의 2003년 공저인 *The Sociology of Early Buddism*(이하『초기 불교의 사회학』)은 초기 불교의 문헌 자료에 기초하여 사회변동과 관련된 쟁점들을 사회학적 관점에서 논의하고 있다. 이 책은 사회적 조건이 불교에 미치는 영향을 탐구하는 부분과 승려의 사회적 역할 등 불교가 사회에 미치는 영향을 탐구하고 있는 부분으로 구성되어 있다. 더 구체적으로 말하면, 이 책은 불교 발생 당시 인도 북부의 사회구조와 그 변동을 추동하는 계급 및 계층구조를 불교와 연관하여 치밀하게 설명하고 있다. 이런 점에서 이 책은 사회변동과 관련된 쟁점에 대해 붓다가 어떠한 관점을 가지고 있었는지를 구체적으로 확인하기에 적합한 저서이다.

그 밖에도 이 책은 불교사회학과 연관하여 네 가지 큰 의미를 지니고 있다. 첫째, 불교의 발생과 관련된 제반 쟁점의 사회과학적 근거를 엄격하게 검증함으로써 불교의 기원에 대한 사회학적 관심을 해결해 주는 초기 불교의 사회학적 연구서이다. 둘째, 불교에 대한 사회학적 연구도 드물거니와 그나마 극소수의 연구 성과조차도 불교사회사상에 경도되어 있다는 점을 고려하면, 이 책은 경험과학적 자료에 기초한 진정한 의미의 불교사회학적 연구 성과다. 셋째, 이 책은 불교사회학 연구의 근본적인 주제, 즉 은둔과 적응의 딜레마에 초점을 맞추어 그 경험적 근거와 논리적 근거를 정밀하게 논의하고 있다. 이런 이유로 한국 불교 특유의 은둔의 전통과 급변하는 사회 변화에 적응해야 하는 필요성 사이의 딜레마에 빠져 있는 오늘날 한국 불교에게 이 책은 커다란 실천적 함의를 제공한다. 넷째, 이 책의 저자들은 사회학자로서는 특이하게도 모두 인도 고대 문명 및 그 자료에 대한 해박한 지식을 가지고 있다. 특히 베일리는 산스크리트 문헌 연구 분야에서 국제적인 명성을 얻고 있다. 그러므로 이 책은 초기 불교에 대해 사회학적 관심을 갖는 사람들에게 그것과 연관된 문헌들과 그 서지 사항을 정확하게 알려 주는 역할을 할 수도 있을 것이다.

　『초기 불교의 사회학』은 다음과 같은 구절로 시작한다. "만약 어떤 스님이 세속의 찌든 때의 흔적을 철저히 지웠다면, 만약 그 스님이 생계의 그 어떤 원천과의 관계도 단절하고 있다면, 그래서 만약 그 스님의 삶이 자유로 가득 차 있다면, 그러한 분의 삶의 흔적을 찾아 가기란 마치 하늘을 나는 새의 흔적을 추적하는 것만큼이나 어렵다."

　위의 구절에 스며들어 있는 총체적 초탈의 관념은 세속의 단념, 세속적 관계로부터의 자유, 독신 등 초기 불교와 연관된 앙비앙스 ambience를 매우 간결하게 표현하고 있다. 그러나 현실적으로 일체의 생산 활동을 하지 않는 승단僧團은 사회와 빈번하게 상호작용을 할 수밖에 없으며, 사회적, 문화적, 정치적 체제 내에 통합되어 있기도 하다. 바로 여기에서 하나의 '근원적인 분열fundamental dichotomy'이 발생한다. 『초기 불교의 사회학』은 어떻게 한편으로는 불교가 승단으로 하여금 출가와 초탈의 실천을 요구하면서도 다른 한편으로는 승단이 사회, 문화, 또는 정치의 역동적 일부로 남아 있는가를 설명하려는 사회학적 연구이다.

이러한 연구 목적을 달성하기 위해 『초기 불교의 사회학』은 서론에서 개념적 전제와 방법론적 논의를 시도한다. 무엇보다도 이 책은 초기 불교를 이해하는 최선의 방법은 초기 불교를 사회에 의존하고 사회를 형성하는 역동적 과정으로 간주하는 것 ─ '사회학적 관점' ─ 이라고 전제하고 있다. 그리고 그러한 관점에서 보았을 때 불교는 크게 세 가지 얼굴을 하고 있다고 한다. 첫 번째 얼굴이 바로 금욕주의의 얼굴(은둔의 이미지)이고, 두 번째 얼굴은 도시 생활(공적 영역)에의 참여(또는 정치적 개입)의 얼굴이며, 세 번째 얼굴은 민속 종교라는 넓은 의미의 불교 얼굴로서, 여기에는 사람들의 영혼을 달래 주는 의식, 불탑 건립, 치병이나 점술, 승려와 평신도 사이의 잡다한 신변잡기가 모두 포함된다. 그런데 각각의 얼굴은 자기 완결적일뿐만 아니라 자신의 고유한 내적 논리를 갖고 있기 때문에, 이 책은 하나의 잣대가 아니라 세 얼굴 각각의 잣대를 활용하여 각각의 특징을 포착하려 한다. 이러한 관점은 이 책의 문제 제기, 즉 금욕주의(또는 은둔)와 도시 생활(또는 세속적 삶에의 참여) 사이의 모순을 자세하게 논의하지 않을 수 없게 한다. 특히 상업적 가치를 정당화하는 경전 내용과 상업적 가치에 저항하는 경전적 근거, 도시 생활을 정당화하는 경전적 근거와 부정하는 근거, 중앙집권 국가를 정당화하는 근거와 그것에 저항하는 근거, 탈부족 문화를 정당화하는 근거와 부정하는 근거, 고통 치유의 불교와 그 체제에 대한 정당화의 기능과 저항의 기능, 인과관계의 혼란 등을 모두 파헤치고 있을 뿐만 아니라 왜 그러한 모순적 내용이 경전에 동시에 포함되어 있는지를 논의한다. 그것은 『초기 불교의 사회학』 제1장 서론의 전반부에서 논의한 '근원적 분열'과 무관하지 않은 것으로 보인다.

　이러한 개념적 논의와 이론적 관점을 확보한 다음, 이 책은 본격적으로 불교사회학적 분석으로 들어간다. 『초기 불교의 사회학』의 본론은 크게 두 가지 주제, 즉 불교 발생의 사회적 맥락을 다루는 부분과 불교를 세계종교로 부흥시킨 주체인 승려의 사회적 역할, 즉 담지자擔持者로서 승려의 사회적 중개 역할 등을 다루는 부분으로 나뉘어져 있다.

　첫 번째 부분에서는 불교가 존재할 수 있었고 그 이후 승단이 발전할 수 있었던 사회경제적 맥락을 다룬다. 이 부분에서는 사회적 엘리트, 경제적 조건, 도시화와 거대 규모의 정치 구조의 발달, 브라만과 그 경쟁자들, 그리고 민간신앙과 우주론 등과 같은 소주제들이 자세하게 논의되고 있다. 예컨대 제2장에서는 불교 발생 당시 인도 북부의 다양한 사회 엘리트와 특정한 계층 내부의 다양성까지 검토한 다음, 그러한 복합사회는 그 내적 다양성의 통일을 위해 보편적 이데올로기를 요구하고 있었을 것이며 불교가 그러한 요구의 충족과 어떻게 연관되어 있었는지를 검증한다. 이러한 관심은 제3장으로 이어지는데, 제3장에서도 당시 새롭게 부상하던 상인층 및 농민층과 불교의 연관성, 즉 상호 지원 관계를 소상하게 밝힌다. 제5장에서는 당시 지배 세력이었던 브라만과 경쟁 관계에 들어선 사회계층 등을 밝힘으로써 당시의 브라만적 계층 질서의 변동을 설명한다. 물론 그 과정에서 아마도 제4장, 즉 도시화에 따른 정치적 공동체의 발전과 그 파급효과에 대한 설명과 제6장, 즉 총체적 사회변동에 대한 설명도 요구되었을 것이다. 이렇듯 사회의 계층구조 및 그 변동을 자세하게 논의한 다음, 책의 두 번째 부분에서는 중개자로서의 승려의 사회적 역할을 각종 경전을 기초로 정밀하게 분석해 나간다. 이 부분에서는 불교 발생 당시 인도 북부의 유행하는 성자들의 존재 및 생활 방식, 중개자로서의 승려의 역할,

『법구경法句經』과 거기에 나타난 비구比丘의 이미지, 경전에 나타난 중개자의 역할, 재보시財布施와 법보시法布施의 교환, 즉 사회적 교환 등과 같은 소주제들이 자세하게 논의된다.

　이 두 부분을 불교와 사회 사이의 상호작용을 전제하는 불교사회학적 관점으로 다시 분류하면, 전자는 불교가 처한 사회적 조건에 초점을 두고 그러한 사회적 맥락이 불교에 어떠한 영향을 미쳤는지를 해명하고 있는 반면에, 후자는 불교의 핵심 담지자인 승려의 사회적 역할을 통해 불교가 어떻게 사회 변화에 영향을 미치는가를 밝혀 주고 있다. 이렇게 볼 때, 전자는 사회적 조건을 독립변수로 설정하고 불교의 발전을 종속변수로 설정함으로써 불교의 등장을 사회과학적으로 설명하는 데 성공하고 있으며, 후자는 불교를 독립변수로 설정함으로써 그로 인한 사회 변화 및 다양성을 설명하는 효과를 낳고 있다.

　종교사회학은 종교 공동체 내부에서 발생하는 사회현상에도 관심을 갖지만, 사회와 종교가 서로에게 미치는 영향을 논의하기도 한다. 종교사회학은 전자에 관심을 보일 때에는 주로 종교 공동체 내부의 제도, 조직, 인간관계, 고유한 문화 및 전통 등을 다루지만 후자에 관심을 보일 때에는 종교와 사회 사이의 인과관계를 따진다. 그리고 종교와 사회 사이의 인과관계는 어느 쪽을 독립변수로 설정하고 어느 쪽을 종속변수로 설정하느냐에 따라 다시 두 가지 종교사회학 분야로 탄생한다. 그 중 하나는 사회적 조건이 특정 종교에 미치는 영향을 다루는 종교사회학이고, 다른 하나는 종교의 사회적 역할이 어떻게 사회 통합에 영향을 미쳤는지를 논의하는 종교사회학이다. 이렇게 볼 때, 기원전 5세기경 인도 북부의 사회변동이 불교의 발생에 어떤 영향을 미쳤는지에 대한 논의는 종교사회학의 한 축을 이루며, 불교(또는 승려)의 사회적 역할을 논하는 것은 불교가 사회에 미치는 영향을 논의하는 종교사회학의 또 다른 한 축을 이룬다. 이는 『초기 불교의 사회학』이 전형적인 종교사회학적 주제를 다루는 불교사회학 연구서임을 의미하며 오늘날 한국 불교에 큰 실천적인 함의를 줄 수 있는 연구서임을 의미한다.

한국 불교의 사회참여를 논의하는 자리에는 어김없이 은둔의 유령이 나타난다. 그 유령은 자신이야말로 한국 불교의 적자이고 사회참여는 서자라고 강변하면서 거드름을 피우기도 하고, 스스로를 불교의 몸통으로 과시하면서 사회참여를 깃털처럼 가벼운 그 무엇이라고 조롱한다. 설상가상으로 오늘날 한국 불교가 이를 실증함으로써 암묵적으로 동의하는 효과를 발휘하고 있다. 은둔의 이데올로기가 지배를 정당화시켜 주는 헤게모니로 치환된 것이다.

한국 불교에 덧씌워진 은둔의 이데올로기는 한국 불교가 스스로를 공공의 영역 및 공론의 장으로부터 철저히 배제하는 정치적 효과로 수렴될 뿐만 아니라 불교의 근본 사상인 연기사상에서 기인한 불교 본래의 사회성마저 자발적으로 탈각시키도록 강제한다. 그 결과, 근현대 한국 사회에서 중앙정부, 지방정부, 준공공 기관 등 공적 기구에 의해 국가정책이 형성되는 과정에서는 물론이고 교육, 복지, 의료, 심지어 사회운동에 이르기까지 공적 영역에서 발생하는 종교적 수요는 불교 이외의 종교가 차지하게 되었다.

이는 한국 불교를 지배하고자 했던 조선조 사대부, 조선을 영구히 지배하고자 했던 일제 식민주의 통치자, 대한민국을 기독교화하고자 했던 미군정과 이승만 정부, 그리고 19세기 동양 사회를 식민지화하고자 했던 서구 제국주의자가 바라마지 않았던 의도와 정확하게 부합한다. 이렇게 볼 때, 한국 불교에게 붙여진 은둔의 꼬리표는 지배자가 자신의 지배 욕망을 충족시키기 위해 창조하고 조작한 생산물이며 그러한 점에서 한국 불교에게는 자기소외의 상징이기도 하다.

지금까지 서구의 학계에 소개되고 연구되어 온 불교의 지배적 이미지는 바로 은둔의 이미지였다. 실제로 불교의 핵심 담지자로서의 승려의 사회적 역할에 대한 논의는 종교사회학의 고전적 주제였다. 특히 베버는 승려 계층의 사회적 역할이 소극적이었다는 사실 ── 베버가 사용한 표현에 따르면 "내세 지향", "세계 도피", "현세 거부" ── 과 함께 불교의 사회적 역할이 시민사회를 주술의 정원으로 둔갑시켰기 때문에 불교가 사회의 근대화에 장애가 되었다고 주장한 바 있다. (더 상세한 것은 이 책 제4장을 보라.)

불교에 대한 이런 식의 이해는 불교의 한 측면, 즉 은둔의 얼굴만을 부각시킨 연구에 불과하다. 그렇기 때문에 초기 불교에서 승려의 사회적 중개 역할을 문헌 자료에 근거하여 자세하게 논의하고 있는 『초기 불교의 사회학』은 오늘날 한국 불교에게는 큰 울림으로 다가온다. 말하자면, 이 책은 한국 불교가 전통적인 은둔의 이미지로부터 벗어나 사회 변화에 능동적으로 대처하는 것이야말로 초기 불교 이래 불교 본래의 진면목으로 돌아가는 것임을 시사한다.

한편 『초기 불교의 사회학』은, 초기 불교를 사회학적으로 분석하여 불교사회학의 시원을 규명하고 있다는 의의를 지님에도 불구하고, 그 이후의 변화를 이해하는 데는 직접적인 도움을 줄 수 없다. 같은 이유로 『초기 불교의 사회학』은 초기 불교의 시대적 조건과는 전혀 다른 오늘날 자본주의사회와 대승불교의 한 유형인 한국 불교의 관계를 해명하는 데도 본질적인 한계를 갖는다. 게다가 사회학이 현대사회 속에서 살아 움직이는 경험적 현실에 주로 관심을 기울인다는 점에서 볼 때, 초기 불교와 관련된 경전적 자료에 주로 의존하는 『초기 불교의 사회학』은 오늘날의 삶의 현실을 설명하는 것과는 거리가 너무 멀 수밖에 없다.

이러한 한계를 지니고 있음에도 불구하고, 『초기 불교의 사회학』은 불교 발생 당시 인도 북부의 사회경제적 조건과 불교의 관계뿐만 아니라 "마치 하늘을 나는 새의 흔적을 추적하는 것만큼이나 어려운" 승려의 삶을 추적함으로써 초기 불교, 즉 불교의 시원과 관련된 사회학적 성과를 내어 놓았기 때문에, 『초기 불교의 사회학』의 한계를 넘어서서 초기 불교 이후 불교와 사회의 관계를 연구하는 과업은 후발 사회학자의 몫이다.

나는 이 과업 중 일부를 수행하려고 한다. 이 책에서 나는 초기 불교와 사회의 관계를 다루어야 하는 학자적 의무감을 벗어나 시간적으로는 근대와 그 이후에 초점을 맞추어 논의를 전개할 것이다. 아래에서는 이 책의 기획과 관련된 몇 가지 기본적인 전제를 언급해 두고자한다.

4. 불교와 사회의 상호변용에 접근하기 위하여

1) 종교와 사회의 관계에 대하여

지금까지 종교사회학은 종교를 크게 네 가지 방식으로 규정했다.

첫째로, 종교를 삶의 궁극적 의미 또는 내적 의미를 제공해 주는 그 무엇으로 규정했다. 이러한 정의에 따를 때 종교는 인간의 삶에서 독특한 위상을 점하는 가치 체계나 신념 체계로 실체화된다. 이는 가치와 신념의 사회적 기능을 밝히는 데 초점을 맞춘 것이며 종교의 기능적 정의라 하겠다. 그 대표적인 학자로는 베버, 벨라, 기어츠 등이 있다. 이들은 사회 변화를 설명하기 위해서 교리의 재해석, 즉 종교의 가치 체계 또는 신념 체계의 재해석 또는 종교 그 자체의 합리화 과정 — 그것이 종교개혁이든 교리의 재해석이든 — 을 전제한 다음, 그러한 재해석 또는 합리화가 인간의 삶에서 차지하는 위상을 밝힘으로써 그 종교의 사회적 의미를 독해하고 있다.

둘째로, 기본적인 구성 요소나 그 요소의 원형을 갖추고 있는가를 기준으로 종교를 정의한다. 이른바 실체적 정의이다. 그 대표적인 학자로는 뒤르켐이나 엘리아스 등을 들 수 있다. 이러한 실체적 정의는 종교를 구성하는 기본 요소들 중 하나라도 갖추고 있지 못하는 것을 종교가 아닌 것으로 배제함으로써 종교를 한층 협소하게 이해할 뿐만 아니라 종교를 사회구조의 반영으로 이해함으로써 종교에 대한 구조주의적 독해로 귀결된다.

셋째로, 종교를 불평등한 사회나 미숙한 사회의 반영으로 정의한다. 이러한 정의에 따르면 종교는 일종의 이데올로기로 실체화되는데, 맑스나 프로이트의 정의가 그 대표적인 예이다. 종교야말로 사회 모순을 은폐하고 정당화함으로써 "민중의 아편"과 같은 역할을 한다는 맑스의 주장에서 우리는 그 사회갈등론적 함의를 읽을 수 있다.

넷째로, 종교를 개인과 개인 사이의 의미의 상호작용의 결과로 규정한다. 이 정의에는 개인의 종교성만이 아니라 개인과 개인의 사회적 상호작용을 매개하는 상징 또는 사회의 종교성도 포함되지만, 궁극적으로 종교는 개인들 사이의 의미 작용의 산물로 실체화된다. 따라서 비록 사회명목론과는 다소 다른 시각을 견지하고 있다 하더라도, 이 정의는 기능적 정의의 연장선에 위치한다. 대표적인 학자로는 버거가 있다.

이상의 종교관은 종교를 기능 — 삶의 내적 의미의 제공이라는 순기능이나 이데올로기적 기능 — 을 기준으로 실체화하거나 사회구조를 반영하고 있는 기본적인 구성 요소를 중심으로 실체화함으로써 종교의 사회적 의미를 제공해주는 데 성공하고 있다. 그러나 그러한 실체화를 통한 성공으로 말미암아 종교를 이해하는 각각의 방식은 서로 화해가 불가능하게 되었을 뿐만 아니라, 우리 역시도 어떤 하나의 방식으로 종교를 정의할 것인지를 선택하지 않을 수 없도록 강요받아 왔다. 더욱 심각한 문제는 종교에 대한 각각의 정의가 성공적인 설명력을 갖는 만큼 그 하나하나는 부분적인 진리만을 밝혀줄 뿐이라는 점이다. 그런데도 기존의 종교사회학은 이론적으로 이상의 네 가지 시각 안에서 맴돌 뿐 그것을 극복하지는 못하고 있다. 인간과 사회를 각각 실체화하거나 그 어느 한쪽을 실체화한 이후 그 둘 사이의 관계를 설정하려고만 하여, 그럴 때 나타나는 경우의 수가 네 가지뿐이기 때문이다.

그렇다면 이러한 이론적인 막다른 골목을 벗어날 수 있는 길은 무엇일까? 소통의 벽인 종교의 실체화를 거부하는 것이 해결책일 것이다. 보다 직접적으로 말하면, 연기법적緣起法的 접근이 그 마지막 방법으로 남아 있다는 것이 필자의 입장이다. 두 가지 대립물 사이의 관계를 상즉상입相卽相入 — 상호동일성의 원리와 상호침투성의 원리 — 의 이치에 따라 설정하는 것이 바로 그것이다. 이는 신 중심성이나 이성 중심성과 같은 세계관과는 전혀 다른 연기법적 세계관에서 출발하는 것이다. 동시에 이는 우리가 "부처를 만나면 부처를 죽이라."라고 주장하는 종교, 즉 일체의 실체화를 부정하는 불교에 주목하는 이유이다.

2) 종교사회학의 기본 가정에 대하여

불교사회학은 종교사회학의 한 부분이고, 종교사회학은 사회학의 한 분과 학문이다. 그러므로 종교를 보는 관점은 다양하더라도 모든 종교사회학적 연구는 사회학적 성격이라는 공통분모를 가지고 있어야 한다. 이는 그 학문적 성과가 어떤 형태로든 사회적 맥락과 연관되어 있어야 하며 사회학적 함의를 내포하고 있어야 함을 의미한다. 또한 사회학자의 기호나 판단조차도 그의 삶의 터전인 사회적 맥락과 무관하지 않다.

지금까지 종교사회학의 기본 가정은 공통적으로 근대화 또는 자본주의 발전이었다. 베버의 저서 『프로테스탄트 윤리와 자본주의 정신 *Die Prothestantische Ethik und der Geist des Kapitalismus*』은 그 대표적인 저서이다. 이 책은 서구 사회의 근대화 또는 보다 직접적으로는 서구의 자본주의적 발전을 전제하고 있다. 자본주의는 서구에서 발흥했을 뿐만 아니라 그곳에서 꽃을 피웠다. 반면에 20세기 중반까지도 서구 이외의 사회에서는 주목할 만한 자본주의적 발전을 이룩하지 못했다. 최근 다소 약화되었다고 하지만 사실상 지금 이 순간까지도 우리는 자본주의적 발전을 우리 사회의 궁극적 성장 목표로 설정하고 있다. 이러한 사회적 맥락 때문에 지금까지도 베버의 종교사회학적 연구는 출세 가도를 질주하고 있다.

20세기 중반 이후 일본의 눈부신 경제발전은 베버의 명성에 약간의 상처를 입힌 셈이다. 그러나 이러한 상처도 일본 예외주의론에 힘입어 곧 치유되었다. 바로 그 중심에 20세기 가장 탁월한 종교사회학자의 한 사람인 벨라가 있었다. 벨라의 『도쿠가와 종교 *Tokugawa religion*』는 베버의 프로테스탄트에 필적하는 등가물이 일본에도 있었다고 전제함으로써 베버를 계승하면서도 정치의 합리화를 거친 경제발전이라는 우회로를 밝혀냈다(제5장을 보라). 그리고 벨라는 그러한 발전이 비서구 사회들 중에서 오로지 일본에서만 발견되는 현상이라고 설명했다. 이른바 일본 예외주의였다. 일본의 자본주의적 성장이라는 사회적 맥락이 일본 예외주의론을 뒷받침한 것이다.

뒤이어 1970년대 이후부터는 동아시아 각국이 눈부신 경제성장을 이루어 냈다. 한국이나 대만을 비롯한 '네 마리 용'이 등장했을 뿐만 아니라 태국이나 말레이시아와 같은 '다섯 마리 새끼 호랑이'도 탄생했다. 베버의 명성에 좀 더 큰 상처가 났다. 그러나 그러한 상처는 아시아적 가치론에 의해 다시 치유되었으며 베버식 프로테스탄트 윤리의 등가물로 아시아적 가치, 즉 유교 문화가 부각되었다. 비록 동아시아의 외환 위기와 경제 위기의 주범으로 유교 문화의 부정적인 측면이 지목됨으로써 아시아적 가치론을 외치는 목소리가 다소 낮아지긴 했지만, 동아시아의 경제발전이라는 사회적 맥락이 아시아적 가치론의 자양분이었음을 부정할 수는 없다.

이렇듯 사회학의 기틀을 마련한 베버, 뒤르켐, 맑스와 그 후학들의 종교사회학적 성과는 말할 것도 없고 아시아적 가치론을 주창한 한국 사회학자의 연구 성과도 기존 종교사회학의 기본 가정, 즉 근대화 또는 자본주의적 발전이라는 사회적 맥락 속에서 비로소 의미를 가질 수 있다.

그러나 불교사회학은 이러한 가정을 공유하기 어렵다. 일본이 불교 국가이고 동아시아 여러 나라가 불교문화권 국가라는 주장도 설득력이 없다. 아직까지도 대부분의 불교 국가는 경제적으로 낙후된 국가일 뿐만 아니라 발전한 동아시아 국가에서도 불교는 유교 및 고유 종교와 습합된 일부일 뿐이기 때문이다. 게다가 불교가 추구하는 최종 목표인 깨달음에 도달하기 위해서는 욕망과 집착을 버리고 수행에 정진해야 하기 때문에, 불교사상에서 몇 가지 지엽적인 경제발전의 가치를 도출 한다 하더라도 그것을 발전론과 연관시켜 해석하는 것은 아전인수일 뿐이다. 오히려 불교경제학을 주창한 슈마허처럼 "작은 것이 아름답 다"라고 선언하는 편이 정직할 것이다(슈마허, 1986 참조). 어쨌든 불교가 근대화 또는 자본주의적 발전이라는 사회적 맥락과 친화성을 가지기 어렵다는 사실이야말로 지금까지 불교사회학이라는 시도 자체를 주저 하게 만든 심층적인 걸림돌이 아니었을까 생각된다.

그러나 최근 근대화 및 자본주의적 발전 자체에 대한 근원적인 반성이 일어나고 있다. 학계에서는 근대성 자체가 하나가 아니라 여럿이라는 주장이 제기되었고, 비서구 사회의 경험을 전제로 하는 '토착적 근대성' 개념이나 인류 초기의 문명화를 전제로 한 '원초적 근대성'과 같은 개념도 등장했다. 시간적 차원에서 불교를 근대에 국한시켜야 할 이유는 없게 되었지만, 공간적 차원에서는 비서구 사회라는 사회적 맥락 속에서 불교를 탐구해야 할 명분과 필요가 발생한 것이다. 따라서 이 책에서는 비서구 사회인 아시아 불교문화권 사회의 경험을 중심으로 근대 자본주의적 발전과 불교의 관계뿐만 아니라 근대의 지양이나 '근대 너머'와 불교의 관계에 대해서도 논하고자 한다.

5. 이 책의 구성에 대하여

이 책은 서론을 제외하면 크게 네 개의 부로 구성되어 있다.

제1부에서는 학문적 차원에서 불교사회학을 분명하게 규정한다. 이를 위해 불교사회학을 학문적으로 정립하는 데 필요한 최소한의 논의, 즉 불교사회학의 연구 대상과 그 대상에 접근하는 방법론을 자세하게 논의한다. 특히 이 책이 한국 사회학계에서 최초로 '불교사회학'을 전적으로 다룬다는 점을 고려할 때, 이러한 기본적인 논의는 불가피하다고 하겠다.

제2부에서는 불교와 사회 발전의 관계에 초점을 맞추면서 베버와 벨라의 불교 관련 연구를 비판적으로 검토한다. 이는, 개인의 종교성(여기서는 사회 구성원의 불교적 세계관이나 태도)이 경제발전에 미치는 부정적 영향(베버)이나 긍정적 영향(벨라)을 비판적으로 검토하는 작업, 즉 개인의 태도와 그 태도에 영향을 미치는 종교를 독립변수로 설정하고 경제발전을 종속변수로 설정하고 있는 선행 연구들을 검토하는 작업이다.

제3부의 논의는 불교와 사회변혁에 초점을 맞추고 있다. 여기서는 불교와 맑스의 비교 연구를 시도한 다음, 최근 동아시아 참여불교의 전개 양상과 그 함의를 논의한다. 이는, 독립변수인 사회변혁(맑스의 경우에는 자본주의사회의 변혁, 참여불교의 경우에는 자본주의사회의 사회적 고통의 해결)을 통하여 인간 해방이나 행복(종속변수)에 도달하고자 하는 주장들을 검토하는 작업니다.

마지막으로 제4부에서는 이론적 차원에서 선행 연구를 극복하고 나아가 인간, 불교, 사회 사이의 상호변용의 동학을 사회학적으로 이해하기 위하여 '연기체緣起體'라는 독창적 개념을 제시하고 그 가능성을 이론적 차원 및 경험적 차원에서 논의한다.

사회학적 소양이 전혀 없는 이들은 제1부부터 차근차근 읽는 것이 바람직하겠지만, 사회학적 역량이 어느 정도 갖추어진 이들이라면 제2부부터 읽어도 무방할 것이다. 또한 토착적인 이론의 생산에 관심이 있는 사회학자라면 제4부의 내용에 집중하면 될 것이다.

제1부

·

불교사회학이란 무엇인가?

제2장 불교사회학의 연구 대상

한국 불교계에서 불교사회학이라는 개념은 이미 오래 전부터 공식적으로 사용되어 왔다. 1980년대 초부터 중앙승가대학교의 1학년 교과과정에 불교사회학이라는 과목이 포함되어 있었고 동국대학교 불교대학원에는 응용불교학의 한 영역으로 불교사회학 강좌가 개설되어 있었다. 또한 김진열은 1993년에 『불교사회학 원론(I)』이라는 단행본을 출간하기도 했다. 그리고 불교계의 각종 일간지나 잡지에서도 불교사회학이라는 개념을 어렵지 않게 발견할 수 있다.

하지만 정작 불교사회학은 무엇인지, 즉 한국 불교계나 한국 사회에서 불교사회학이 왜 필요한지, 불교사회학이 무엇을 연구하는 학문인지, 그 연구 대상은 무엇이며 그 연구 대상을 어떻게 연구할 것인지 등에 관한 학문적인 논의는 제대로 이루어지지 않은 것이 사실이다. 앞서 말한 책에서 김진열이 불교사회학 성립의 사상적 근거를 풍부하게 제시하긴 했지만, 그것은 필요조건이긴 해도 충분조건은 아니다. 불교사회학이 하나의 학문으로 정립되기 위해서는 최소한의 기본 조건, 즉 그 학문의 고유한 연구 대상과 그에 따른 다양한 접근 방법에 대한 체계적인 이해가 요구되는 것이다.

여기서는 우선 불교사회학의 연구 대상과 연구 영역을 체계적으로 정리함으로써 불교사회학이 성립하기 위한 필수 조건의 하나인 연구 대상을 분명하게 밝혀 보고, 불교사회학과 인근 학문들과의 관계를 포괄적으로 살펴봄으로써 불교사회학의 학문적 위상을 제시해 보고자 한다.

1. 불교사회학의 연구 대상 설정의 필요성

한국 사회에서 불교사회학에 대한 학문적 논의가 지체되고 있는 것은 불교사회학의 연구 대상을 학문적 탐구의 대상으로 설정하지 않고 있기 때문이다. 이는 한국 종교사회학의 학문적 경향이나 한국 불교학계의 사회학 관련 부문의 연구 수준과 무관하지 않다.

김종서는 「해방후 50년의 한국종교사회학 연구사」에서 종교사회학의 발전을 위한 세 가지 과제를 다음과 같이 제시하고 있다.

> 첫째, 종교적 시각과 사회적 시각의 균형이 절실히 요청된다. …… 둘째, 교구사회학(또는 기독교사회학)을 극복해야 한다. …… 셋째, 기존 한국적 종교사회현상에 관한 연구업적들을 가능한 한 수렴시켜야 한다. 대부분의 종교사회학관계 논저들은 번역된 서구이론을 가지고 서구현상을 설명하는 내용들이어 왔다. 한국적 종교 사회에 관한 논의들이 거의 취급되지 않고 있으므로 우리 사회를 위한 진정한 우리의 이야기가 아니라는 느낌이 든다. 단순한 번역 종교사회학을 넘어서 진정한 한국적 종교사회학을 추구하려면 먼저 한국적 문헌자료와 한국적 현상 자체에 대한 끊임없는 관심과 정리검토 작업이 선행되어야 할 것이다. (364~365쪽)

위의 인용문은 지금까지 한국의 종교사회학이 어떻게 발전되어 왔는지를 단적으로 말해 주고 있다. 특히 두 번째와 세 번째 사항은 기존의 종교사회학 일반의 학문적 경향에서 불교사회학적 연구 대상이 얼마나 철저히 배제되어 왔는가를 입증해 준다.

또한 정병조는 「한국에서의 불교연구, 그 현실과 과제 - 해방 이후 반세기를 중심으로」에서 불교사회학의 범주에 속할 수 있다고 판단되는 두 편의 글, 즉 「불교의 사회학적 접근시론」(김진열, 1988)과 「초기불교의 연기상의설 재검토 - 불교의 사회화를 위한 이론적 정초」(박경준, 1990)를 소개하고 있다. 그리고 그는 이 분야의 연구들이 학술적으로 정립된 이론을 지니지 못하고 있다는 평가를 덧붙이고 있다.

이렇듯, 한국 사회에서 불교사회학의 필요성이 제기되고 있지만 아직까지 정립된 이론이 없을 뿐만 아니라 그 연구 대상조차도 분명하게 확정되지 못하고 있는 상태이다. 그러나 모든 학문은 그 고유한 연구 대상을 가질 때 비로소 학문 공동체 내에서 학문적 승인을 얻는다. 이는 불교사회학의 고유한 연구 대상이 불교사회학 성립에서 가장 결정적인 조건임을 의미한다. 여기서는 불교사회학이 하나의 분과 학문으로 성립하는 데 필요한 가장 기본적인 조건부터 체계적으로 검토하는 것으로 논의를 시작할 것이다.

그렇다면 과연 불교사회학의 연구 대상은 무엇인가? 불교 내부에는 출가자出家者와 재가신도在家信徒라는 주체가 존재하며, 이들은 서로, 그리고 자연과, 그리고 사회와 연기법緣起法적 관계를 형성하고 있다. 또한 이러한 관계를 매개하는 주체의 깨달음과 자비慈悲 활동, 계율, 의식과 의례, 각종 조직과 하위집단, 그리고 교육제도, 경제제도, 정치제도 등의 각종 제도, 나아가 불교 하위문화 등이 존재하고 있다. 그리고 이러한 모든 사회적 사실은 시공간적 좌표 위에서 독특한 사회적 의미를 지니며 변화해 가고 있다. 불교사회학은 이러한 사회적 사실이나 사회적 현상을 그 연구 대상으로 하고 있다. 아래에서는 이를 크게 세 가지 연구 영역으로 나누어 보다 자세하게 살펴보고자 한다.

2. 불교사회학의 연구 대상

1) 불교의 사회적 재생산 영역

종교인만큼 자신의 종교에 대해 큰 관심을 기울이는 사람은 없다. 몇몇 신앙인들은 종종 자신의 종교에 대해 학문적인 관심을 기울여 왔고 그들 중 몇몇은 자신의 종교의 재생산 문제와 관련하여 인식의 지평을 사회로 넓혔다. 그렇기 때문에 특정한 종교의 사회적 재생산 활동에 관련된 학문적 관심, 즉 초기의 종교사회학은 통상 그 종교를 믿는 사람들의 산물인 경우가 대부분이다. 불교도 마찬가지이다.

불교의 경우, 사회현상에 대한 학문적 관심은 신도의 인구학적 특성에 대한 것이었다. 그 문제가 불교의 재생산 문제와 밀접하게 연관되어 있기 때문이다. 이런 이유로 그간 불교학 관련 논문들에서는 불교인의 수와 성별, 연령별, 직업별, 계층별 특성에 대한 고찰의 흔적을 쉽게 발견할 수 있다. 특정 종교에서 발표하는 신도의 인구학적 자료들의 신뢰성에 문제가 있는 것으로 판명되고 있지만, 모든 종교는 자체적으로 신도의 사회인구학적 추세에 큰 관심을 기울인다. 이처럼 불교의 재생산 문제는 불교사회학의 최초의 연구 영역이자 가장 기초적인 연구 영역이다. 특히 신도의 사회인구학적 특성과 그 추이에 대한 통계자료의 축적이 이루어진다면 불교사회학의 발전에 크게 공헌할 것이다.

모든 종교가 그러하듯, 전법傳法과 포교布敎는 불교의 재생산 문제와 관련하여 가장 중요한 활동이다. 불교는 부처님께서 일찍이 전법선언을 한 바 있을 뿐만 아니라, 전통적으로 승가僧伽에서는 전법과 포교 활동이 출가수행자出家修行者의 의무 사항이기도 했다. 따라서 포교 활동은 종교와 사회를 매개하고 있다는 점에서 불교사회학의 핵심적인 연구 대상이다.

결론적으로 포교 활동과 그 결과인 신도의 사회인구학적 특성은 불교사회학의 최초의 연구 대상이자 가장 기초적인 연구 대상이라고 할 수 있다. 그러나 이러한 연구 대상은 몇 가지 한계를 지닌다. 이 연구 대상 자체가 불교의 재생산 문제와 매우 밀접하게 연관되어 있는 탓에 목적론적 전제로부터 자유로울 수 없을 뿐만 아니라 관심의 초점을 불교의 옹호, 이른바 '호교護敎' 행위로 둘 수밖에 없기 때문이다. 게다가 이 연구 대상은 신도들의 종교성을 양적 척도로만 평가함으로써 신도들의 종교성의 형성 원인이나 조건 및 과정에 대해 설득력 있는 근거를 제시하지 못하는 한계를 지니고 있다.

2) 불교 공동체 내부의 사회현상

위자야라트나는 크게 다음과 같은 두 가지 점에서 출가수행자는 본질적으로 사회적 존재라고 했다. 먼저 출가수행자는 '승가僧伽'라 불리는 공동체 사회의 구성원이며, 그 사회 속에서 책임과 의무와 권리를 갖고 있다. 다음으로 출가수행자들은 평민들에게 의복, 의약품, 음식을 의존하고 있으며, 세속 사회에 대하여 책임과 의무와 권리를 갖고 있다(Wijayaratna, 1990, p. 117). 위자야라트나의 이러한 진단은 출가수행자의 사회관계를 크게 승가 공동체 내부의 사회관계와 승가 공동체와 그 외부와의 사회관계로 구분하여 보여 주고 있으며, 특히 승가 내부의 사회관계를 독립된 사회관계로 설정함으로써 출가수행자의 사회관계의 독특성을 잘 드러내 준다.

이러한 승가 내부의 사회관계와 생활상의 제반 규율을 규정하는 규범들을 체계화한 것이 고대에는 율장律藏으로, 대승불교 시대에서는 청규淸規로, 현대 불교에서는 종헌宗憲·종법宗法으로 나타나고 있다. 이러한 규범이나 법제에 따르면, 출가수행자 일반은 출가수행자와 공동체의 관계, 공동체와 은사恩師의 관계, 은사와 제자의 관계, 그리고 행자行者, 사미沙彌, 비구比丘 사이의 관계 등 여러 가지 사회관계 속에서 생활하게 된다. 그리고 승가에서는 제도화된 교육기관에서의 엄격한 교육과 훈련에 따라 사회적 지위가 다르게 부여되기 때문에 체계적인 사회질서가 확립되어 있다. 그러나 승가 내부의 현실적 조건은 계속 변화하므로 승가의 규범도 율장, 청규, 종헌·종법 등으로 변천해 왔을 뿐만 아니라 앞으로도 계속 변화해 갈 것이다. 왜냐하면 모든 사회적 규범은 조직, 제도, 구조를 포함한 사회구조적 조건과 인간의 행위 사이의 교호交互관계에 기초하여 그 나름의 생명력을 유지하기 때문이다.[1] 따라서 이러한 승가의 규범 및 그 변천 과정과 관련된 사회적 사실은 출가수행자의 사회화 과정뿐만 아니라 그들의 사회적 태도, 가치관, 의식 등을 이해하기 위해서도 반드시 필요한 연구 대상이다.

한편 불교의 승가는 사회 속의 사회, 즉 출가수행자만의 독특한 사회이다. 또한 승가는 출가수행자에 대한 세속 사회의 영향들을 녹여

---

[1] 김진열(1997)은 고려시대 및 조선시대에도 여러 청규가 제정된 적이 있다고 전제하면서 이렇게 역설하고 있다. "시대가 변하고 사회적 환경과 교단의 생활여건이 달라지면 거기에 맞춰서 중생을 제도할 교단 내외적 기강 준수를 알리는 참신한 청규 제정은 반드시 필요하다."(155쪽)

불교문화로 재생산해내는 도가니이기 때문에, 승가라는 사회는 불교와 사회를 연결하는 매개체이며 승가의 사회현상은 이 관계의 성격에 결정적인 영향을 미친다. 그리고 승가라는 연구 대상은 기독교의 조직, 제도, 교구 등과 비슷하지만, 한편으로는 조직이나 제도를 넘어선 소공동체라는 점에서 아주 다르다. 승가는 조직이나 제도를 내장하고 있다는 점에서 기독교의 교구사회학적 연구 대상과 유사한 것으로 간주할 수 있지만, 출가수행자들의 총체적 삶의 장total Institution[2]이라는 점과 그런 의미에서 완전하고 독립된 사회 단위라는 점에서 기독교의 교구사회학이 다루는 대상과는 전혀 다르다. 특히 후자의 측면과 관련하여 기타가와는 『동양의 종교Religions of the East』에서 다음과 같이 표현하고 있다. "종교는 그 종교공동체에 속하는 각 사람을 모아놓은 것 이상이다. 종교는 과거와 현재와 미래의 사람들을 품는 공동체를 의미한다. …… 종교공동체는 종교공동체 자체의 발전·쇠퇴·재생의 속도와 법칙을 갖고 있다."(기타가와, 1994, 12쪽) 이렇게 불교의 승가는 독자적인 생명을 지닌 하나의 완전한 사회이다. 바로 이러한 점에서 승가 내부의 사회현상은 불교사회학의 가장 중요한 분석 단위인 동시에 필수적인 연구 대상이다.

그러나 이 현상에 대한 이해 역시 불교와 사회의 관계에 대한 이해를 포함할 때 가장 완전해질 수 있을 것이다. 왜냐하면 종교집단의 하위문화는 성스러움의 요소뿐만 아니라 세속적인 요소도 포함하고 있으며, 동시에 종교는 사회 전체의 사회제도에 결정적인 영향을 행사하기 때문이다(Lenski, 1967).[3]

---

2) 승가와 같은 독특한 공동체의 예로서 병원이나 교도소 등을 들 수 있는데, 사회학자들은 이를 "총체적 삶의 장"이라 부른다.
3) 렌스키G. Lenski는 종교가 정치, 경제, 가족생활 등에 미치는 영향이 심지어 계급의 영향력 이상임을 경험적으로 입증한 바 있다.

3) 불교와 사회의 상호작용

위자야라트나는 출가수행자와 세속인의 사회적 상호작용을 통하여 불교와 사회의 관계를 다음과 같이 잘 지적하고 있다.

> 출가수행자는 출가와 동시에 태도, 관습, 행위 등에서 세속 사회를 떠나며, 그렇기 때문에 어느 면에서 출가수행자의 삶은 세속인들의 삶과 다르며 세속사의 가장자리에 남아 있다. 그러나 종교 문제에서 그들은 크게 세 가지 점에서 세속인들과 밀접하게 관련되어 있다. 첫째, 출가수행자는 생계를 세속인들에 의존하고 있다. 둘째, 출가수행자는 세속인들에게 선행의 모범을 제공함으로써 그들의 믿음을 강화한다. 셋째, 출가수행자는 세속인들의 종교적 조력가로서 활동한다. (Wijayaratna, 1990, p.128)

이 세 가지 중에서 첫 번째 것으로 말미암아 세속 사회의 사회적 조건과 그 변화는 출가수행자의 삶에 영향을 미칠 수밖에 없으며, 반대로 두 번째와 세 번째 것으로 말미암아 불교는 세속 사회와 그 변화에 큰 영향을 미친다. 이 두 가지 사정이 실제적으로는 서로 밀접한 관계를 지니고 있지만, 여기에서는 분석의 편의상 구분하여 자세하게 살펴볼 것이다.

(1) 불교가 사회에 미치는 영향

종교가 사회에 미치는 영향은 종교사회학의 가장 고전적인 주제이다. 이와 관련하여 지금까지 종교학자들의 견해는 크게 두 가지로 대별되고 있다. 종교의 사회적 기능을 강조하는 입장과 종교의 사회갈등론적 역할을 강조하는 입장이 그것이다.

그런데 종교의 사회적 기능을 강조하는 기능주의적 시각은 다시 두 가지로 나뉜다.

첫 번째 주장은 사회학에서 사회명목론으로 해석되는 견해로서, 종교는 인간의 삶의 의미 또는 삶의 궁극적인 해석 틀을 제공함으로써 결과적으로 사회의 변화나 발전 또는 역동성에 영향을 미친다는 것이다. 다시 말해 종교는 인간에게 세계와 인간의 관계에 관한 초월적 규정, 즉 세계관을 비롯하여 자연관, 사회관, 인간관, 노동관 등을 제공하고, 이는 인간의 가치, 의식, 태도, 행위로 연결되어 결과적으로 사회의 역동성에 영향을 미친다는 것이다. 이러한 견해의 대표자는 베버이다.[4]

두 번째 주장은 종교에 대해 기능주의적 시각을 갖고 있다는 점에서는 첫 번째 주장과 동일하다. 그러나 두 번째 주장은 사회를 인간의 의지와 무관하게 독립적이고 유기적으로 움직이는 그 무엇으로 간주하는 사회실체론에 근거한다. 종교가 특정 사회의 모든 구성원이 공유하는 일종의 집합적 의식 또는 상부구조이기 때문에 사회질서의 유지와 사회의 통합에 기여함으로써 사회에 영향을 미친다는 것이다. 이러한 주장의 대표적인 학자는 뒤르켐이다. 맑스가 종교를 민중의 아편으로 간주함으로써 종교의 두 가지 기능, 즉 단기적이고 긍정적인 기능과 장기적이고 부정적인 기능을 동시에 인정하고 있긴 하지만, 그 역시 상부구조로서의 종교가 사회질서 유지의 기능을 수행한다고 보는 점에서 이러한 부류로 분류할 수 있을 것이다.

종교의 사회적 기능을 강조하는 입장과 종교의 사회갈등론적 역할을 강조하는 입장이 반드시 어느 한쪽을 부정해야 하는 것은 아니다.

---

4) 이러한 시각을 가진 다른 종교학자들로는 파슨스, 벨라, 버거 등을 들 수 있다. 맥과이어(1994)와 오경환(1990)을 참조할 것.

그것은 다음과 같은 두 가지 이유 때문이다. 첫째, 사회는 여러 사회 구성원들로 이루어져 있음에도 불구하고 개별 구성원의 합은 개별 구성원의 의지와는 무관하게 사회적 힘을 발휘하며, 사회란 개별 구성원의 총합 이상의 그 무엇이기 때문이다. 둘째, 그런데도 사회 구성원들이 없는 사회는 존재하지 않을 뿐만 아니라, 사회는 개별 구성원의 행위에 따라 다양하게 변화하기 때문이다. 그렇다면 우리는 종교야말로 두 가지 차원 — 개인적 차원과 집합적 차원 — 에서 사회에 영향을 미치는 경로를 동시에 지니고 있다고 결론을 내릴 수 있을 것이며, 그러한 점에서 종교는 사회의 변화를 초래하는 가장 영향력이 큰 사회적 요인들 중의 하나라고 간주할 수 있을 것이다.

이러한 점에서 불교 역시 사회 변화에 강력한 영향력을 지닌 사회적 요인이 틀림없을 것이다. 이러한 가설을 경험적으로 입증한 예를 벨라의 연구에서 확인할 수 있다. 벨라는 『도쿠가와 종교』에서 일본 사회에서 불교가 금욕적 노동윤리를 발전시키며 적극적인 사회윤리로서의 사회적 기능을 수행했음을 입증했다. 따라서 벨라는 일본 사회에서 불교의 사회적 기능은 서구 사회에서 프로테스탄트 윤리의 사회적 기능에 필적할 만한 것이었다고 평가한다. (이 점에 대해서는 제5장에서 자세히 논한다.)

갈등론적 시각에서 종교의 역동적인 사회적 역할을 강조하는 시각의 대표적인 학자는 맑스이다. 맑스는 종교를 상부구조로 전제함으로써, 계급투쟁의 역사적 조건 속에서 종교는 필연적으로 이데올로기적 역할을 할 수밖에 없다고 주장한다. 종교, 특히 그리스도교는 구체적 인간이 아니라 추상적 인간을 예찬함으로써 구체적인 사회관계의 현실에 대한 인식을 교란하고, 그럼으로써 부차적으로는 피지배계급의 투쟁 의지를 말살하는 경향으로 귀결되기 때문이라는 것이다(오경환, 1990; 니버, 1969 참조).

이는 맑스 유물론의 근간으로서, 종교만이 아니라 정치, 예술, 도덕, 철학 등 모든 상부구조는 구체적인 인간의 사회관계를 추상화된 인간으로 파악하는 계급사회에서는 불가피하게 이데올로기 — 맑스는 이데올로기를 허위의식으로 개념화하고 있다 — 로 전락할 수밖에 없다는 논리이다. 맑스의 『자본』 제1권에 등장하는 물신성物神性 개념은 이러한 의미를 함축적으로 암시함으로써 맑스의 종교관을 상징적으로 보여 준다.

이러한 맑스의 사상을 계승하면서도 이를 오늘날 제3세계라는 역사적 조건에 적용함으로써 독자적인 종교이론을 발전시킨 바 있는 마두로는 『사회적 갈등과 종교』에서 종교는 사회적 역동성의 일부분이자 그것에 영향을 미칠 수 있다고 주장한 바 있다. 특히 마두로는 계급 갈등이 엄연한 현실로 존재하는 사회적 상황 속에서는 종교조차도 사회적 역동성 속에서 발생하는 특정한 사회문제를 해결하기 위해 노력할 수밖에 없음을 경험적으로 입증한 바 있다. 종교의 사회적 역할과 관련하여 제3세계에서 특히 주목을 받은 마두로의 논의는 불교의 사회적 역할과 연관하여 많은 시사점을 제공해 준다.

바로 이러한 갈등론적 시각에 입각할 때, 근현대 한국의 불교운동이 적절하게 파악될 수 있다. 예컨대 우리는 해방 직후 이른바 불교혁신운동이 그 운동의 목표를 크게 불교적 과제인 '왜색 불교'의 극복과 민족적 과제인 완전한 자주독립국가 건설로 설정하고 당시 좌파운동과 연합했던 사실을 적절하게 이해할 수 있을 것이다(여익구, 1987; 김어수, 1980; 조원경, 1988). 또한 사회의 민주화를 기치로 내걸었던 1980년대 이른바 민중불교운동 역시 이러한 시각에서 이해할 수 있다. 당시 민주화란 군부독재 및 국가독점자본주의 체제에 대한 민중의 저항이라는 성격을 띠고 있었기에, 민중불교운동은 자신의 의지와 무관하게 피지배계층과는 우호적인, 그리고 지배계층과는 적대적인 관계를 형성

할 수밖에 없었기 때문이다.[5]

요컨대 '불교가 사회에 미치는 영향'이라는 연구 대상은 불교사회학의 가장 중요한 연구 대상의 하나라고 말할 수 있을 것이다.

(2) 사회가 불교에 미치는 영향

불교사회학은 불교가 놓여 있는 사회적 상황이나 사회적 맥락에 따라 불교의 성격이 다양함을 설명하고자 하는 것을 주요 과제로 삼는다. 실제로 불교는 크게는 대승불교, 소승불교, 밀교密敎 등으로, 작게는 시대나 나라에 따라 약간씩 그 모습과 성격을 달리하면서 발전해 왔다. 불교사회학은 이러한 다양성과 차이가 왜 발생했는지를 그 사회적 배경을 독립변수로 하여 설명하고자 한다.

이러한 불교사회학의 전형은 베버의 『힌두교와 불교』에서 볼 수 있다. 이 책에서 베버는 특히 대승불교의 발전을 매우 논리적인 이론 구조 속에서 분석하고 있으며, 불교의 이념 구조가 동아시아 사회 발전에 어떤 영향을 미쳤는가를 분석하고자 했다. 또한 베버는 불교가 중국을 비롯한 동아시아 지역으로 확장되면서 그 이념 구조가 변화한 이유를 정치적 배경, 경제적 상황, 평신도의 요구 등으로 나누어 설명하고 있다.

기타가와(1994)도 중국 불교, 일본 불교, 티베트 불교가 토착화 과정에서 저마다 독특한 특성을 띠게 되었다고 주장하고 있다. 예컨대 기타가와는 중국 불교가 토착화되는 과정에는 문화 이식에 따르는

---

5) 민중불교운동의 이러한 특성은 이후 민중불교운동에 대한 반성의 계기를 제공한다. 민중불교운동에 대한 학문적 반성은 학계의 일부 학자들을 중심으로 전개되었는데, 그 연구 성과는 『민중불교의 탐구』(법성 외, 1993)에 잘 정리되어 있다.

문제, 종교사회적인 문제, 정치적인 문제 등 세 가지 사회적 배경이 작용했다고 주장한다. 한편 기타가와는 일본 불교를 '종파불교宗派佛敎'로 특징짓고, 그렇게 된 이유를 여러 시기의 특징의 상이함과 연관하여 설명하고 있다. 기타가와의 설명을 요약하면, 제1기는 나라[奈良]를 중심으로 다양한 중국 불교를 수입한 시기이고, 제2기는 밀교의 전례와 의례가 발전하면서 종합적인 종교체계가 구축된 시기이며, 제3기는 니치렌[日蓮]으로 대표되는 일본인 불교 성인의 출현기이고, 마지막으로 도쿠가와[德川] 막부가 불교를 정치적으로 이용하던 시기가 있다. 티베트 불교가 밀교적 특성을 갖게 된 이유에 대해서는 티베트의 지리적 특성과 연관시켜 논의하고 있다. 나아가 기타가와는 최근의 근대화 과정이 동아시아 불교에 어떤 영향을 미쳤는지를 자세하게 설명하고 있으며, 이 점은 기타가와의 주요 관심사의 하나이다. 그는 현대 불교의 두 가지 특징으로, 하나는 현대의 철학적, 사회적 사상에 비추어 불교의 역사적 교의를 재해석하려는 노력을 들고 있고, 다른 하나는 포교에 대한 관심의 확산과 불교 통일 운동의 활성화를 들고 있다(기타가와, 1994, 207~218쪽).

또한 윤승용(1997)은 현대 한국의 각 종교 — 대표적으로 프로테스탄트, 가톨릭, 불교 — 가 한국 사회의 정치경제학적 변화에 따라 어떻게 변모해 왔는지를 밝힘으로써, 사회 전체의 변화에 따른 각 종교의 사회적 규정력을 경험적으로 분석하고 있다. 그는 불교를 비롯한 동양의 고전적 종교는 사회체제적 규정력의 측면에서, 자본주의사회에 대한 경험의 전무함과 대외 의존적 신앙에 유리한 체제적 조건으로 작용한 한국 자본주의의 종속성과 독점성 등으로 인해 사회 변화에 대한 적응력을 가질 수 없었다고 분석하고 있다. 또한 계급적 규정력의 측면에서, 불교는 전통적인 생활과 친화성을 가지는 일차산업과 비농자영층과 같은 비자본주의적 계급과 연계되었다고 주장한다. 그 밖에

도 정치적 규정력의 측면에서 불교는 해방 이후 한국 정치의 친기독교적 특성으로 인해 극심한 정치적 차별을 받았으며, 문화적 규정력의 측면에서도 반공 이데올로기, 경제성장 이데올로기, 사회 안정 이데올로기가 자유민주주의 이데올로기와 결합함으로써 불교는 기독교에 비해 변화에 적응하기 어려웠다고 진단하고 있다. 윤승용의 연구는 사회의 정치경제학적 조건이 각 종교에 미치는 측면만을 다루고 그 반대의 측면은 전혀 분석하지 않음으로써 결정적인 한계를 지니고 있지만, 사회 변화가 불교의 발전에 미치는 영향을 분석한 선구적인 연구임이 틀림없다.

그 밖에도 직접 불교를 연구 대상으로 하고 있지는 않지만, 강인철 (1996)은 1945년~1960년의 세계 체제라는 사회적 조건이 한국 기독교의 독특한 발전에 어떠한 영향을 미쳤는지를 경험적으로 밝힘으로써 근대 불교의 저발전을 세계 체제적 조건과 연결하여 이해하는 데에 커다란 암시를 주고 있다. 물론 이 시각은 세계 체제적 조건과 기독교의 관계만을 다루기 때문에 불교에 그대로 적용하기는 곤란하다. 다만, 기독교와 불교가 '종교 시장'에서 경쟁하고 있다는 점을 고려하면, 세계 체제와 기독교의 독특한 유착 관계가 간접적으로 불교 발전에 불리한 조건을 창출한 것으로 유추할 수는 있을 것이다(김용옥, 1989 참조).

이와 같은 연구 결과는 사회적 상황이나 사회적 맥락이 불교에 영향을 미침으로써 불교 이념의 변화나 불교인의 태도의 변화를 가져왔음을 경험적으로 논증한 것들로서, 모두 불교사회학의 핵심적인 연구 대상임이 틀림없다.

3. 불교사회학과 인근 학문

이렇게 불교사회학의 연구 대상을 살펴보는 것은 불교사회학의 특성을
이해하는 데 결정적인 의미를 지니지만, 그 특성은 인근 학문과의
비교를 통해 더욱더 선명하게 드러날 것이다. 또한 이러한 비교는
부수적으로 불교사회학의 학문적 위상을 확인하고 인근 학문과의
관계를 정립하는 데 도움이 될 것이다.

1) 불교사회학과 불교학

불교사회학은 불교학과 밀접한 관계를 지니고 있다. 연구 대상의 측면
에서 보면, 불교를 연구한다는 점에서 공통점을 지닌다. 다른 점이
있다면, 불교사회학은 불교를 사회적 맥락에서 이해하고 해석하지만
불교학은 불교 그 자체만을 독립적으로 연구한다는 것뿐이다. 이러한
점에서 볼 때, 불교학의 발전은 불교사회학의 발전에 토대가 되며
동시에 불교사회학은 불교학의 발전을 확대하는 불교학의 응용 분야로
간주될 수 있다.

그러나 연구 방법의 측면에서 보면 불교사회학과 불교학에는 큰
차이가 있다. 불교사회학은 사회과학적 방법들을 구사하는 반면, 불교
학은 종교학적 접근, 철학적 접근, 역사학적 접근 등 이른바 인문학적
접근을 선호한다. 또한 불교사회학은 객관적 사실을 강조하는 가치
배제적 전략을 택하는 반면, 불교학은 주관적 의미와 신념 등 가치
연관적 전략을 선택하는 경향이 강하다. 두 학문 간의 이러한 방법론의
차이는, 불교사회학이 지속적으로 발전해 나가면서 불교학적 불교사회
학과 사회학적 불교사회학을 분리하게 되는 원인으로 작용할 가능성이
있다. 이는 종교사회학의 연구 경향 중에서 종교학적 시각에서 접근하

는 것과 사회학적 시각에서 접근하는 것 사이에 존재하는 차이를 통해서도 드러난다.[6] 따라서 이러한 위험성을 줄이기 위해서는 두 학문 사이의 학제 간 연구가 필요할 것이다.

2) 불교사회학과 사회학

불교사회학은 종교사회학의 일부이고, 종교사회학은 사회학의 한 분과 학문이다. 또한 불교사회학은 실제 연구 과정에서 사회학적 도구들, 즉 사회학적 개념, 이론 및 이론 틀, 각종 연구 방법론 및 조사 방법론을 원용할 수밖에 없다. 이렇게 불교사회학은 사회학과 밀접한 관련을 맺고 있다. 그러나 사회학의 모든 분야가 불교사회학과 관련되는 것은 아니며, 관련 분야들 사이에도 연관된 정도는 다르다. 여기에서는 사회학의 여러 분과 학문 중에서 상대적으로 불교사회학과 밀접한 관련성을 가질 것으로 예상되는 것들을 살펴보고자 한다.

첫째, 불교사회학은 종교사회학과 직접적인 관련성을 가지며 궁극적으로는 종교사회학의 일부로 간주되어 연구되어야 할 것이다. 둘째, 사회사상사는 불교사회학적 연구에 상당한 도움이 될 것이다. 사회사상사나 불교사회학 모두 인간 사회의 사회적 사실이나 사회적 현상을 사상적 차원에서 본질적으로 다루고 있기 때문이다.[7] 셋째, 지식사회학

---

6) 김종서(1997)는 기존의 종교사회학이 사회학적 시각에 편중됨으로써 주관적인 믿음과 같은 종교 고유의 특성을 파악할 수 없다고 비판하고 있다. 그러나 다른 한편으로 보면, 종교학자들은 종종 믿음에 대한 문제를 연구 또는 비판의 대상으로 간주하기보다는 있는 그대로 수용함으로써 객관적인 지식으로서의 가치를 스스로 제한하는 한계를 보이기도 한다. 이와 같이 두 가지 시각의 조화는 상당히 어렵기 때문에 종교사회학은 처음부터 그 한계를 분명하게 천명하고 출발해야 할 것이다.

7) 오노신조(1992)는 불교사상을 사회사상적 시각에서 연구한 대표적인 예라

은 지식이나 사상을 사회적 맥락에서 연구한다는 점에서 방법론적으로 불교사회학의 발전에 상당한 도움을 줄 것이다. 불교사회학이 불교를 지식이나 사상적 측면에서 연구하고자 한다면, 불교사회학은 넓은 의미의 지식사회학이 되기에 충분하다(Smart, 1977 참조). 넷째, 사회심리학은 인간의 심리 현상, 즉 의식, 가치관, 태도 등을 그가 놓여 있는 사회적 상황과 연관시켜 이해한다는 점에서 역시 불교사회학의 발전에 도움이 될 것이다. 특히 사회심리학은 의식과 의례의 사회적 의미와 공동체 생활에서 행위자의 태도를 연구하는 데 크게 도움이 될 것이다. 다섯째, 사회계층적 변수는 종교적 변수만큼이나 인간의 사회적 의식과 사회적 행위에 큰 영향을 미치는 것으로 알려져 있는 바, 사회계층론은 사회계층과 불교의 관계를 이해하는 데 매우 유용한 이론 틀을 제공해 줄 것이다.[8] 여섯째, 사회변동론은 사회의 변화, 곧 역사의 문제를 다루는 학문이기 때문에, 사회변동과 불교의 관계를 이해하는 데에서는 반드시 연구되어야 할 분과 학문이다. 특히 사회변동에서 종교의 역할을 이해하는 데에서나 종교의 변화를 사회변동과 관련시켜 이해하는 데에서 사회변동론의 여러 가지 이론적 논의는 직접적인 도움이 될 것이다.

3) 불교사회학과 기타 인근 학문

불교사회학은 지금까지 살펴본 학문 이외에도 다양한 학문들과 종종 밀접한 관계를 갖는다. 그 중 몇 가지 대표적인 사례를 보자.

불교사회학은 불교와 사회의 관계를 다루기 때문에 시공간적 변화

할 수 있다.
8) Lenski(1967)는 종교 변수와 사회계층 변수와의 관계에 대한 경험적 연구로 서 주목할 만하다.

에 따른 비교 연구를 피할 수 없다. 이렇듯 비교 연구를 수행한다는 점에서 불교사회학은 비교종교학과 공통점을 지니고 있다. 그러나 비교종교학은 세계의 각 종교는 다양하다는 전제 아래 모든 종교가 공통적으로 갖고 있는 기본적인 요소들을 기준으로 여러 종교를 비교하는 반면에,[9] 불교사회학은 시공간적 차이를 전제하고 불교와 사회의 관계를 비교한다는 점에서 커다란 차이점을 지니고 있다. 또한 연구 대상의 측면에서 보면, 종교사회학은 주로 세계종교 모두를 연구 대상으로 하지만 불교사회학은 불교만 — 물론 사회나 시대에 따라 조금씩 차이를 보이는 불교 자체의 작은 차이를 주목하고 있음에도 — 을 연구 대상으로 한다는 점에서 차이를 지니고 있으며, 접근 방법의 측면에서도 비교종교학은 종교학적 측면을 강조하는 반면에 불교사회학은 사회과학적 접근 방법을 선호한다는 점에서 차이를 지니고 있다.

불교사회학은 불교를 연구 대상으로 한다는 점 이외에도 이를 시공간적 좌표축에 놓고 사회적 상황과 연관시켜 연구한다는 점에서 불교사학과 가장 많은 공통점을 가지고 있다. 바로 그렇기 때문에 불교에 대한 비교 연구는 불교사회학과 불교사학의 공통된 접근 방법이다.

그런데도 불교사회학과 불교사학은 몇 가지 점에서 결정적인 차이를 지니고 있다. 우선, 불교사학은 불교적 사실을 발견하고 해석하는데 초점을 맞추지만 불교사회학은 불교의 본질이 아니라 불교 내에 존재하는 사회적 현상이나 사회적 사실에 관심을 기울인다. 다음으로, 비록 불교사학이 다양한 사회과학적 방법론을 이용할 수 있다 하더라도, 과학성이란 기준에서 볼 때 불교사학은 불교사회학에 비해 상대적

---

9) 바하(1994)를 참조할 것. 바하는 종교경험을 사상적 표현, 행위적 표현, 공동체적 표현 등으로 구분하고 이 각각을 기준으로 세계종교를 자세하게 비교하고 있다.

으로 덜 엄격한 것이 사실이다. 마지막으로, 불교사학은 시간의 경과에 따른 역사적 사실을 발굴하여 현재와 미래의 교훈을 찾는 데 반하여 불교사회학은 사회적 현실을 분석하여 미래를 예측하고 전망하는 데 관심을 지닌다.

또한 불교사회학은 구체적인 연구 영역에서는 불교와 정치의 관계, 불교와 경제의 관계, 불교와 문화의 관계, 그리고 불교 내부의 정치, 경제, 사회 문화현상들을 연구하지 않을 수 없다. 그렇기 때문에, 정치학, 경제학, 심리학, 문화인류학, 행정학, 언론학 등 사회학과 밀접한 연관을 지닌 여러 분과 학문과 부분적으로 연관된다. 예컨대 불교와 정치의 관계에 관한 연구는 정치학자들로부터 주목을 받기 쉬우며, 불교와 경제의 관계 또는 사원경제寺院經濟는 경제학자들의 관심을 끌 만한 가치를 지닌다. 그리도 종교 조직은 행정학자나 경영학자들이 탐구하기에 적절한 연구 대상이기도 하다.

이와 같이 불교사회학의 연구 대상이 부분적으로는 불교학과 종교사회학의 그것과 중첩되고 불교사회학이 인근 분과 학문들과 깊은 연관을 지니기 때문에, 이들 학문들과의 '영역 분쟁'이 발생할 가능성이 있다. 따라서 이러한 유사 학문의 연구 대상과 적절한 관계를 형성하는 것과 인근 학문과의 관계를 정립해 나가는 것이 불교사회학 발전의 향방을 결정짓게 될 것이다.

제3장 불교사회학의 연구 방법

모든 학문은 그 연구 대상을 확정함과 함께 그에 적합한 고유한 방법론을 개발할 때 비로소 학문적 자격을 획득할 수 있다. 그렇기 때문에 불교사회학이 학문적인 조건을 완전하게 갖추기 위해서는 '불교사회학의 연구 대상을 어떻게 연구할 것인가?'에 관한 논의가 충분히 이루어져야 한다. 그런데도 아직까지 한국의 사회학계는 물론 불교학계조차도 불교사회학적 현상이라는 독특한 연구 대상을 연구하는 데 적합한 고유의 연구 방법론을 개발하려 하지 않고 있다.

불교사회학적 현상이 존재하고 있으며 또한 학문적 차원에서 불교사회학 정립의 필요성이 요구되고 있기에 불교사회학 방법론의 개발은 더 이상 미룰 수 없는 과제가 되었다. 포퍼에 따르면 과학적 방법론은 반증 가능성을 담고 있으며, 쿤은 그 여부에 따라 패러다임 전환이 이루어진다고 주장했다. 이는 한편으로는 방법론의 개발이 종착점을 갖는 것이 아님을 의미하지만, 다른 한편으로는 과감하게 창조적인 패러다임을 제시하는 것이 학문 발전의 첫걸음임을 시사한다. 여기에서도 비판과 반비판의 가능성을 열어 놓은 채, 불교사회학을 정립하는 데 필요한 불교사회학 방법론을 시론적 차원에서 제시해 보고자 한다.

1. 불교사회학 방법론 정립을 위한 방법론

한국 사회학계의 방법론적 논의는 대체로 다음과 같이 이루어졌다. 첫째, 과학철학적 입장에서 전개된 외국의 논의를 소개하거나[1] 이러한 논의를 연구자의 시각에서 충실하게 알리려 했다.[2] 둘째, 이와 같은 방법론적 논쟁과는 무관하게 특정한 입장에 서서 메타meta이론적 문제, 접근 전략, 자료 수집 기술, 자료 분석 방법 등을 일관성 있게 논의하려 했다.[3] 셋째, 방법론을 주로 자료 수집 방법의 차원이나 통계 기술 및 질적 자료 수집 기술 등 기술적 차원에서 논의하려 했다. 이 중에서 첫 번째를 제외한 나머지 두 가지는 연구 대상과의 연관성 속에서 방법론적 논의를 전개하기보다는 방법론을 위한 방법론에 머물러 있다는 점에서 도구주의적 경향을 드러내고 있다. 그리고 과학철학적 시각에서 연구 대상의 성격을 문제 삼고 있는 첫 번째 논의도 서구 학자들의 논의를 소개하는 수준에 머물러 있기 때문에, 불교사회학적 현상과 같은 독특한 대상에 대한 관심으로 이어지지 못하고 있다.

한국 사회내의 불교사회학적 현상과 같은 특수한 사회현상을 이해하기 위해서는 내재적 접근[4]이 요구된다. 이러한 내재적 접근의 측면에

----

1) 벤튼(1986), 배비(1987), 오스웨이트(1995) 등이 대표적이다.
2) 한국사회과학연구회(1977), 김동일 외(1983)가 그 대표적인 예이다.
3) 월라스의 방법론 도식은 실증주의적 입장에서 메타이론적 측면, 이론적 측면, 연구 대상인 현실 등이 논리적으로 연관되어 있음을 잘 보여 주고 있다(왈라스, 1990).
4) 송두율(1995)의 내재적 접근법internal approach을 의미하는 것으로서, 어떤 특정한 사회의 현실을 그 사회의 지향성이나 이념에 입각하여 설명하거나

서 보자면, 한국 불교학계가 한국 사회학계보다 진일보한 부분이 있다. 한국 불교학계는 한국의 역사, 문화, 인간 생활 속에서 불교가 차지하는 비중을 잘 이해하고 있으며 불교사회학적 현상을 이해할 필요성을 깊이 인식하고 있다. 그러나 불교사회학적 현상을 사상 지향적 방법론에 입각하여 논의해 왔기 때문에, 불교학계 역시 '현재 한국 사회의 불교사회학적 현상을 구체적으로 어떻게 연구할 것인가'라는 방법론적 문제를 개발하려는 문제의식을 가질 수 없었다.

이러한 한계를 극복하려는 시도가 전혀 없는 것은 아니다. 한국 사회학계 내에서도 서구 편향적 학문 풍토에 대한 자성의 목소리가 있었고, 과학철학적 차원에서 그 극복의 필요성이 논의되기도 했으며, 최근에는 동양 사회사상에 대한 관심이 증대되고 있기도 하다[5]. 또한 불교철학자인 김용정(1986)은 불교철학을 이해하는 데에서 현대 서구의 기호논리학적 방법론을 도입할 수 있음을 실증적으로 보여 줌으로써, 불교철학과 사회과학 방법론의 결합 가능성을 주장하기도 했다. 그러나 이러한 인식 관심도 불교사회학 방법론의 문제를 만족할 만큼 해결한 것은 아니다.

불교사회학 방법론은 현재 이곳에서 발생하는 구체적인 사회현상을 경험적으로 검증해 나가는 방법을 개발해야 하는 과제를 안고 있다. 그러나 불교사회학 방법론을 개발하기란 결코 쉬운 일이 아니다. 기존의 사회학 연구 방법론이 어느 정도 안내자 구실을 할 수 있겠으나, 불교사회학적 현상은 기존의 사회학 연구 방법론이 가정하고 있는 존재론적 전제와 인식론적 전제만으로는 쉽게 포착되지 않는다. 또한

비판하는 시각을 의미한다.

5) 소수이긴 하지만 이러한 인식 관심에 입각한 학문적 시도가 지속되어 왔으며, 최근에는 한국사회학회에 동양사회사상분과가 발족하여 활발한 연구 활동을 수행하고 있다.

불교사회학이 종교사회학적 지향성을 추구한다 하더라도, 불교사회학적 현상은 종교로서의 불교에 대한 이해가 전제되어야 한다. 불교사회학적 현상은 불교의 순수 종교적 현상과 착종되어 있기 때문이다. 따라서 불교사회학 방법론을 개발하기 위해서는 기나긴 갈등 관계의 역사를 지니고 있는 종교와 과학의 미묘한 관계를 해결해야 한다.[6] 나아가 불교사회학적 현상의 이해에 적합한 불교사회학 방법론을 개발하기보다는 기존 사회학 방법론의 도구주의적 장점에 편승하거나 불교사회사상사적 접근[7]에 안주하고 싶은 유혹을 극복해야 하는 어려움도 있다.

또한 새로운 방법론을 개발하려면 메타방법론적 차원 — 이 글에서는 이러한 차원을 '과학철학적 차원'으로 부르고자 한다 — 의 문제, 이론적 차원의 문제, 사회적 실재를 조사할 수 있는 조사 방법적 차원의 문제 — 조사 전략, 조사 기술 및 도구, 기술記述 방법 등 — 등을 동시에 해결해야 한다. 왜냐하면 방법론의 세 가지 차원, 곧 과학철학, 이론, 조사 방법은 본질적으로 서로 밀접하게 연관되어 있기 때문이다(Bulmer, 1990). 새로운 방법론은 이 중에서 최소한 과학철학적 차원과 조사 방법적 차원의 요구를 충족시켜야 한다. 불교사회학 방법론을 개발하는 경우

---

6) 여기에서는 종교와 과학의 관계를 대립적인 관점에서가 아니라 상호 보완적 관점에서 이해하고자 한다. 김용정(1986)도 불교와 과학을 상호 보완의 관점에서 파악한 다음, 불교학 방법론의 새로운 개발을 시도한 바 있다.
7) 지금까지 한국 사회에서도 불교사회사상에 관한 연구는 다소 이루어져 왔고, 또한 일본의 연구 성과가 가끔 소개되기도 했다. 그뿐만 아니라 불교경제사상이나 불교정치사상 등이 소개됨으로써 사상사적 측면에서는 일정한 욕구를 충족시켜 주고 있다. 윤세원(1985), 박경준(1992), 오노신조,(1992), 덧사나야케(1987) 등을 참조할 것. 그러나 사상이 현실과 연관성을 가지고 있다 할지라도, 사상이나 관념적인 원리만으로는 오늘날의 복합적인 사회적 실제를 해명하는 데 한계가 있다.

도 마찬가지이다.

이러한 조건을 충족시킬 수 있는 방법론을 개발하기 위해서 이 글에서는 방법론의 연구 방법을 시도해 보고자 한다. 우선 방법론을 과학철학적 차원과 조사 방법적 차원으로 나눈 다음, 전자를 본질적 차원인 도道로, 그리고 후자를 기술적 차원인 기器로 조작적으로 정의 할 것이다. 그러고 나서 불교의 사회학 방법론적 함의를 동東으로, 그리고 기존의 서구 지향적 방법론을 서西로 각각 조작적으로 정의할 것이다. 마지막으로 이러한 정의에 입각하여 도의 차원에서 동과 서의 종합을 시도해 보고, 기의 차원에서 동과 서의 종합을 시도해 보고자 한다. 결과적으로, 여기서 방법론의 연구 방법은 동서도東西道 동서기 東西器의 이론 틀에 입각해 있다.

이러한 이론 틀에 입각하여, 아래에서는 우선 과학철학적 차원에서 기존의 사회학 방법론의 한계와 불교 연구의 사상 편향성을 동시에 극복할 수 있는 불교의 과학철학적 함의를 도출해 보고, 조사 방법적 측면에서는 불교사회학적 연구 대상별로 적절한 사회학 조사 방법을 원용할 수 있도록 그 활용 방안을 제안하려고 한다.

2. 사회학 방법론의 쟁점과 특성

1) 과학철학적 쟁점

일반적으로 사회학자들은 사회학을 인간과 사회의 관계를 과학적으로 연구하는 학문으로 정의하고 있다. 여기에서 '인간과 사회의 관계'는 사회학의 연구 대상을 의미하며 '과학적으로'는 방법론을 의미한다. 그렇다면 어떻게 연구해야 '과학적으로' 연구했다고 할 수 있는가?

이 문제를 해결하기 위한 최초의 시도는 실증주의로부터 시작되었다.[8] 실증주의는 두 가지 과학철학적 전제, 즉 지식의 진실한 근거는 단 하나뿐이라는 전제[9]와 그러한 지식은 모든 과학에 공통된 단 하나의 방법인 자연과학적 방법에 의해 획득된다는 전제에 입각한다.

그렇다면 실증주의는 왜 자연과학적 방법을 강조했는가? 그것은 자연과학이야말로 단 하나의 진실한 지식의 보증 조건인 객관성을 확보하고 있기 때문이다. 이처럼 객관성을 요구함으로써 방법론적으로 두 가지 중요한 결과, 즉 과학은 과학자 자신의 입장, 이해관계, 가치로부터 자유로워야 한다는 과학철학적 전제와 연구 과정이 연구자 자신의 판단이나 생각을 배제할 수 있도록 고안되어야 한다는 결론을 낳았다. 특히 후자는 일종의 조사 방법론으로서 양적 방법으로 불리는 실증주의적 조사 방법론이다. 이 방법은 통상 설문지법이나 인터뷰법이 주종을 이루는 서베이social survey를 통한 자료 수집과 컴퓨터를 활용한 그 자료의 통계분석 방법이다. 이렇듯 실증주의적 방법론은 자연과학적 방법의 높은 신뢰성에 의존하여 계속 발전해 나가고 있지만, 타당성이 낮다는 문제를 본질적으로 극복하지 못하는 한계를 지닌다.

이러한 실증주의적 시각은 베버의 역사 해석학적 시각의 비판으로부터 결코 자유롭지 못했다.[10] 베버는 인간현상을 연구 대상으로 하는

---

8) 실증주의적 과학철학의 기초를 놓은 사람이 콩트와 뒤르켐이었다는 점은 이를 잘 말해 주고 있는데, 특히 콩트의 '삼단계설'과 뒤르켐의 『자살론Le Suicide』은 지금까지도 결정적인 영향을 미치고 있다.
9) 논리실증주의자로 알려진 포퍼는 과학 활동은 반증 가능한 형태로 이루어져야 하며 진실한 과학적 지식은 모든 반증을 허용하고도 반증되지 않을 때 비로소 성립한다고 주장한다. 이러한 주장의 기초에는 진실한 지식의 단일성이 전제되어 있다.
10) 베버만이 아니라 진리 주장의 근거를 타인에 의한 반증 가능성에서 찾았던 포퍼나 과학자 집단에 의한 패러다임의 결정성을 주장한 쿤 등도 실증

문화과학과 자연현상을 연구하는 자연과학의 차이점을 강조하면서, 문화과학의 가치 관련성을 불가피한 것으로 보았다. 나아가 그는 인간 현상을 탐구하는 문화과학은 이해와 해석을 통해 이루어져야 함을 주장했고[11], 역사적 현상을 객관적으로 평가하기 위해서는 객관적인 잣대, 곧 이념형이 불가피함을 주장했다.

이와 함께 사회학 방법론은 사회현상의 연구에서 가치, 의미, 이해, 해석 등의 문제를 중시하게 되었고, 연구자는 조사 대상자가 사회적 사건을 어떠한 관점에서 보고 이해하고 해석하는지를 알아내기 위한 전략을 수립하지 않을 수 없게 되었다. 이렇듯 연구자와 동일한 인간으로서의 연구 대상자의 의미 세계를 이해할 것을 촉구한 베버의 주장과 경험적 연구 결과는 전략적 차원에서는 상징적 상호작용론, 현상학, 민속 방법론, 연극적 분석법, 일상생활 방법론, 비교사회학 방법론 등으로 분화하며 발전했다. 또한 이러한 시각은 조사 대상자의 삶의 현장에서 자료를 수집하려는 참여 관찰법이나 문헌 자료의 내용 분석법을 선호하게 되었는데, 이는 조사 방법적 차원에서는 질적 방법으로 불린다. 이와 함께 자료의 분석 과정 역시 의미의 공유에 기초하거나 최소한 감정이입을 요구하게 되었다. 바로 이러한 역사 해석학적 시각의 등장으로 사회학 방법론의 타당성 문제는 그 해결의 실마리를 찾을 수 있게 되었다. 그러나 이 시각은, 베버가 말하는 의미의 이념형적 방법을 사용한다 하더라도, 본질적으로 객관성과 신뢰성의 문제를 근본적으로 극복하지 못하는 어려움을 동반하고 있다.

주의를 비판할 수 있는 논리적 근거를 제시했으며, 맑스와 맑스주의자들도 객관적 사실의 이데올로기적 측면을 강조함으로써 실증주의를 근본적으로 반박할 수 있는 이론적 근거를 제시했다.

11) 베버는 "자료 그 자체는 아무것도 말해 주지 않는다"라고 주장함으로써, 실증주의를 신랄하게 비판했을 뿐만 아니라 해석학적 차원의 중요성을 강조했다.

한편, 비판적 시각은 앞에서 언급한 두 가지 시각과는 본질적으로 다른 특징을 보여 줌으로써 사회학 방법론의 발전에 공헌하고 있다. 이 시각은 맑스로부터 나온 것이다. 그는 계급사회에서 참 지식은 허위의식이라고 불리는 이데올로기의 비판을 통해 그 하부구조의 구체성을 드러낼 때 비로소 확보된다고 주장했다. 맑스에 따르면, 사회에 현상적으로 드러난 모든 지식은 허위의식이며, 따라서 연구자는 이러한 사회현상의 현상 형태가 아니라 그 속에 숨어 있는 본질, 즉 숨겨진 사회구조를 밝혀내야 한다. 그리고 사회현상은 당파적인 시각에 따라 정치경제학적 비판 전략에 의존해야 하며, 자료 수집의 초점은 삶의 물적 토대에 맞추어져야 한다고 한다. 그러나 이러한 시각은 본질적으로 경제결정론적 성격을 지닌다. 그러므로 종교현상을 포함한 상부구조적 현상은 그 자체로 이해되는 것이 아니라 하부구조적 문제로 환원하여 해석될 수밖에 없다.[12]

이상으로 사회학 방법론 일반의 과학철학적 쟁점을 인식론적 측면에 초점을 맞추어 크게 세 가지 시각으로 나누어 개관하여 보았다.[13] 그러나 모든 시각은 이미 존재론적 측면, 당위론적 측면, 그리고 몇몇 기타 측면을 전제하거나 그와 밀접하게 연관되어 있다. 우선 존재론적 측면에서 볼 때, 사회를 사회실제론적 입장으로 규정하느냐 사회명목론적 입장에서 규정하느냐에 따라 사회학방법론은 개인주의와 전체주

---

12) 맑스는 「유대인 문제에 관하여」에서, 당시 종교를 둘러싼 갈등을 사회구조적 모순과의 연관성 속에서 이해해야 함을 역설하고 있다. 이는 종교적 현상과 같은 상부구조에는 반드시 그 사회의 하부구조가 반영되어 있다는 점을 잘 보여 주는 주장이다.
13) 이렇게 나누어 정리하는 것은 과도한 단순화의 위험을 감수해야 한다. 위의 세 가지 시각은 각각 그 내부에도 매우 상반되는 주장을 포함하고 있기 때문이다. 이러한 단순화의 한계를 보완하기 위해서는 벤튼(1986) 등을 참조할 것.

의로 나눌 수 있다. 예컨대 비판적 시각을 제시한 맑스나 실증주의적 시각을 창시한 뒤르켐은 사회를 실체로 간주하면서 방법론적 전체주의를, 그리고 해석학적 시각을 주장한 베버는 사회를 명목론으로 간주하면서 방법론적 개인주의를 견지하고 있다. 다음으로 당위론적 측면에서 사회학방법론은 과학의 목적이나 현실 개입의 실천성을 둘러싸고 많은 쟁점을 남겨 놓고 있다. 예컨대 맑스가 과학의 실천성을 강조했다면 베버는 가치중립성을 주장했다. 따라서 아직도 사회학 방법론은 과학철학적 차원에서 치열한 논쟁에 개방되어 있다. 게다가 사회학 방법론은 구조주의와 환원주의의 문제, 연역법과 귀납법의 문제, 이론과 현실의 괴리 문제, 신뢰성과 타당성을 동시에 확보하기 위한 문제 등 수많은 방법론적 문제에도 개방되어 있다.

2) 조사 방법의 특성

일반적으로 조사 과정은 조사 설계research design를 어떻게 하느냐에 따라 달라진다. 조사 설계는 조사 대상이나 연구 주제에 의해 규정되는데, 그 유형은 실험, 사례연구, 시계열적 연구, 비교 연구 등으로 나누어진다. 이러한 각 조사 설계에 따라 연구 전략이나 자료 수집 방법이 결정되며, 조사 과정에서 가장 중요한 것은 자료 수집 방법이다.

노동자가 작업 도구를, 외과의사가 수술 도구를 사용하듯이, 사회학자들도 사회적 실제를 조사하기 위해 다양한 도구와 기술을 사용한다. 여기에서 기술의 범위는 논리에서부터 경험적 조사 기술에 이르기까지 매우 광범위하다. 도구 역시 현장, 도서관, 실험실, 컴퓨터 등 다양하며, 자료를 처리하여 논문으로 작성하는 방식도 여러 가지이다. 그러나 대체로 이러한 기술, 도구, 방법 등은 조사 방법에 따라 구분되는데, 사회학에서 가장 빈번하게 사용되는 방법은 참여 관찰법, 서베이,

이차 자료 분석법 등이다. 여기에서는 이러한 세 가지 방법을 중심으로 각각의 기술과 도구들을 간략하게 소개해 보고자 한다.

첫째, 참여 관찰법은 연구자가 연구 대상자의 삶의 현장에 직접 참여하거나 연구 대상 집단의 구성원이 되어 함께 살아가면서 조사를 행하는 방법이다. 그리고 이 과정에서 수집한 자료는 민족지ethnography 에서 보듯이 묘사적 차원에서 기술記述함으로써 연구 결과물로 현상화 할 수 있다(Spradley, 1980). 그러나 이러한 참여 관찰법은 연구자의 실존적 한계로 인해 내부자에 의해 수행되는 경우가 많으며, 외부자의 경우에는 주로 참여보다는 관찰에 치중하는 경향이 크다(Filstead, 1970).

둘째, 사회학에서 가장 빈번하게 활용되는 서베이의 자료 수집 수단은 인터뷰와 질문지로 나뉜다. 우선 인터뷰는 조사자가 인터뷰 지침서를 만들어 조사 대상자의 삶의 현장에 찾아가서 질문하고 응답을 기록하는 방법이다. 인터뷰의 경우에는, 자료를 묘사적 차원에서 기술 하고 설명을 덧붙이는 것으로 연구 결과를 형상화한다. 반면에 질문지 는 조사자가 자신의 연구실에서 연구 주제와 관련하여 구조화된 질문지 를 작성하고 이를 조사 대상자에게 전달한 다음에 조사 대상자의 의견을 조사하는 방법이다. 따라서 이 방법은 수집된 자료를 SPSS(Statistical Package for the Social Science) 등의 컴퓨터 프로그램을 이용한 통계분석 결과에 설명을 추가함으로써 연구 결과를 형상화한다. 이 방법의 대표적인 예는 여론조사이다.

셋째, 이차 자료 분석법Secondary data analysis에서 연구자는 주로 도서관, 공공 기관의 정보 센터, 정부의 기록물 보관소, 공문서 보관소 등을 찾아가서 연구 주제와 연관되는 문헌 자료, 통계연감, 신문이나 잡지, 선행 연구 성과 등을 수집한다. 그리고 나서 그 자료에 이차 분석이나 내용 분석을 통해 설명을 부가한 다음, 연구자의 독창적인 학문적 주장argument을 도출함으로써 연구물을 현상화한다. 따라서 이 방법은 연구자의 독창적 시각이나 아이디어, 자료의 발견 및 해석 능력에 의해 연구 성패가 좌우될 수 있다.

참여 관찰법이나 인터뷰의 경우는 연구자가 사회 현실과 밀착되어 있을 때 가능하다는 특징을 지니며, 설문지나 이차 분석법은 연구자가 연구 대상인 사회 현실과 멀리 떨어져 있어도 얼마든지 활용할 수 있는 연구 방법이다. 이는 불교사회학적 연구 대상에 따라 각각 연관될 수 있다.

우선 조사 설계와 관련하여 개별 사찰이나 불교계 내부에 존재하는 여러 유형의 소집단을 연구할 때에는 사례연구가 적합한 모형이며, 불교의 재생산 영역을 연구하기 위해서는 사회조사가 가장 적합하고 유용한 설계 모형이다. 또한 불교와 사회의 거시적 상호작용을 연구하기 위해서는 비교 연구가 가장 적합한 설계 모형일 것이다. 조사 방법의 차원에서 보자면, 불교의 재생산 영역의 자료를 수집하는 데에는 서베이가 적합한 방법이다. 불교 공동체 내부의 사회현상을 연구하기 위해서는 그 연구 주제와 대상에 따라 참여 관찰법, 서베이, 이차 자료 분석법 등이 모두 활용될 수 있으며, 불교와 사회의 상호작용에 관한 자료를 수집하기 위해서는 이차 자료 분석법을 활용하는 것이 적합할 것이다.

3. 불교의 사회학 방법론적 함의

종교와 과학은 각각 그 추구하는 바가 다르다는 점뿐만 아니라 역사적으로도 다양한 정치적 이유 때문에 적대적 관계로 인식되어 온 것이 사실이다(김영식, 1993). 그러나 종교와 과학은 그 방법은 다르다 할지라도 인간의 삶의 문제를 해결하기 위해 존재해 왔다. 이렇게 볼 때,

종교와 과학은 갈등적 관계에 있는 것이 아니라 상호 보완적 측면을 지닌다. 오늘날 과학은 그 한계에 대한 해결책을 종교적 지혜에서 찾고자 하며, 종교 역시 오늘날의 사회현상과 사회문제뿐만 아니라 종교 내부의 문제를 해결하기 위해서도 과학에 의존하지 않을 수 없다(김용정, 1986). 한편 동서양의 문화적 교류가 시작된 이래, 각각은 자민족 중심주의 시각에서 상대편을 인식하기 시작했고 서구의 제국주의는 이러한 편견의 골을 더욱 심화시켰다. 그러나 동양과 서양이 각각 서로를 더욱 깊이 이해해 나가는 과정에서 문화 상대주의 시각이 요구되기 시작했으며,[14] 지구화 시대에 동서양에는 서로에 대한 지식과 정보의 필요성이 한층 커지고 있다(송두율, 1998). 이러한 배경이 종교로서의 불교와 과학으로서의 사회학의 만남, 그리고 동양 문화의 산물로서의 불교와 서구의 지적 배경의 산물로서의 사회학의 만남을 주선하고 있다.

그런데 방법론적 차원에서 불교와 사회학이 창조적으로 만나기 위해서는 사회학적 방법이 불교 이해에 원용되기도 해야 하지만 불교도 사회학 방법론의 발전에 기여할 수 있어야 한다. 이 중에서 전자는 다음 장에서 자세하게 다룰 것이기 때문에 여기에서는 후자에 대해서 논의해 볼 것이다. 특히 후자의 작업은 불교사회학의 정립을 위해 요구되는 사회학의 조사 방법을 원용하는 논리적 기초를 제공할 뿐만 아니라 과학철학적 측면에서 사회학 방법론의 한계를 극복하는 데도 일정한 공헌을 할 수 있을 것이다.

잘 알다시피, 불교는 연기법緣起法적 실상(불교의 존재론)을 수행에 의해 다스려진 마음으로 인식함(불교의 인식론)으로써 자신의 완성과

---

14) 카프라(1989)는 사물에 대한 인식 방법에서 현대 물리학과 동양 사상의 유사성을 밝혀내면서 현대 물리학조차도 인간의 주관적인 측면과 직관적 능력에 의존하고 있음을 주장하고 있다.

사회의 완성을 동시에 추구하는(불교의 당위론) 종교이다. 이 각각의 측면들은 그 자체로 사회학방법론의 주요 쟁점 사항이다(김경동, 1983; 김재범, 1997). 따라서 여기에서는 불교의 방법론적 함의를 모색하기 위해서 분석의 편의상 존재론적 함의, 인식론적 함의, 당위론적 함의 등으로 나누어 고찰하고자 한다.

1) 존재론적 함의

존재론적 측면과 관련하여 불교가 공헌할 수 있는 바는 비존재론 또는 현존재론이다. 불교는 존재 그 자체를 고정된 실체로 파악하지 않고 무상無常, 고苦, 무아無我의 특성을 지닌 원인과 조건의 결합물, 즉 연기緣起의 산물과 같은 것으로 파악한다(Kalupahana, 1995; 칼루파하나, 1992). 따라서 불교에 따르면 유일하게 존재하는 것은 끊임없는 원인과 조건의 결합 과정, 즉 비존재 또는 현존재뿐이며, 만약 우리가 어떤 존재를 고정된 실체로 정의하는 바로 그 순간 그 존재는 이미 존재하지 않게 된다. 이는 모든 존재에 적용되는 불교의 근본적인 '비존재 또는 현존재의 존재론'이다. 그렇다면 이러한 비존재의 존재론은 어떤 방법론적 함의, 곧 과학철학적 차원의 함의를 갖는가?

첫째, 이는 인간관에서 사회적 행위만이 유의미한 관심의 대상이 됨을 의미한다. 인간을 포함한 모든 존재를 삼법인三法印의 원리로 파악하는 불교는 근본적으로 인간의 본질에 대해서는 관심을 두지 않고 오로지 타인 및 타존재와의 상호 의존적 현상에만 관심을 두는데, 불교의 이러한 인간 이해는 본질론적 인간 이해가 아니라 연기법적 인간 이해(김재성, 1988)라 할 수 있다. 그리고 이러한 연기법적 인간 이해에서는 인간의 사회적 행위가 결정적인 의미를 갖는데, 인간의 행위는 선행先行 행위만이 아니라 그 행위를 하는 인간의 특성이나 그 행위가 이루어지는 환경과 같은 수많은 요인들에 의해서 결정된다 (칼루파하나, 1992). 불교에서는 특정한 행위를 하는 인간조차도 원인과 조건의 결합 관계의 작용 과정 속에 있을 뿐만 아니라 그 행위 역시 수많은 원인과 조건의 결합 과정의 일부이기 때문이다. 베버의 사회철학과 비교해볼 때, 이러한 시각은 사회적 행위를 사회의 기본 단위로 간주했다는 점에서는 비슷하지만 이성을 가진 주체의 중심성까지도 해체하고 있다는 점에서는 다르다. 또한 오감을 통해 접촉하는 모든 자연현상까지도 사회적인 것의 원인과 조건으로 간주한다는 점에서 인간 사이의 상호작용 행위를 파악하는 상호작용론적 시각이나 교환론적 시각과도 다르다.

둘째, 모든 존재는 연기법적 관계로 얽혀 있기 때문에 사회현상은 '사회적인 것the social'만으로 존재한다. 따라서 불교는 사회의 본질에는 관심이 없고 오로지 당시의 역사적 조건의 규정성 속에 있는 사회적 현상을 해결하는 데에만 관심이 있다. 예컨대 붓다 자신도 우주의 본질이나 사회의 본질에 대해서는 아무런 대답도 하지 않았는데, 칼루파하나는 이 사실을 붓다가 경험론적 특성을 중요시했기 때문으로 해석하고 있다(Kalupahana, 1995). 이는 사회현상을 개인을 넘어선 사회적 차원에서 이해하고 있다는 점에서 사회발생학적 시각이나 사회실재론적 시각과 유사하나, 사회의 실체성을 인정하지 않는다는 점에서 매우 다르다. 또한 주체인 인간과 대상인 사회의 관계를 이원론적으로 보는 서구의 사회철학적 시각과 달리, 불교는 주체와 대상의 관계를 보편적인 일원론으로 파악한다. 그리고 이러한 일원론적 시각은 비존재와 인식 사이의 논리적 연관을 넘어서서 그것을 당위의 차원으로 연결시켜 나간다. 그렇다면 불교는 비존재의 존재를 어떻게 인식할 수 있다고 주장하는가?

2) 인식론적 함의

불교는 사물이 있는 그대로의 실상을 아는 방법은 "존재하는 것을 '존재하는 것'으로, 존재하지 않는 것을 '존재하지 않는 것'으로"(칼루파 하나, 1992) 아는 데 있다고 주장한다. 그렇다면 존재하는 것은 무엇인가? 그것은 무상, 고, 무아의 원리를 가지고 있는 연기의 실상이며, 불교는 그렇게 존재하는 것을 "연기의 법칙"이라 부른다.

붓다는 집착이나 기호, 싫어함, 혼미, 공포뿐만 아니라 좋아함과 그에 따른 좋아하지 않음과 같은 주관적인 태도가 사물 그 자체를 있는 그대로 받아들이는 것을 방해한다는 사실을 인식했다(칼루파하나, 1992). 즉 붓다에 따르면 주관적 편견으로 말미암아 인간은 '존재하는 것'을 '존재하지 않는 것'으로 인식하고 '존재하지 않는 것'을 '존재하는 것'으로 인식한다는 것이다. 따라서 연기의 실상을 연기의 법칙대로 인식하기 위해서는 무엇보다도 먼저 주관적 편견의 근원들을 극복해야 한다.

불교의 인식론에서 인간은 안眼, 이耳, 비鼻, 설舌, 신身, 의意라는 여섯 가지 감각기관을 통해 그에 상응하는 대상을 직접적으로 경험하고 그 경험에 기초하여 귀납적으로 추론하는 방식을 통해 연기의 법칙을 깨달을 수 있다. 그러나 여기에서 경험이란 일상적인 경험만을 의미하는 것은 아니다. 붓다에 따르면, 안, 이, 비, 설, 신에 의한 직접적인 경험은 그 자체로 자명한 지식이 될 수 있으나, 의의 대상은 마음의 상태에 따라 다르며, 의의 대상의 하나인 '번뇌의 원인들'은 수행을 통해 마음이 최고 경지의 고양 상태에 이를 때 비로소 인식될 수 있다(칼루파하나, 1992, 39~48쪽). 따라서 불교에 따르면, 그러한 번뇌의 원인을 이해할 때 주관적 편견의 원천인 번뇌가 극복되며, 수행을 통해 마음을 다스림으로써 마음의 작용이 막힘이 없을 때 비로소 연기의 법칙을 경험했다 ─ 이를 체득되었다거나 깨달았다고 한다 ─ 고 할 수 있다.

그렇다면 이러한 불교의 인식론은 어떤 방법론적 함의를 갖는가? 우선, 불교의 인식론은 연구자의 주관적 편견을 극복해야 연기의 실상을 인식할 수 있다고 강조하는 점에서 베버가 주장하는 해석학적 방법이나 이를 계승한 슈츠의 현상학적 방법과 유사한 측면이 있다. 그러나 불교의 인식론은 몇 가지 점에서 현상학적 방법과 다르다. 첫째, 주체와 대상의 연기법적 일원론을 전제하는 불교의 인식론은 주체의 합리적 이성에 기초하여 객관적 대상을 파악하려는 이해사회학 理解社會學적 방법이나 현상학적 방법과는 다르다. 둘째, 절대주의에 대한 반성 속에서 탄생한 해석학적 방법이나 현상학적 방법은 인식의 상대주의적 특성을 강조하고 있지만, 불교의 인식론은 연기의 법칙이나 인과율을 인정함으로써 진리의 상대주의 문제를 극복할 수 있는 시각을 제공한다. 셋째, 그런데도 불교의 인식론은 오감의 대상 세계, 곧 자연적 대상 세계나 감각적 대상 세계를 정당한 인식 대상으로 간주함으로써, 자연현상과 문화현상 간의 분리를 강조하는 해석학적 시각이나 현상학적 시각의 편협성을 넘어서고 있다. 넷째, 이해사회학적 방법이나 현상학적 방법은 연구 과정에서 가치 배제의 원칙을 지향함으로써 주체의 윤리적·도덕적 자기완성을 배제하고 있다는 점에서, 수양을 기초로 한 인간 자신의 완성을 통해 객관세계를 파악하려는 불교적 시각과 다르다.[15]

결국 불교의 인식론은 한편으로는 이해사회학적 방법이나 현상학

---

15) "붓다에게 진리는 선善과 관련되는 경우에 한해서만 중요하다. 인간의 삶을 선하게 만드는 것과 관련이 없는 그 어떤 진리 개념도 그저 형이상학이고 교훈이 되지 못한다." (Kalupahana, 1995, p. 35)

적 방법의 방법론적 장점을 포함하면서도 다른 한편으로는 주체와 대상을 분리하지 않을 뿐만 아니라 대상 세계를 한정하지도 않는다. 특히 후자의 측면을 지닌 불교의 인식론은 존재론적 측면 및 당위론적 측면과 논리적으로 연관되어 있다.

3) 당위론적 함의

불교는 떠남의 사상이다. 불교는 우리에게 가정을 떠나고, 세속을 떠나고, 자기 자신의 육체적 욕망과 집착으로부터 떠날 것을 가르치고 있다. 그렇다면 불교는 왜 그토록 떠남을 강조하는가? 첫째, 자신의 완성, 곧 무상한 욕망이나 사적 이해를 넘어서서 영원한 연기법을 체득하기 위해서이다. 달리 말하면, 현상 형태에 집착하는 개인적 미망을 걷어 내고 존재의 본질에 도달하기 위해서이며, 특수지特殊智의 한계를 넘어서서 보편지普遍智에 도달하기 위해서이다. 둘째, 사회의 완성을 위해서이다. 달리 말하면, 그것은 사적 이해의 '떠남'을 통한 사회와의 '만남'이다.[16]

　이러한 목표에 도달하기 위한 구체적인 방법이 팔정도八正道이다. 팔정도에는 불교의 인식론적 측면과 당위론적 측면이 하나의 논리적 흐름 속에 연결되어 있다. 특히 팔정도는 최소한 과학철학적 측면에서는 오늘날 사회학 방법론의 자기 한계와 위기를 극복하고 새로운 방법론을 모색하는 데에서 대안적 시각을 제시해 줄 수 있을 것으로 판단된다.

　팔정도는 정견正見, 정사유正思惟, 정어正語, 정업正業, 정명正命,

---

16) 벨라는 『도쿠가와 종교』에서 이렇듯 '나'를 무無로 간주하는 불교 윤리가 사회나 공동체의 집단 목표의 달성에 집중하는 계기가 되었다고 해석함으로써, 그 사회학적 의의를 적절하게 풀이하고 있다.

정정진正正進, 정념正念, 정정正定이라는 단계로 이루어져 있다. 정견은 불교에서 대상에 대한 이해가 직관, 즉 '있는 그대로 본다는 것'에서 출발함을 의미한다. 이러한 정견은 정사유, 곧 '아는 것'으로 이어지는데, 이러한 사실은 '보는 것'이 '아는 것'의 기초임을 암시한다. 이러한 점에서 불교철학은 본질적으로 경험주의적이며(카프라, 1989; Kalupahana, 1995), 경험과학을 지향하는 사회학적 인식론과 공통점을 지닌다. 그러나 불교의 입장에서 볼 때 '아는 것'은 주관적인 지식에 불과할 뿐 아직도 완전한 단계가 결코 아니다.

정견과 정사유의 단계는 정어, 정업, 정명 등의 단계로 이어지는데, 정어는 언어생활을, 정업은 모든 행위를, 정명은 규범적인 사회생활을 각각 의미한다. 이러한 구체적인 삶의 현실과 실제는 주관적인 경험을 넘어설 뿐만 아니라 지혜의 인식을 요구한다. 또한 이는 주관적 지식이 간주관적間主觀的이거나 객관적인 의미의 공유를 통해 생활의 지혜로 성숙되어야 함을 요구하고 있는데, 이것이 방법론적으로 의미하는 바는 주관적 지식의 간주관화 및 객관화이다.[17] 이 점에서 불교철학은 해석학적 방법과도 유사하다. 동시에 불교에 따르면 정견과 정사유의 결과는 언어, 행위, 생활로 모두 표현될 수 없다. 왜냐하면 존재의 실상은 이미 인간의 언어, 행위, 생활을 초월하기 때문이다.[18]

바로 이러한 의미에서 불교의 팔정도는 정정진, 정념, 정정의 단계,

17) 김용정(1986)은 하버마스의 간주관성intersubjectivity이라는 개념을 원용하여 한국 불교학이 간주관성의 방법을 지향해야 한다고 주장한 바 있다. 그러나 불교철학은 실제 생활에서의 의미의 공유를 강조하고 있으며 근본적으로 간주관적 특성을 지니고 있다.
18) 언어, 개념, 과학적 논리 등이 지닌 단절성과 사물의 실제가 지닌 총체적 연관성 사이의 모순과 관련해서는 장회익(1990)을 참조할 것. 카프라(1989)는 불교, 특히 선불교禪佛敎야말로 이러한 모순을 해결하기 위한 가장 뛰어난 방법이라고 주장하고 있다.

곧 선정禪定으로 이어진다. 끊임없는 수행, 마음의 다스림, 그리고 선정이야말로 인격의 완성과 사회의 완성을 달성할 수 있는 길인 동시에 주관적 측면은 물론 간주관적 차원을 넘어서서 존재의 실상을 '있는 그대로' 파악할 수 있는 방법이기도 하다. 이 점에서 불교철학은 합리성의 제약을 벗어날 수 없는 사회과학의 입장과는 본질적으로 다를 뿐만 아니라, "존재－당위"의 문제를 이분법적으로 이해하지 않고 총체적 연관 관계로 이해할 것을 요구하고 있다는 점에서 이미 당위론을 포함한 독특한 종교철학이다.

이와 같이 불교철학 속에는 방법론의 세 가지 측면이 상호 연관되어 있으며 그 요체는 자기의 완성과 과학의 통일, 과학과 사회윤리의 통일을 추구하는 데 있다. 그리고 존재와 당위의 통일은 관념론적이거나 신비주의적인 것이 아니라 현실주의적이고 경험론적인 방법에 의해 주장되고 있다. 그런데도 불교는 아직까지 사회현상과 관련된 자료를 수집하고 분석하는 구체적이고 경험적인 기술들을 개발하거나 발전시켜 오지 못했다. 따라서 우리는 이러한 기술을 기존 사회조사 방법론에 의존할 수밖에 없다.

4. 불교사회학의 연구 영역별 조사 방법

불교사회학의 연구 대상인 불교의 사회적 재생산 영역, 불교 공동체 내부의 사회현상, 불교와 사회의 상호작용 등을 분석 단위별로 재분류하면, 각각은 사회 속의 불교, 불교 속의 사회, 불교와 사회 간의 상호작용 등으로 나뉜다 할 수 있다. 이러한 불교사회학의 연구 대상들 상호 간에는 분석 단위상의 상이점이 존재하기에 불교사회학의 각 연구 영역은 각각 자신의 고유한 조사 방법을 요구한다.

1) 불교의 사회적 재생산 영역과 서베이

불교의 사회적 재생산 영역에 관한 조사 방법은 크게 출가수행자의 재생산 현상, 신도의 재생산 현상, 출가수행자와 신도 사이에서 포교를 매개로 한 사회적 상호작용 현상 등으로 나누어 살펴봐야 한다. 그것은 각각의 현상이 몇 가지 점에서 뚜렷하게 구별되는 독특성을 지니기 때문이다. 첫째, 출가수행자의 재생산은 불교계 성직자의 재생산을 의미할 뿐만 아니라 재생산 과정에서도 출가를 전제로 한다든지 별도의 독특한 수행 과정, 즉 성직자로서의 사회화 과정을 거쳐야 한다는 점 등에서 재가신도의 재생산 문제와는 완전히 다르다. 둘째, 불교계 내부에서 출가수행자보다 낮은 위상을 점하는 재가신도의 경우, 출가 자가 아니라는 점 이외에도 종교적 신념을 갖게 된 동기, 불교계 입문 과정, 사회화 과정 등에서 출가수행자와는 완전히 다르다. 셋째, 포교 현상은 불교의 사회적 재생산과 관련된 사회현상인데, 포교라는 목적성과 관련된 사회적 상호작용만을 문제시한다는 점에서 독특성을 지닌다. 따라서 이 영역들에 대한 방법론도 각각 다를 수밖에 없다.

우선, 출가수행자의 재생산에서 가장 결정적인 요인은 수행이고, 수행의 요체는 개인의 수행을 통해 그 개인이 체득하는 주관적인 정신적 경지이기 때문에, 출가수행자의 재생산 영역을 연구하기 위해서는 무엇보다도 참여 관찰법이 가장 적합한 연구 방법론이 될 것이다. 그러나 일반인은 출가수행자들의 선방禪房에서 절대로 생활할 수 없다는 제한 때문에, 참여 관찰법은 한계를 지닌다. 심지어 출가수행자조차도 참선을 하면서 연구를 해서는 안 된다. 그렇지만 교학敎學 관련 자료나 승가 교육과 관련된 선행 연구 등이 풍부하며, 그러한 교육을 담당하는 공식 기구, 예컨대 승가대학이나 교육원 등을 통하여 간접적으로 접근하여 연구할 수는 있을 것이다. 그러므로 출가수행자의 재생산 영역을 연구하기 위해서는, 출가수행자의 체험을 기록한 기록물에 대한 내용 분석이나 인터뷰나 설문지를 이용한 서베이를 선택하는 것이 바람직하다.

다음으로 재가신도의 재생산 영역을 연구하는 데에서는 사회학 방법론의 거의 모든 방법론을 활용할 수 있을 것이다. 예컨대 불교인의 수, 불교인의 사회인구학적 특성, 불교인에 관한 의식, 불교인의 종교적 동기 및 태도, 불교인의 신앙생활 등을 조사할 경우에는 서베이 자료나 종교인 조사, 인구조사, 불교 관련 문헌 등과 같은 이차 자료를 적절하게 활용할 수 있다. 그러나 재가신도의 재생산에서 결정적인 요인은 불교적 종교 이념(불교적 가치 체계와 신념 체계)의 내면화 여부, 불교적 정체성 및 소속감의 소유 여부, 나아가 불교적 의례 및 활동에의 참여 여부 등이다. 따라서 이러한 문제를 연구하기 위한 척도의 개발은 연구 방법론의 발전에 관건이 된다(오경환, 1990; 강인철, 1997 참조).

마지막으로 포교를 매개로 한 출가자와 재가신도의 사회적 상호작용 현상을 연구하기 위해서는 포교원이나 불교교양대학 등 불교계 재생산 기구 및 기관의 활동 이념, 활동 내용, 내부 평가 자료, 그리고 재가신도에 대한 출가자의 반응이나 출가자에 대한 재가신도의 반응, 의식, 태도 등을 연구할 수 있을 것이다. 이러한 현상에 대한 조사는 사회학 방법론을 모두 활용할 수 있다.

한편 불교적 상징들이나 불교 의례는 불교의 사회적 재생산 영역과 관련하여 반드시 연구되어야 한다. 특히 존재의 실상을 개념화된 언어로 모두 표현할 수 없다고 전제하는 불교는 수많은 비유담과 상징을 사용하여 이를 표현해 왔다. 포교와 관련해서도 불교는 대상자의 근기根氣에 따라 그에 적합한 방식을 선택하는 대기설법對機說法을 권장해 왔다. 바로 이러한 상징, 신화, 비유담, 의례 등을 연구하기 위해서는

내용 분석과 그 해석이 반드시 필요하다.[19]

2) 불교 공동체 내부의 사회현상별 조사 방법

일반적으로 승가僧伽라고 불리는 불교 공동체는 불교의 종교 공동체로서 독특한 사회현상을 내포하고 있으면서도 동시에 일종의 사회로서 보편적인 사회현상을 지닌다. 예컨대 불교 공동체는 법, 조직, 정치, 각종 사회제도나 기구, 사회경제나 문화 등 모든 사회적 현상을 포함하고 있다는 점에서 보편성을 지니면서도, 율장律藏, 청규淸規, 종헌宗憲·종법宗法 체계 등에 의한 종단 질서, 종교 조직으로서의 특성, 권위와 지배의 특수한 정당성, 구성원 간의 독특한 사회관계, 독특한 사회경제 원리, 독특한 문화적 배경과 역사 등을 지닌다. 따라서 불교 공동체 내부의 사회현상을 연구하기 위한 방법론은 이러한 특수성과 보편성을 동시에 고려해야 한다.

　이러한 보편성과 특수성은 자료 수집 방법과 무관하지 않다.

　첫째, 불교 공동체의 경제 현상은 불교의 경제관, 즉 사적 소유 금지 및 승물僧物 공유의 원칙과 공동체 사상을 이해하지 않고는 파악되지 않을 것이다. 또한 불교 공동체의 카리스마적 권위 현상과 승려 대회나 무차선회無遮禪會 등에서 볼 수 있는 공의公議 제도는 불교의 평등사상이나 민주주의사상 등을 이해할 때에만 그 현실적 의의가 적절하게 파악된다. 매우 다행스럽게도 불교의 이러한 사상들은 문헌 자료를 통해 전수되고 있다. 따라서 이러한 문헌의 수집과 그에 대한 재해석, 즉 내용 분석 및 이차 분석은 불가피하다. 불교의

---

19) 해석학적 방법이 종교의 경전 해석 과정에서 발전해 왔다는 사실만 보아도 이러한 연구 영역을 연구하기 위해서는 내용 분석법이 반드시 요구된다.

경제사상이나 정치사상에 관한 기존의 연구 성과는 대부분 이러한 조사 방법에 의존하여 이루어진 것이다.

둘째, 불교 공동체 내부의 종무 행정조직, 재산 관리 및 운용 실태, 불교 공동체 내부의 제반 인간관계 등은 사회적 조건 속에서 형성되고 변형된 것이며, 이를 둘러싼 갈등이나 분쟁이 발생하기도 한다. 이러한 정치, 경제 문화현상을 분석하기 위해서는 인터뷰나 설문 조사를 통해 자료를 수집하지 않을 수 없다.

셋째, 사회질서의 유지와 관련하여 율장, 청규, 종헌·종법을 갖추고 있는 불교의 법적·제도적 현상에는 불교의 가치 체계나 신념 체계가 깊숙하게 개입되어 있다는 점에서 역사 해석학적 시각과 비판적 시각이 요구된다. 또한 이의 준수 여부나 정도 및 영향력, 그리고 구성원들 사이의 구체적인 사회관계 등을 연구하기 위해서는 실증주의적 시각이 요구되기도 한다. 자료 수집 방법에서도 이러한 법적·제도적 현상과 연관된 문헌 등 질적 자료와 그것의 사회적 실천과 관련된 양적 자료를 모두 수집해야 할 것이다. 그리고 질적 자료의 경우에는 내용 분석에, 양적 자료의 경우에는 서베이에 의존해야 할 것이다. 또한 특정한 집단을 선택하여 참여 관찰법에 의해 이에 관련된 자료를 수집할 수도 있을 것이다.

요컨대 불교 공동체 내부의 사회현상을 이해하기 위해서는 연구 대상이나 주제에 따라 그에 적절한 자료 수집 방법을 선택적으로 적용해야 한다. 첫째, 불교 공동체 내부의 사회현상은 불교의 정치관, 사회관, 경제관, 자연관, 인간관 등과 무관할 수 없기에, 이에 대한 연구는 무엇보다도 경전에 대한 철저한 재해석에 의존해야 한다. 따라서 이 분야의 자료 수집 방법은 이차 자료 분석법에 의존하지 않을 수 없다. 둘째, 그런데도 불교 공동체 내부에서 '현재 이곳에서' 발생하고 있는 사회경제 현상이나 정치적 현상을 연구하기 위해서는 참여 관찰법이나 서베이를 통해 자료를 수집해야 한다. 셋째, 종교 공동체인 불교 공동체 내부의 사회현상에는 이념적, 의례적, 사회적 요소 등이 복합적으로 작용하고 있으며, 과거와 현재, 전통과 현대가 공존하고 있다. 따라서 사회조사 방법을 활용하여 질적 자료와 양적 자료를 수집하고 이를 적절하게 보완적으로 사용해야 할 것이다.

3) 불교와 사회의 관계와 이차 자료 분석법

불교의 사회적 역할은 크게 개인의 행위를 동기화하는 의미 제공이나 궁극적인 해석 틀의 제공, 사회 통합적 역할, 사회변동의 한 요소로서의 역할 등으로, 이러한 사회적 역할로 인한 사회 변화는 상대적으로 긴 시간의 경과를 요구한다. 또한 불교 공동체는 독립적이고 자율적인 공동체이며 독특한 가치 체계와 신념 체계를 지닌 종교 공동체이기 때문에 사회 전체의 변화로부터 상대적으로 자유롭다. 그러므로 사회 변화의 영향을 받아 불교 공동체가 변화하는 현상을 연구하기 위해서는 상대적으로 긴 역사적 시기를 연구 대상으로 삼을 수밖에 없다. 게다가 불교와 사회의 상호작용의 정도는 다른 종교와 사회의 상호작용과의 비교를 통하여 재해석될 수밖에 없을 것이다. 따라서 불교와 사회의 상호작용을 연구하는 데에서 요구되는 자료는 연구자 자신의 실존적 조건과 무관하게 산발적으로 흩어져 있다.[20]

　하지만 인간의 역사는 반드시 삶의 증거를 남겨 놓기 마련이다. 이러한 자료, 즉 이차 자료를 광범위하게 수집하고 이를 분석한다면

---

20) 이러한 자료는 그 자체로 어떤 의미를 말해 주는 것이 아니기 때문에 반드시 해석학적 주장과 연관시켜 사용해야 할 것이다. 특히 프랑스의 유명한 역사학파로 한국 학계에도 잘 알려진 아날 학파의 연구 방법을 활용하는 것이 바람직할 것이다. 블로흐(1994)를 참조할 것.

불교와 사회의 상호작용을 이해하고 해석해 낼 수 있을 것이다. 예컨대 한국 불교와 한국 사회의 관계를 사회학적 시각으로 분석하는 데에는 해당 시기의 자료를 광범위하게 수집하는 것이 필요할 뿐만 아니라, 일본 불교와 일본 사회의 변화에 대한 폭넓은 자료를 수집하여 비교의 근거 자료로 삼을 수도 있을 것이다.[21]

이렇듯 불교와 사회의 상호작용 현상과 같이 연구자가 시간이나 공간적 제약으로 인해 연구 대상자에게 직접 접근할 수 없는 경우, 이차 자료 분석법을 적절하게 활용할 수 있다. 특히 인류학, 역사학, 사회사 연구 등에서는 비교의 방법과 구조적 접근 등을 적절히 활용하여 이러한 문제를 방법론적으로 해결해 왔다. 그러나 이러한 이차 자료 분석법의 경우, 연구자의 주관적 가치에 좌우되기 쉽기 때문에 자료를 해석하는 과정에서 연구자의 주관적 가치나 문화적 편견의 극복 여부에 연구의 성패가 달려 있다.

---

21) 이렇듯 방법론적 차원에서 비교의 방법을 소개한 것으로는 한국비교사회 연구회(1990)를 참조할 것.

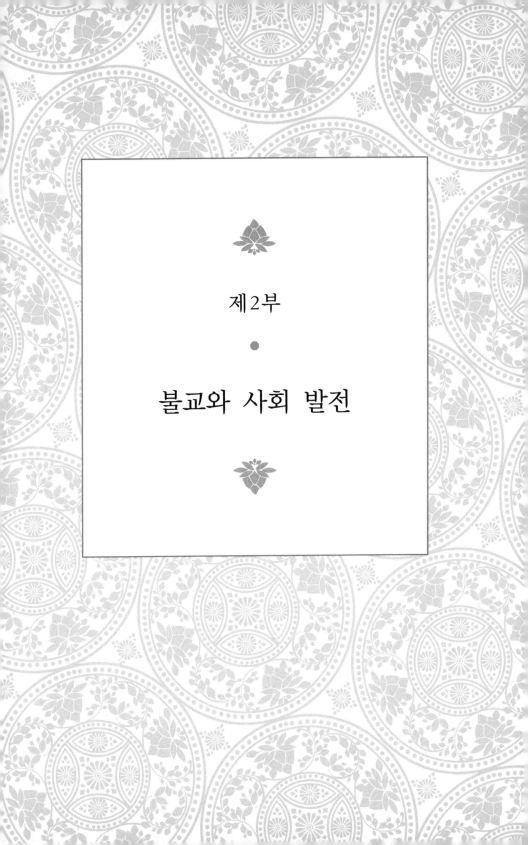

제2부

●

불교와 사회 발전

제4장 불교와 자본주의적 발전의 지체
- 베버의 대승불교론을 중심으로

이 장의 목적은 대승불교에 관한 베버의 해석을 비판적으로 검토함으로써, 불교와 연관된 베버 연구의 과제 중 일부를 수행하는 데 있다. 연구 범위를 이렇게 한정한 이유는 다음과 같다.

첫째, 베버의 학문적 깊이와 문장의 난해함 때문에 한정된 지면에서 베버 전반을 충실하게 이해하기란 불가능하기 때문이다. 둘째, 베버는 불교 연구를 수행하면서 대승불교에 많은 관심을 기울였고, 그 연구 결과는 불교에 대한 베버의 견해를 이해하는 요체라고 판단되기 때문이다.[1] 셋째, 한국 불교가 대승불교와 맥을 같이한다는 사실 때문이다. 넷째, 대승불교에 관한 필자의 경험적 기초가 베버의 연구 결과를 평가하는 기준으로 작용할 수 있다는 실용적 이유 때문이다.

우선 연구 목적을 달성하기 위해서는 대승불교에 관한 연구가

---

1) 베버는 소승불교에 관해서도 언급하고 있으나 이는 대승불교와 비교하는 정도에 그치고, 고대 불교에 관해서도 언급하지만 이는 대승불교를 설명하기 위해서일 뿐이다. 베버는 아쇼카왕, 대승불교, 불교가 전파된 각 사회의 특수성 등을 밝히는 것이 불교 연구에서 중요하다고 간주하였다.

베버의 보편사 연구의 기획 속에서 차지하는 위상을 그의 방법론적 전략에 기초하여 정확하게 인식하여야 한다(Alatas, 1991; 전성우, 1996; 이경원, 1990; 오경환, 1990 참조). 그런 다음에 원전의 내용을 치밀하고도 철저하게 검토하는 작업이 뒤따라야 할 것이다. 마지막으로 논리적으로나 경험적으로 정당한 근거 위에서 대승불교에 대한 베버의 해석을 비판적으로 검토해 봐야 할 것이다.

1. 왜 베버인가?

지금까지 서구의 사회과학계에서 베버만큼 동양의 종교에 관하여 영향력 있는 연구 결과를 발표한 사람은 없다. 베버 이전에 헤겔이나 맑스가 아시아적 정체성을 밝히면서 아시아의 종교에 관해 부분적으로 언급하고 있지만, 그들의 연구 성과는 연구의 폭과 깊이의 측면에서 베버의 그것에 미치지 못하고 있다. 헤겔의 종교 및 역사철학과 맑스의 아시아적 생산양식론은 서구 중심주의적 동양 사회 정체론을 기본 전제로 삼고 있다는 점에서 커다란 한계를 지니고 있다(최재현, 1992; 송두율, 1990 참조). 특히 서구의 사회과학계에서 불교에 대한 사회과학적 관심은 베버에 의해서 비로소 시작되었다고 해도 과언이 아니며, 그의 연구 성과는 지금까지도 불교에 대한 서구인의 이해에 결정적인 영향력을 행사하고 있다. 따라서 베버의 불교 해석을 재검토하는 작업은 종교사회학적 의의[2]를 넘어서서 동양 사회의 발전과 연관된 학문적 논의에서 매우 중요하다.

---

2) 종교사회학의 발달에서 베버는 뒤르켐과 함께 가장 중요하고도 근본적인 연구 성과를 남겨 놓았다. (양영진, 1995; 오경환, 1990 참조.)

베버 사회학의 출발점이자 귀착점은 근대 서구의 합리화 과정의 산물인 근대 자본주의의 기원이라는 구체적 역사적 문제임이 틀림없다 (전성우, 1996). 베버는 이를 해명하기 위해 근대사회만을 고찰한 것이 아니라, 역사적으로는 고대와 중세의 사회에 대해서도 폭넓은 관심을 가졌으며, 지리적으로는 전 세계의 모든 문명권으로 관심의 폭을 확대해 나가면서 철저한 비교 연구를 수행했다.[3] 베버의 불교론 역시 이러한 보편사적 기획 속에서 이루어졌다.

불교론에 한정시켜 보더라도, 그는 역사적 상황의 변화 및 각 사회의 독특성을 불교의 변화 및 다양성과 연관시켜 논의하고 있다. 이러한 특징으로 말미암아 베버의 불교 연구는 특정한 사회나 특정한 시대에 따라 다르게 나타났던 불교의 다양한 얼굴 하나하나와 관련하여 독자적인 학문적 가치를 내포하고 있으면서도 동시에 불교에 대한 총체적 이해를 가능케 해 주고 있다. 베버가 불교, 특히 대승불교에 초점을 맞추어 사회구조와의 연관성 및 이념 구조의 특징을 매우 통찰력 있게 분석해 내고 있다는 점에서, 그의 연구 결과는 우리의 주목을 끌기에 충분하다. 나아가 베버의 불교 연구는 세계종교에 대한 비교사회학적 연구라는 기획 속에 위치하고 있기 때문에, 불교와 다른 종교 사이의 유사성과 차이점을 분명하게 이해할 수 있도록 이끌어 주고 있다.

그러나 또는 그렇기 때문에, 베버는 불교를 여러 가지 세계종교

---

3) 전성우(1996)는 다음과 같이 묘사한다. "베버는 그의 짧은 학문적 생애 동안 서양과 동양의 경제사 전반을 섭렵하면서 근대 자본주의의 기원과 성격에 관한 자신의 문제의식을 지속적으로 확대하고 심화시켜 나갔다. 이 섭렵의 길은 그를 메소포타미아에서 이집트를 거쳐 이스라엘로, 헬레니즘에서 로마 황제시대를 거쳐 중세 유럽으로, 중국을 거쳐 인도를 지나 다시 이스라엘로 인도한다."(9쪽)

중의 하나라는 바로 그 점에 정확하게 한정하고 있을 뿐만 아니라, 인도의 종교 중에서도 힌두교에 비해 불교를 상대적으로 적게 다루고 있다. 베버가 『힌두교와 불교』에서 1/3 정도의 분량을 불교에 할애하고 있지만, 불교의 심오한 이념 구조와 다양한 얼굴을 한정된 지면 속에서 소화하는 데는 일정한 한계를 지니는 것으로 보인다. 대승불교 해석의 경우에도 예외가 아니다. 베버가 중국, 한국, 일본 등의 불교에 대해서도 언급하고 있지만, 그 내용은 매우 일천하다.

그런데도 아직까지 한국의 사회과학계는 물론 불교학계에서도 베버의 불교 연구에 대한 비판적 연구는 전무할 뿐만 아니라 베버가 대승불교에 대해서 치밀하게 분석하고 있다는 사실조차 제대로 소개되어 있지 않다. 더욱 심각한 문제는 대승불교에 관한 베버의 연구 성과가 일부 알려져 있긴 하지만 편견과 왜곡으로 얼룩져 있거나 베버의 주장과는 무관한 맥락 속에서 인용되고 있다는 것이다. 한국 불교학계에서 나타나는 베버에 대한 곡해의 대체적인 특징은 베버가 불교를 신비주의로 간주했다고 주장하면서 베버를 일방적으로 매도하는 것과 베버가 역사적 사실에 무지하다고 주장하면서 베버의 연구 성과 전체를 무가치한 것으로 간주하는 것이다. 물론 베버를 옹호하는 사례도 있지만, 그럴 경우에도 베버의 불교 연구에 관한 비판적 검토도 없이 "종교윤리가 사회 발전의 원동력이 될 수도 있다"는 베버의 테제를 무조건적으로 적용하고 있다. 따라서 오늘날 한국의 불교학계에서는 베버의 불교 연구에 대한 소개 그 자체가 매우 긴요한 학문적 과제이다.

베버는 "왜 동양 사회는 서구 사회가 보여 준 그런 방식으로 합리적인 생활양식의 창출의 발전 방향을 취하지 못했는가?"라고 묻고 그 해답을 불교를 포함한 종교사상에서 찾고 있다. 이런 문제 제기 그 자체, 그에 대한 해답을 찾는 과정, 그의 결론적인 해답은 동양 문화권에

속하는 우리를 자극하기에 충분하다. 특히 베버는 합리화의 측면에서 불교를 상당히 부정적으로 평가함으로써, 불교가 자본주의적 발전의 정체 요인이 되었음을 입증했다. 그러므로 베버의 학문적 영향력을 고려한다면, 베버의 불교 연구를 객관적으로 평가하고 이를 극복하는 일은 매우 중요한 학문적 과제가 될 것이다.

2. 베버의 동양 사회론의 위상과 대승불교 연구

대승불교에 대한 베버의 이해 정도를 적절히 평가하기 위해서는 먼저 동양 사회에 대한 베버의 일반적 인식을 알아볼 필요가 있고, 베버의 동양 사회 인식을 평가하기 위해서는 베버의 주요 관심이 서구의 근대 자본주의의 기원을 해명하는 데 있었음을 이해할 필요가 있다. 베버는 당시 문화를 보다 깊이 이해하기 위해 동양 사회뿐만 아니라 세계 문명으로 관심을 확대해 나갔기 때문이다.

베버는 『프로테스탄트 윤리와 자본주의 정신』을 통해서 프로테스탄트 윤리만이 서구적 의미의 자본주의를 발전시키는 에토스를 제공했다고 주장한 바 있다.[4] 베버에 따르면, "세속 내적 금욕주의가 하나의 독특한 유형의 퍼스낼러티를 낳은 서구에서만, 서구적 의미의 자본주의의 필요충분조건이 나타났다."(Alatas, 1991, p. 245) 이를 보다 일반화

---

4) 이는 베버의 가장 중요한 종교사회학적 테제이다. "베버에 따르면, 근대 자본주의는 유럽의 역사 속에 깊이 뿌리박힌 사회적, 정치적, 경제적, 종교적 추동력이 축적된 결과로 등장했다. 종교개혁의 시기로부터 대략 18세기에 이르기까지, 종교의 영향력은 매우 결정적이었다. 프로테스탄트 윤리, 특히 칼뱅주의는 자본주의와 융합된 어떤 윤리를 탄생시켰으며, 베버가 근대 자본주의 정신이라고 부르는 것을 낳았다. 바로 이러한 정신이 근대 자본주의를 특징짓는 거대한 에너지를 방출했다."(Alatas, 1991, p. 249)

하기 위해서는 다른 세계종교들은 그러한 사회적 기능을 하지 못했음을 입증할 필요가 있다. 이러한 필요성을 충족시키기 위해 베버는 힌두교와 불교, 유교와 도교에 관심을 기울이게 되었고,[5] 이러한 동양의 종교가 프로테스탄트 윤리에 필적할 만한 사회적 기능을 하지 못했음을 입증했다.

그러나 베버는 종교사상이 근대 자본주의의 생성을 촉진한 유일한 요인이라고는 결코 생각하지 않았다. 오히려 베버는 근대 자본주의의 발전 과정에서 물질적 요인, 사회계층적 요인, 정치 행정적 요인 등이 모두 중요한 요인임을 지적했다. 그래서 베버는 『유교와 도교』와 『힌두교와 불교』 등과 같은 자신의 저서에서 종교사상만 고찰하지 않고, 대부분의 지면을 중국 사회와 인도 사회의 물질적 토대, 사회계층을 포함한 사회적 요인, 정치적·행정적 요인 등을 분석하는 데 할애했다. 베버는 이러한 분석을 통해, 비종교적인 요인들만 고려한다면 중국과 인도에서도 자본주의가 서구 사회에 필적할 만큼 발전했을 것이라고 해석했다. 이에 베버는 동양의 종교사상이 어떻게 자본주의의 발전을 저지했는지를 밝히지 않을 수 없었다.

대승불교에 관한 베버의 논의는 바로 이러한 비교 역사학적 기획 속에서 이루어지고 있다. 다시 말해 대승불교에 관한 베버의 논의는 인도의 물질적 토대, 사회적 조건, 정치적 조건 등에 대한 분석을 마친 다음에 인도의 종교사상이 어떻게 자본주의의 발전을 저지했는가를 밝히기 위한 종교사상 논의의 일부분이다. 그렇기 때문에 대승불교에 관한 베버의 논의에서는 사회경제적 조건이나 정치적 조건이 자본주의의 발전과 어떠한 연관성을 가지고 있는가에 관한 논의는 빠져

---

5) Alatas(1991)에 따르면, "베버는 서구에서의 종교와 자본주의의 인과관계에 관한 자신의 분석을 정당화하기 위한 시도로서 많은 다른 문명들을 검토한 것이다."(p. 245)

있으며, 오직 대승불교가 어떻게 성립했으며 어떠한 사상 구조를 지니고 있고, 그 사회적 기능은 무엇인가에 관한 기술만 있을 뿐이다. 이런 이유로 이 글에서는 후자에 논의를 한정하고자 한다.

베버의 대승불교 연구의 위상을 구체적으로 평가하기 위해서는 무엇보다도 먼저 베버가 왜 불교에 대해 관심을 가지게 되었는가를 이해해야 한다. 이와 관련하여 그 해답의 실마리를 얻으려면, 『힌두교와 불교』에서 베버가 제기한 문제, 즉 "인도적 종교성 — 분명히 다른 많은 요인들 사이의 한 계기로서 — 이 어떤 방식으로 (서양적 의미에서의) 자본주의의 발전을 정체시킬 수 있었던가?"(베버, 1986, 14쪽)를 음미해 보는 것이 좋을 것이다. 동양의 종교들 중에서 베버가 특히 관심을 기울인 종교는 유교와 힌두교이다. 불교와 도교의 경우는 정통 종교가 아닌 비정통 종교, 즉 이단으로 간주했다. 그런데도 베버는 이러한 비정통적인 종교인 불교의 이념 구조 역시 자본주의의 발전을 정체시킨 요인으로 작용했음을 입증했다. 이런 맥락 속에서 베버는 특히 대승불교에 큰 관심을 보였으며, 베버의 대승불교론은 내용적으로 불교 일반에 관한 그의 논의와의 연속선상에 있다. 따라서 베버의 대승불교론을 이해하기 위해서는 불교 일반에 관한 그의 해석을 반드시 고려해야만 한다. 그러면서도 베버는 불교를 크게 고대 불교와 대승불교로 나누어 분석하고 있으며, 소승불교와의 차이점을 대비시킴으로써 대승불교의 특징을 부각시키고 있다.

이제 대승불교에 대한 베버의 관심이 어떤 측면에 놓여 있었는가를 보도록 하자. "베버는 세속 내적 금욕주의의 산물인, 서구 사회의 독특한 퍼스낼리티를 자본주의의 기원에 연관된 유일한 요인으로 생각하지는 않았다. 베버는 단지 그러한 퍼스낼리티가 자본주의의 많은 조건들 중에 포함되기를 바랐다."(Alatas, 1991, p. 246) 그렇기 때문에 베버는 불교를 당시 불교문화권 국가의 다양한 사회적 요인들

중의 한 계기로 간주했을 뿐이며, 불교를 언급하면서도 대부분의 관심을 당시 불교권 국가의 사회구조나 계층구조의 분석에 할애하고 있다.[6] 그것은 불교에 관한 베버의 관심이 불교의 철학적 특성을 해명하는 데 있었던 것이 아니라 불교의 사회적 기능에 한정되어 있었기 때문이다.[7]

한편 베버는 대승불교가 중국, 한국[8], 일본으로 전파되었음을 언급하면서, 불교가 세 나라의 계급 구조와 어떠한 연관을 맺었으며 각 나라의 문화적 전통과는 어떻게 습합되었는가를 규명하고 있다. 예컨대 베버는 중국에서 불교는 민중과 친숙해질 수 있었으며 민중의 감성과 심리에 강한 영향을 미침으로써 민중의 관습을 형성하는 계기가 되었다고 평가하면서도, 중국에서 생활양식에 지배적인 영향력을 행사한 적은 한 번도 없었다고 평가하고 있다. 또한 베버는 한국의 사회질서를 중국적 사회질서의 복사판으로 평가하면서, 한국에 들어온 불교의 영향력은 중국에서보다 더 좁은 범위에 국한되어 있었다고 평가하고 있다. 일본의 경우에도 대체로 한국과 유사한 정도로 평가하고 있지만, 특히 도쿠가와 시대가 열리면서 불교는 더 이상 수난을 당하지 않게 되었다고 평가하고 있다.

결국 대승불교에 대한 베버의 관심은 크게 그 성립 과정과 이념 구조에 관한 분석으로 나뉘고 있으며, 그 사회적 기능으로 수렴되고

---

6) 베버 사회학의 이러한 관점이 베버의 동양 사회론에서 관철되고 있음을 쉽게 확인할 수 있다. 전성우(1992)를 참조할 것.
7) 베버의 종교학적 관심은 종교의 본질을 해명하는 데 있는 것이 아니라 종교의 사회적 기능, 특히 삶의 궁극적 의미를 제공하기 때문에 행위적 차원에서 지닐 수 있는 종교의 사회적 기능을 밝히는 데 놓여 있었다. 오경환 (1990)을 참조할 것.
8) 불교적 측면에서는 아니지만, 한국 사회에 대한 베버의 해석을 가산제家産制적 지배구조라는 측면에서 발전시킨 연구 결과로는 박성환(1992)이 있다.

있는 셈이다. 이러한 구분에 따라 아래에서는 대승불교에 관한 베버의 연구 성과를 『힌두교와 불교』(베버, 1986)의 내용과 순서에 근거해서 재구성해 볼 것이다.

3. 대승불교 성립에 대한 베버의 해석

1) 지배층과 대승불교

베버는 대승불교가 "인도 북부에서 1세기 후 일종의 보편교회로서 자리 잡게 되었"(342쪽)으며 그 정착 과정에 당시 사회의 지배계층의 정치적 이해관계가 크게 작용했다고 본다. 베버는 그 근거를 불교의 귀족성[9]에서 찾는다. "그 당시만 해도 불교는 이전이나 마찬가지로 귀족적인 지식인들의 교리였다."(347쪽) 그렇기 때문에 베버는 "특히 대승불교에서 귀족 계층이 간과할 수 없을 정도로 지도권을 행사했으며 …… 귀족층의 부인들이 마하야나파[10]의 주요한 구성분자로 활약했다

---

9) 베버는 불교의 계층적 특징을 평신도와의 사회적 유대가 단절되어 있는 대가Meister의 종교로 묘사한다. 여기에서 종교의 대가란 내세적인 신성한 가치를 위해 노력하는 전문적인 종교인을 말하는 것이며, 불교의 경우에는 출가자를 지칭한다. 이런 점에서 베버는 불교를 대중과의 사회적 유대가 긴밀한 기독교와 대조되는 것으로 해석하고 있으며, 이는 합리성의 발달과 연관된 논의에서 매우 중요한 구조적 틀로 작용한다. 이경원(1990)을 참조할 것.

10) 베버는 마하야나파와 대승불교의 관계를 다음과 같이 묘사하고 있다. "전통에 따르면, 교단 내의 평신도 파와 '장로들' 사이에 상당한 대립이 있었다고 한다. 역사적 사실을 검토해 보더라도 그럴 가능성은 대단히 높다. 평신도들 편은 계율 적용이 보다 느슨한 쪽으로 쏠리고 있었는데, 이 쪽은 본래 마하상기카(大衆部, Mahasamghika)라고 불려지는 부파였는데, 이 부파

는 사실도 간과되어서는 안 된다"(347쪽)고 주장한다.

그런데 베버에 따르면, 대승불교가 지배층이나 왕족의 관심을 끌수 있었던 것은 불교가 그들의 통치 수단으로 활용될 수 있는 정치적 가치를 지니고 있었기 때문이다. 당시 귀족들은 대중을 양순하게 만들 수단으로 불교를 이용했으며, 그 결과 대승불교가 불교문화권 국가에 비로소 정착할 수 있었다는 것이다.

그러나 "지배계층이 보여 준 관심의 범위는 순전히 여러 왕들이나 그들의 궁정 관료들이 보여 주었던 태도에 국한되었다."(347쪽) 다시 말해 대승불교는 당시 불교문화권 국가의 왕족들이 불교에 관해 가지고 있던 정치적 태도와 불교의 정치 이데올로기로서의 가치가 맞아떨어질 경우에만 번창할 수 있었다. 그 반대의 경우에는 수난을 당하기도 했다. 이는 지배계층이 불교 교단 내의 문제를 해결하는 데 깊이 개입하여 결정적인 역할을 했음을 의미한다. 베버는 바로 이러한 사실을 다음과 같이 분명하게 언급하고 있다. "교단 내의 문제에서 중요시된 분자들이 '하층'계급이 아니라 바로 지배층이었음은 당연하다."(343쪽)

이와 더불어, 대승불교는 브라만 방식으로 교육받은 지식인 계층의 신학적이고 사변적인 욕구에 적응하지 않을 수 없었다고 베버는 지적한다. "학파를 통해 수련된 브라만식의 사변 및 그 개념들의 영향력이 점차 강화되면서, 마침내 불교의 사고 내에까지 침투하기에 이르렀고, …… 그 결과 대승불교에서도 학문의 수련과 다섯 방면의 지식, 즉 문법, 의술, 논리학, 철학, 기예에 대한 수련을 강조했으며, 좋든 싫든 고대 브라만교의 언어들을 차용하지 않을 수 없었다."(345쪽)

그리하여 베버는 대승불교가 사변적인 특성을 갖게 되었다고 주장한다. "그 결과 붓다 자신이 철두철미하게 고수했던 바와 같은 입장,

---

가 발전하여 대승불교, 즉 마하야나가 되었다."(343쪽)

즉 사물에 대한 사변 행위는 구원에 아무런 도움을 줄 수 없기 때문에 거부할 수밖에 없다는 입장은 더 이상 정당한 것으로 인정받기가 어려웠다."(352쪽)

이와 같이 베버는 지배의 문제와 매우 밀접한 관련성 속에서 대승불교가 대승불교문화권 국가에서 정착될 수 있었다고 보았으며, 대승불교가 당시 브라만식 교육을 받은 지식인의 요구에 적응하는 과정에서 사변적인 종교로 변했다고 주장했다. 또한 베버에 따르면 대승불교는 경제적 조건의 불가피한 산물이기도 하다.

2) 경제적 조건과 대승불교

베버는 대승불교와 소승불교 사이의 대립이 더욱 뚜렷하게 나타난 시기를 628년 이후로 잡고 있으며, "당시 대승불교와 소승불교 사이의 대립을 첨예화시킨 기준으로 작용한 것은 더 이상 옛날과 같은 계율 상의 차이가 아니었"다고 주장한다. 즉, "소승불교에서도 금전 소유의 금지가 무시되고 있었다. 신도들의 대표들은 금전을 받아들여 승려를 위해서 그것을 여러 모로 운용했다. 심지어는 유구한 역사를 가진 세일론[1972년까지의 스리랑카의 옛 이름 — 인용자]의 정통파 사원에서도 불전대(佛錢袋)의 운영이 정착하기에 이를 지경이었다. 수도원적 토지 영주제가 나타나고, 본래는 우기에만 국한되어 있었던 승려들의 사원 안거가 일종의 영주화라는 현상으로 바뀌는 추세가 여기저기 발생하더니, 급기야는 전반적인 환경으로 되었다."(348쪽)

이렇게 베버는 이 당시가 되면 대승불교뿐만 아니라 소승불교에서도 격심한 경제적 변화를 겪게 된다고 주장하고 있다. 이러한 근거에 입각하여 대승불교와 소승불교의 대립이 더 이상 계율 상의 차이점에서 발발한 것이 아니라고 주장하는 것이다. 오히려 베버는 소승불교보다는 훨씬 느슨한 계율을 지키는 대승불교의 경우, 경제적 환경에 대한 적응의 필요성에 따라 더욱 큰 변화를 겪게 되었음을 시사하고 있다.

이렇듯 지배의 문제와 함께 생산의 문제 또한 대승불교의 발전에서 하나의 조건으로 작용했다. 이제 대승불교가 사회 구성원들의 실제적인 삶의 일부가 되어가는 과정과 연관하여 대승불교와 평신도 대중 사이의 관계를 살펴보도록 하자.

3) 평신도와 대승불교

베버는 대승불교로의 변화에서 결정적인 요인으로 평신도들의 요구를 들었다. 불교는 포교를 목적으로 이러한 요구를 수용할 수밖에 없었으며 그 결과로 대승불교의 이념이 완성되었다는 것이다. "무엇보다도 우선적인 요인으로 꼽아 두어야 할 것은 평신도들의 종교적 관심 …… 평신도들이 갈망한 것은 열반이 아니었으며 …… 오히려 평신도들이 요구했던 것은 이승에서의 생활에 필요한, 고난으로부터의 구제와 저승에서의 생활을 위한 극락이었다. 따라서 대승불교에서 프라티예카 부다(獨覺佛, Pratyeka-Budda)나 아르하트 부다(阿羅漢佛, Arhat-Budda)를 보리사트바(菩薩, Bodhisattva)로 대체시키는 일이 일어났다."(348쪽)

베버는 이러한 변화를 불교 구원론의 전형轉形으로 해석한다. 이러한 전형이 이루어짐에 따라 대승불교의 평신도들은 붓다의 초자연적 본질을 발전시키게 되었다. 이는, 베버의 입장에서 보면, 고대 불교와 비교해 볼 때 엄청난 변화를 의미한다. 구원자의 인격성을 굳게 고수했던 고대 불교와 달리, 대승불교는 구원자의 비인격성을 전제하기 시작한 것이다. "고대 불교는 구원자의 인격성을 굳게 고수했다. 그러나 대승불교의 신봉자들은 그와 반대로 삼신론(三身論), 즉 붓다의 초자연적 본질에 대한 이론을 발전시켰다."(349쪽) 이는 베버의 종교사회학적 시각에 따르면, 세속 사회가 "마술의 정원"으로 화할 수 있는 구조적 틀을 제공한 것이었다.

이런 과정을 거쳐서 붓다는 언제나 새로운 모습으로 이 땅에 등장하는 (비인격적인) 신적 은총의 현신現身이 되었으며, 신도들에게는 최상불 Adibudda이 실존하고 있는 것으로 생각되었다. 그리고 보살은 세속 사회에서 살아 움직이는 구세주로 재해석됨으로써 대승불교의 구원론은 완성된다. 베버는 이러한 전형의 근거를 다음과 같이 밝히고 있다. "이 붓다는 자기가 원하는 곳이라면 어디든지 수많은 형태로 모습을 바꾸어 자유자재로 몸을 나타내고 있으며, 지금 이 순간에도 그러한 일이 가능하다고 생각되었다. 이것은 금욕행과 명상의 '자력 신격화'와 아울러, 살아 움직이는 구세주에 대한 신앙이 불교 신앙 내부로 침투해 들어왔음을 의미한다. 그렇지만 대승불교에서 살아 움직이는 구세주가 된 것은 보살이었다."(350쪽)

이와 같이 부처와 보살의 관계는 비인격적인 신적 은총의 현신으로서의 부처와 세속 사회에서 살아 움직이나 다음 생에서는 부처가 될 수 있는 보살 사이의 관계로 형성된다. 그 결과, 대승불교에서 보살은 성도 숭배의 대상으로 등장한다. 이제 "보살은 자기의 구원뿐만 아니라 그와 동시에, 아니 그보다 먼저 중생들을 위해서 세속에 살고 있다. 다시 말해서 부처란 독각불(獨覺佛)일뿐만 아니라 응심불(應心佛)이기도 하다. 그리고 능동적인 선행(善行)과 환희심(歡喜心)은 보살의 속성이다."(351쪽)

베버는 이것이야말로 평신도들의 관심을 정확하게 반영한 것으로 해석한다. "보살이란 바로 다음에 올 환생 때에는 부처가 될 수 있고 열반涅槃에 성공할 수 있는 '완성'의 경지에 든 성자라 할 수 있다. 이와 같은 일이 바로 현재 일어나지 않고 있으며, 그가 부처이기보다는 보살에 머물고 있다는 사실은, 부처가 되기 이전에 자기를 믿는 자들의 고통을 구제해 주는 역할을 하기 위해서 그가 완수해야 하는 은총의 행위이다. 따라서 보살은 대승불교적 성도 숭배의 특유의 대상이 되었다. 이러한 점들을 염두에 두면, 이런 식의 변형이 구원에 대한 평신도들의 관심에 얼마나 광범위하게 맞아떨어졌는지를 짐작하기란 어렵지 않다."(351쪽)

이렇게 베버는 대승불교의 적응 과정을 크게 세 가지 방향으로 정리한다. "첫째는 세속에서의 경제적 생존 조건에 대한 적응이었으며, 두 번째는 고난에서의 구세주를 바라는 평신도들의 욕구에 대한 적응이었으며, 셋째는 브라만 방식으로 교육받은 지식인 계층의 신학적 사변적 욕구에 대한 적응이었다."(352쪽) 베버에 따르면, 이러한 적응 과정을 거치면서 대승불교는 사변적 특성을 갖게 되었을 뿐만 아니라, 평신도의 요구에 적응하는 과정에서 불교의 구원론이 전형을 경험하게 되었고 그 결과로 세속 사회를 "마술의 정원"으로 둔갑시킬 수 있는 이념적 구조를 완성했다.

그렇다면 대승불교는 어떠한 이념 구조적 특성과 사회적 기능을 갖고 있는가? 베버는 이에 대해서도 자세하게 언급하고 있다.

4. 대승불교의 이념 구조와 사회적 기능에 대한 베버의 해석

1) 대승불교의 이념 구조에 대한 해석

베버는 대승불교의 신학적 기초를 고대 브라만교에서 찾는다. "대승불교의 신학에서 기초를 이룬 것은 고대 브라만교의 개념들이었는데, 점차 시간이 흐르면서 베다의 개념, 그 가운데서도 『배단타의 서』의

중심 개념인 환상Maya이 단지 재해석된 데 지나지 않는 개념이 중심을 이루게 되었다."(353쪽)

한편, 베버는 대승불교의 이념 구조의 또 다른 한쪽에서 이러한 환상 개념과 대립되는 또 다른 이론이 발전했다고 본다. 그것은 곧 유식唯識 이론의 발달이다. "상키야 교리를 상기하게 만드는 것으로는 비정신적인 모든 것에 대립하는 입장을 취하는 알라야-비즈나나(阿賴耶識, Alaya-vijnaña)에 대한 대승불교의 이론이 있다."(같은 쪽)

그러나 베버는 대승불교가 결코 이러한 대립 쌍을 절대화하지 않고 있다고 보고 있다. 오히려 베버는 대승불교의 이념 구조 속에는 이러한 대립 쌍이 서로 얽혀 있는 것으로 보고 있다. "불교에서 말하는 아뢰야식이라는 것도 …… 일종의 총체적 영혼이었으며, 어떤 시원체에서 출발한 것으로 생각되었던 세계를 극도로 정신적인 것으로 해석한 입장도 간간이 조명을 받았던 마야(환상)의 교리와 밀접하게 얽히게 된다. 다시 말해 존재하는 모든 것은 오직 주관적인 가상(假像)일 뿐이며, 그것을 해소시킬 수 있는 것은 오직 지극히 고귀한 지혜뿐이라는 입장이다."(354쪽)

그런데 베버는 이러한 이념적 특성이 보살의 개념이나 부처의 초자연적 성격과 결합하면서 대승불교의 이념 구조가 완성되는 것으로 본다. 여기에서 보살이란, "언제나 모습을 새로이 하여 이 땅에 현신하며, 그 형식이나 부름이 어떤 것이든지 간에 그때그때마다 닥쳐오는 세속의 윤리적 필요나 요구에 따라서 아무런 제한도 없이 몸을 드러내는 존재이다." 그리고 부처가 절대적 무한성과 초자연성을 지닌 대승불교적 신적 존재를 말함은 두말할 나위도 없다. 그렇기 때문에 보살이나 부처는 깨달은 자이다. 따라서 진여(眞如, Bhutathata)의 개념과 공(空, Cunya)의 개념이 요구되었다. "이론적인 측면에서 보면, 이런 식의 타협책에는 그 구체적인 속성이 무엇인가에 관계없이 모종의 초세속적인 신적 존재가 세속사에 관여한다는 조건이 들어 있다. 그렇지만 일단 경전적으로 확정된 교리의 출발점에 비추어 볼 때, 세속신이 인격성을 지닌 세속의 신일 수는 없다. 신적 존재로서의 절대적 무한성 및 초자연성은 …… 진여의 개념과 공의 개념을 덧붙임으로써 완전한 성격을 갖추게 되었다."(354~355쪽)

결론적으로 베버는 이렇게 완성된 대승불교의 이념 구조에는 다음과 같은 종교적 의미가 있다고 해석한다. "궁극적으로 나타난, 말로는 표현할 수 없는 신적인 상태가 이 경우에 신적인 잠재태로서의 법신(法身)이 되어 중국에서 나온 '도(道)'와 거의 비슷한 특성을 갖게 되는 경향은 아주 당연한 것이다. 다시 말해서 신적인 잠재태인 '법'이야말로 세속의 질서이자 실재적 기반이 되며, 영원한 규범과 영원한 존재를 하나로 합일하게 된다. …… 현상계를 영원한 존재와 영원한 규범들이 얽혀 질서 지어진 절대적 무상계로 보는 엄격한 이원론을 벗어날 때 그 피안에서 발견되는 것이 바로 절대자이며, 바로 그때에만 절대자를 찾아볼 수 있다. 이 경우 업을 파괴할 수 없다는 견해는 힌두교적 형이상학의 견지에서 절대자를 포착할 수 있는 유일한 관점이었다. 전적으로 회피할 수 없는 대립 상태가 존재와 규범 사이에 상존하고 있기 때문에, 대승불교에서 최고의 신격을 가진 법신은 일체의 언어의 피안에 있음이 자명하다. …… 법신의 존재 상태가 여기에서 그치는 것은 아니다. 법신과의 관계에서 합리적으로 다양한 술어들이 첨가되기도 하는 것이다. 지고의 사랑을 의미하는 자비(Karuna)와 최고의 초영지를 의미하는 보리(覺)는 구원 상태와 신격이라는 관계를 맺으면서 합일된다. 이러한 교리적 상황에서 열반 ― 법신의 상태에 들어갈 경우 ― 을, 소극적으로는 일체의 욕망이 파괴되고 적극적으로는 일체의 존재에 대한 사랑으로 생각한다면, 예나 마찬가지로 깨닫지 못한 상태에서의 미망(迷妄)을 의미하는 무명(無明)은 모든 악의 근본이 된

다."(356쪽)

베버에 따르면, 대승불교가 이러한 이념 구조를 가지고 있기 때문에, 대승불교의 구원론은 철저하게 주지주의적 구원론으로 변했으며, 다시 평신도가 아닌 초영지超靈智 소유자를 위한 밀교적 구원 교리가 되었다. 그리고 이는 "실천적인 면에서 지극히 중요한 붓다의 교리적 원칙, 즉 풀 길 없는 문제에 대한 사변은 사악이면서 구원에 해악이 될 것이라는 원칙은 포기되는 길을 밟게 된 것이다." 이와 같이, 대승불교의 이념 구조에 대한 베버의 해석은 이미 대승불교의 사회적 기능을 이미 어느 정도 암시하고 있다. 그것은 대승불교의 이념 구조가 신비주의적 특성을 띰으로써 파생되는 사회적 역기능일 수밖에 없다.

2) 대승불교의 사회적 기능에 대한 해석

대승불교가 평신도와는 무관한 초영지 소유자들을 위한 구원의 교리라는 사실을 베버는 깨달음에 도달하는 과정을 통해 다음과 같이 설명한다. "그렇다면 무명을 극복하고, 스스로를 드러내는 초영지에 도달하는 길은 무엇인가? 그것은 실천성을 띤 사랑의 감정(자비[慈悲])과 통제를 받는 사고 집중(선정[禪定])을 결합하는 것이다. …… 정통파 대승불교의 교리에 따르면 구원을 베푸는 초영지는 단계적으로 전진하는 정신 수련을 통해 열 개의 단계를 거쳐서(십지론[十地論]의 전개?) 점차로 궁극적인 최고 상태로 상승해간다고 한다."(357쪽)

베버에 따르면, 대승불교는 이러한 단계를 거쳐서 초영지에 이르게 되는 자만이 열반에 이르게 된다고 가르치는 셈이다. 그리고 베버는 대승불교의 이러한 특징을 신비주의로 규정한다. 다음과 같은 열반에 대한 베버의 유형론과 그 설명은 베버의 의도를 보다 잘 보여 준다. "(1) 한정 열반: 현세의 번뇌에서 벗어나 자유롭기는 하지만 지성적인 초영지가 없으므로 아직도 윤회 전생에서 벗어나지 못한 상태를 말한다. 이것은 전반적으로 불교가 가지고 있는 합리적 특징의 요소를 보여 주고 있는 측면이다. (2) 무한정 열반: 현세의 물질적 조건으로부터 벗어나서 자유자재함을 누리는 열반으로서, 완전한 초영지를 통해 윤회 전생에서 자유로워진 현세에서의 축복 상태, 즉 생 존중의 해탈을 의미한다. 이는 세속 도피적인 신비주의라 할 수 있을 것이다. (3) 세속 내적인 신비주의: 이것은 몸은 바로 세속 안에 있으면서 그 세속과 스스로를 대립시켜 세속과는 초연한 태도를 취하는 세속 내의 삶과 세속을 위한 행동이다."(357~358쪽)

열반에 대한 세 가지 유형 중에서 대승불교는 궁극적으로 (2)와 (3)을 추구하는 데 반하여, 베버는 (1)만이 합리적인 특성을 갖는다고 해석한다. 여기서 합리성과 신비주의에 대한 베버의 견해를 극명하게 알 수 있다. 베버는 세속을 초월하거나 세속과 대립하는 노력 그 자체를 신비주의로 해석하는 것이다. 이러한 관점에서 베버는 이후의 대승불교의 발전을 모두 신비주의로 단정하고, 이를 진정한 대승불교의 특징이라고 간주한다. 나아가 베버는 용수龍樹의 『반야경般若經』과 세친世親의 『불성론佛性論』이야말로 주술적 성격과 신비주의적 특징을 가장 극명하게 보여 주는 대표적 사례라고 지적하고, "바로 대승불교가 여기까지 발전해 오자 그 다음의 발전 단계 없이 성장이 정지되었다. 즉 세친은 마지막 보살이 되고 만 것이다"(360쪽)고 정리하고 있다.

베버는 대승불교가 신비주의적 특징을 갖고 있기 때문에 세속을 "마술의 정원"으로 만들었으며 세속 내에서의 합리적인 생활양식을 발전시키는 윤리로 작용하지 못했다고 해석한다. "철학적 색채가 농후하고 정신주의적 경향이 뚜렷한 대승불교의 구원론을 갖고는 세속 내에서의 합리적 생활양식을 확립할 수 없었다. 또한 대승불교는 ……

세속 전체를 엄청난 마술의 정원으로 탈바꿈시키기도 했다. 이런 경우 결코 간과해서는 안 될 점은, 모든 피조물과의 내면적 유대 및 그 피조물에 대한 자선적 자비심이었는데, 불교는 그 활동 지역이 어디든 지 간에 이와 같은 심리 상태를 민중적 감성으로 확고히 다지게 만들었다. 아시아에서 그런 역할을 한 종교는 불교뿐이다. …… 이러한 심정적인 차원에서의 영향력과는 걸맞지 않게 대승불교에는 평신도의 합리적 생활 방식을 촉진할 수 있는 어떤 단서도 전적으로 결여되어 있었다. 대승불교는, 합리적인 평신도적 종교가 되기는커녕, 그 본질상 밀교적 신비주의로서 음울한 주술, 평신도들이 바라마지 않는 우상 숭배, 성도 숭배 또는 주문 등과 밀접한 관계를 맺고 있었다."(360~362쪽)

5. 베버의 대승불교론에 대한 비판

1) 베버의 불교관 일반에 대한 비판

베버의 종교사회학 테제를 둘러싼 비판과 반비판은 지금까지도 계속되고 있다. 역사 발전을 바라보는 베버의 시각을 인정하더라도 역사적 증거와 해석에 따른 문제점을 중심으로 벌어지는 논쟁(오경환, 1990 참조) 등이 그것이다. 이러한 논쟁을 검토하는 작업은 본 연구의 범위를 훨씬 넘어서는 것이므로, 여기에서는 베버의 이념형적 방법에 깔린 문화론적 한계 — 그것이 베버의 실존적 한계(전성우, 1992)일지라도 — 와 연관하여 베버의 불교 연구가 지니는 한계를 지적하고자 한다.

이를 위해, 베버의 불교관을 비판하기에 앞서 베버의 동양 사회론의 문제점을 지적하는 것에서 출발하고자 한다. 베버의 동양 사회론은 동아시아 사회가 저발전 상태에 있는 역사적 시점에 한하여 설득력을 갖는다. 바꾸어 말하면 베버의 동양 사회론은 오늘날처럼 동아시아 사회가 급속한 경제발전을 경험하고 있는 상황을 설명하는 데 난점을 지닌다. 만약 베버의 주장대로 동아시아의 종교사상이 합리적인 생활 양식의 창출이라는 발전 방향을 취하지 못한다면, 오늘날 동아시아의 경제발전을 추동한 요인은 비종교적 요인일 것이다. 그렇다면 종교사상이 경제발전의 추동력이 된다는 베버의 종교사회학 테제는 동양 사회에서는 설득력을 잃게 된다.

그러나 베버의 종교사회학 테제는 동아시아 사회에서도 여전히 설득력을 갖는 일반화된 이론일 가능성이 있다. 왜냐하면 종교사상은 삶의 궁극적의 의미를 제공하는 사회적 기능을 수행하고 그래서 인간의 사회적 행위를 규율 짓는 힘을 지니기 때문이다.[11] 베버의 유명한 전철수電鐵手 비유[12]도 이러한 점에서 타당하다. 따라서 만약 베버의 종교사회학 테제가 어느 정도 일반화된 이론이라면, 베버는 자신의 동양 사회론에서 동아시아 사회의 종교사상의 또 다른 측면을 자신도 모르게 사상하고 말았을 수도 있다. 그것은 베버의 동아시아 문화관이 부정적 문화관[13]이기 때문일 수도 있으며, 베버가 프로테스탄트 윤리의

---

11) Bellah(1957)나 오경환(1990)을 참조할 것. 특히 벨라는 틸리히의 종교 해석을 이어받아 다음과 같이 종교의 기능적 정의와 그 중요성을 제시한 바 있다. "사회의 도덕성을 뒷받침해 주는 의미 있는 일련의 궁극적 가치들을 제공하는 것이 종교의 사회적 기능 가운데 하나이다. 그러한 가치가 제도 화될 때 한 사회의 중심 가치로 불릴 수 있다."(p. 6)

12) "인간의 행위를 직접적으로 좌우하는 것은 관념이 아니라 물질적 관념적 이해 관심이다. 그러나 '관념에 의해 형성된 세계상'은, 마치 철로의 전철 수처럼, 인간 행위가 이해 관심의 역학에 따라 추구되어 가는 궤도를 매우 자주 결정해 왔다."(Weber, 1948, p. 280)

13) 전성우(1992)는 한 가지 근본적인 관점에서 베버의 동양 사회론이 한계를 가질 수밖에 없다고 지적하면서, 베버의 부정적인 질문, 즉 "왜 중국 또는 인도는 유럽이 보여 준 그런 방식으로 합리적인 생활양식 창출이라는 발전

합리적인 특성을 이념형으로 설정하고 그와 유사한 그 무엇을 동아시아 종교사상에서 발견하려고 시도했기 때문에 발생한 결과일지도 모른다. 따라서 비록 베버의 이념형적 방법이 그 자체로 객관성을 담보할 수 있는 논리적 타당성을 지니고 있다 하더라도, 베버의 이념형의 구성 과정에서 문화적 편견이 개입되었을 가능성을 배제할 수는 없다.[14]

이 글에서는 베버의 이념형 그 자체를 문제시하거나 불교의 사상과 신도들의 생활윤리 중에서 베버가 사상했다고 보이는 측면을 부각시키면서 베버의 불교관 일반과 대승불교 해석을 비판적으로 검토해 보고자 한다.

불교관 일반에서, 베버는 결정적으로 중요한 불교사상의 두 가지 사상과 그 사상 구조가 경제생활과 연관된 사회경제윤리의 발전을 저해했다고 간주한다.

첫째, 베버는 불교 및 힌두교의 업業 사상이 비인격적인 종교적 세계상을 전제로 하고 있어서, 프로테스탄트 윤리와는 달리, "마술의 정원"이 되다시피 한 세속 내에서의 생활에서 합리적이고도 실제적인 윤리나 생활 방식이 도출될 수 없었다고 주장한다(베버, 1986, 478쪽). 베버는 서구의 인격적이고 초인간적인 신과 동물적으로 타락한 인간

방향을 취하지 못했는가?"를 문제시하고 있다. 전성우는 그러한 질문은 전반적으로 결여된 요소에 대한 질문이라며, 그런 의미에서 베버의 아시아 문화관을 "부정적인 문화관"이라고 개념화한다. 그러한 점에서 베버가 '왜 중국 또는 인도는 자기들 방식대로 발전했는가?'라는 긍정적 질문을 던지지 않았다는 전성우의 비판(65쪽)은 매우 적절하다.

14) 바로 이점과 연관하여 송두율(1990)은 루카치가 베버의 사회학을 제국주의 시대의 사회학이라고 지칭했다는 점을 지적하고는 그의 말을 다음과 같이 해석하고 있다. "베버 사회학의 이념형적 방식이 방법론적으로는 무죄이지만 그 안에 든 아시아 세계에 대한 의견이 지배 민족의 제국주의적 팽창을 위한 죄 많은 정치적 선전 책자로 탈바꿈한다는 것이었다."(177쪽)

사이의 절대적 대립 관계를 이념형으로 삼아 비인격적이고 초세속적인 자연의 질서와 "마술의 정원"이 되다시피 한 세속 사이의 관계를 판단한다. 그런데 여기에서 의문스러운 점은 베버가 부처 대신에 업 사상을 프로테스탄트의 신과 비교한 이유이다. 불교에서 서구의 신의 등가물은 업 사상이 아니라 매우 인격적인 이성적인 부처이다.

또한 베버는 불교의 업 사상을 결정성으로 이해하고 있다. "업의 교리, 즉 윤리적 인과응보의 보편적 인과율에 따르면, …… 전적으로 비인격적인 우주의 인과율 안에서는 세속의 구속을 받는 어떠한 개별적 행동도 이 인과율의 망에서 벗어날 수 없다는 것이다."(베버, 1986, 284쪽) 따라서 베버가 업 사상을 인간의 노력에 의해 극복되는 그 무엇이 아닌 자연주의적 결정성으로 이해하고 있다는 그린(Green, 1990)의 지적은 정당하다. 그러나 업 사상을 비인격적이며 초세속적인, 따라서 인간의 노력에 의해 극복될 수 없는 그 무엇으로 해석할 수는 없다. 왜냐하면 불교에서 인간의 생멸과 연관된 기본적인 설명인 십이연기법十二緣起法은 존재의 결정성을 명확하게 부정하고 있기 때문이다. "인간의 일상적인 삶의 모든 현상이 이해할 수 있는 원인들에 의해 생겨난다는 점뿐만 아니라 삶이란 연관된 과정이기 때문에 인간이란 현상 뒤엔 변치 않거나 절대적인 본체 또는 개별적인 영혼은 없다." (딧사나야케, 1987, 28쪽)

이러한 십이연기법을 염두에 둔다면, 업에 관한 풀리간드라와 푸하카의 다음과 같은 정의는 상당히 타당하다. "업이라고 하는 것은 물론 인과율의 원리 또는 '작용과 반작용'의 법칙을 가리킨다. 간단히 말해서 그것은 생각이건 말이건 행동이건 간에 모든 사건은 반드시 결과를 낳게 되며, 그 결과는 다시 다른 사건에 대한 원인으로 작용하게 된다는 것이다. …… 그리하여 원인과 결과의 연속은 무한히 계속하여 순환하는 업의 사슬(Karmaic Chain)이 된다."(풀리간드라·푸하카, 1988,

십이연기법과 업의 개념이 이렇듯 연관성을 가지고 있기 때문에 불교에서는 명상을 통해서 깨달음을 얻고 자비행慈悲行을 통해 선업善 業을 쌓도록 가르치고 있다. 따라서 불교의 업 사상은 한국 불교계의 실제적인 일상생활윤리 속에서는 오히려 베버가 이해한 방식과는 정반대의 방식으로 해석된다. 선업과 복덕福德의 인과 연쇄, 그리고 이에 대한 절대적 신앙은 불교인들의 적극적인 사회윤리로 작용하고 있다.

둘째, 베버는 열반이라는 초세속적 목표에 대한 강조나 세속적 세계로부터의 도피 및 은둔으로 말미암아 불교에 경제생활과 관련된 규범적 특성이 결여되었다고 주장한다. 그리고 이러한 특성으로 인해 열반을 추구하는 출가자와 재가자는 단절적 관계를 형성한다고 주장한다. 베버는 그 근거를 불교의 구원론에서 찾고 있다. 베버에 따르면 "불교의 구원이란 오직 '머무를 곳이 없는'(無住) 경지에 다다랐을 때 방랑하는 귀의자들에게만 획득될 수 있는 것이었다."(베버, 1986, 297쪽) 따라서 베버는 "아시아적 구원론에서는 오직 모범적인 생활을 하는 자, 즉 대부분의 경우 승려만이 성취할 수 있는 약속과 평신도들도 얻을 수 있는 약속 사이의 차별을 두었다"(470쪽)고 주장한다. 베버에게 "초세속적 구원과 세속 내에서의 활동은 내적 연관을 맺기란 거의 불가능한 것"(474쪽)으로 인식되었고, 이 때문에 세속적이고 합리적인 경제윤리는 결코 발전할 수 없었다.

한편 베버는 승가僧伽 공동체에서도 경제윤리가 발전할 수 없었던 원인을 다음과 같이 지적하고 있다. "형식적으로 승려가 되지 않고도 완벽한 통찰력을 갖춘다거나 아라한의 지위에 이르는 것은 결코 허용되지 않았던 것이다. 그와 같은 교단 종교에서 합리적인 경제윤리가 발전할 수는 없었다. 고대 불교의 노선이 이미 승려 중심적으로 운영되는 비밀 집회의 불교, 즉 소승불교를 버리고 대승불교의 방식을 따라서 평신도의 종교로 발전해 갔음에도, 후세에 가서도 그러한 합리적인 경제윤리가 발전되어 나오지 않았던 것이다."(301쪽)

여기에서 베버는 프로테스탄트를 대중과 분리되지 않은 대중의 종교로 간주하고 이를 이념형으로 삼아 불교를 대중과는 분리된 대가의 종교로 판단한다. 그러나 불교의 구원론, 특히 대승불교의 구원론이 대중과 분리되어 있는지의 여부는 여전히 의심스럽다. 왜냐하면 대승불교의 대표적인 경전인 『화엄경』에는 다음과 같은 구절이 등장하기 때문이다. "불법이 바로 세간법이고 세간법이 바로 불법임을 알지라도 불법 속에서 세간법을 분별하지 않고 세간법 속에서 불법을 분별하지 않는다. 일체의 법은 법계에 들어간다. 왜냐하면 소입처所入處가 없기 때문이다. …… 부처님의 경계는 바로 세간의 경계이다. …… 세간의 경계는 바로 부처님의 경계이다."(中村元, 1993, 310쪽)

이렇듯 대승불교에서는 세간世間과 출세간出世間을 단절적으로 구분하고 있지 않다. 모든 중생이 부처가 되어야 비로소 부처가 되겠다는 보살의 서원誓願은 보살과 대중이 연기법적 관계에 있음을 전제로 성립되는 논리이다. 그렇기 때문에 불교에서는 비구들이 평신도들에게 법을 가르치는 것이 관습화되어 있을 뿐만 아니라 의무화되어 있다. 이는 불교의 중요한 사회적 기능이다. "불교의 승가에서 비구들은 끊임없이 평신도에게 다르마(法)를 체계적으로 설명하여 가르치고, 일상생활에서 스스로 5계를 따르도록 이끌 것이며, 성스러운 날에는 보다 높은 단계의 계(8계와 10계)를 지키도록 고취할 것을 의무로 행하고 있다. 이리하여 평신도들은 승가의 예를 따름으로써 보다 높은 정신 수준과 도덕적 단계에 도달할 것이다."(딧사나야케, 1987, 123쪽)

불교의 구원의 원천이 깨달음에 있는 것으로 정확하게 이해하고 있었음에도 불구하고 깨달음의 내용, 즉 모든 존재의 연기성과 그것의 허망함과 그 허망함을 극복하는 것을 성과 속의 단절적 구분으로 확대 해석한 것은 베버의 결정적인 한계로 보인다. 오히려 불교의 생활윤리는 모든 존재의 상의상관相依相關적 연기 관계라는 대전제 위에서 성립한다. 또한 탁발승托鉢僧을 은둔주의자로 규정한 것은 부분적으로만 정당하다. 왜냐하면 은둔은 수행자들이 깨달음을 얻고자 하는 수행의 한 방편일 뿐이기 때문이며, 깨달음에 도달한 이후에 승려들은 불교 교리를 사회에 널리 알리기 위해 다시 사회와 관련을 맺기 때문이다.

이와 같이 베버는 불교의 종교사상을 신비주의적 특색으로 이해하고 있으며, 불교의 구원론을 승려만을 위한 구원론으로 해석하고 있다. 불교의 여러 가지 모습 중에는 베버가 지적한 측면이 존재하긴 하지만, 그러한 모습이 서구 프로테스탄트의 잣대에 의해 확대 해석되어서는 안 된다. 왜냐하면 불교는 신비주의적 특색뿐만 아니라 합리적이고 이성적인 특색을 지니고 있으며, 불교의 구원론도 신도 일반과 밀접하게 연관된 내용을 포함하고 있기 때문이다.

2) 베버의 대승불교론에 대한 비판

베버의 불교 비판에 깔려 있는 기본적인 시각과 잣대는 베버가 대승불교를 해석하는 데도 그대로 적용되었다. 따라서 여기에는 베버의 대승불교론의 세부적인 내용에 초점을 맞추어 부분적인 오해를 벗겨 보고자 한다.

우선 베버는 대승불교가 사회구조적 조건에 적응하는 과정에서 불교의 구원론이 인격적 신에서 비인격적 신으로의 전형을 경험하게 되었다고 주장하고 있다. 그러나 응신불應身佛이나 화신불化身佛 등의 개념은 대승불교의 특징이며, 이는 부처가 초자연적이고 비인격적인 신으로 승화하는 존재이기보다는 "불제자 사신의 자각을 통해서 구해진 자타 융합 속에서 터득되는 내재적 불신론(佛身論)"(오노신조, 1992, 104쪽)으로 변했음을 의미한다. 부처가 초자연적이고 비인격적 신으로 승화하게 된 것은 오히려 일불一佛을 주장하는 소승불교와 가깝다고 판단된다.

둘째, 베버는 열반의 유형론에 대한 설명에서 세속과 영합하는 생활윤리를 합리주의적인 것으로, 세속을 초월하거나 세속과 대립하려고 하는 윤리를 신비적이거나 주술적인 것으로 간주한다. 그러나 대승불교에서 열반에 이르는 길이 반드시 현실을 도피하거나 세속을 초월하는 길밖에 없는 것은 아니며, 그것이 신비주의적이거나 주술적인 것도 아니다. 서구의 대표적인 불교학자인 라홀라W. Rahula는 이에 대해 다음과 같이 설명한다. "불타의 가르침, 특히 명상하는 법은 마음을 완전히 건강하게 하여 평형을 이룬 고요한 상태에 도달하는 것을 목표로 한다. 그런데 불타의 가르침 중에서 명상만큼 불교도나 비불교도들에게 오해되고 있는 것도 없다는 사실은 불행하다고 하지 않을 수 없다. 명상이란 말을 들으면 누구나 생활의 일상적인 일과에서 벗어나는 것을 연상케 된다. 즉, 명상이란 사회에서 격리된 어떤 궁벽한 곳에서, 절의 토굴이나 암자에 있는 석상(石像)처럼 특별한 자세를 취하는 것이며, 또는 어떤 불가사의하고 신비스러운 생각이나 몽환 상태에 잠기거나 빠져 있는 상태로 일반인은 오해하고 있다. 그러나 진정한 의미에서의 불교적 명상은 절대로 이런 도피를 뜻하는 것이 아니다."(라홀라, 1988, 79쪽)

셋째, 베버는 대승불교가 신비주의적 색채를 띠고 있었기 때문에 세속을 "마술의 정원"으로 만들었고 그 결과로 합리성을 발전시킬 수 없었다고 주장한다. 그러나 베버는 그 근거를 명확하게 제시하지 않고 있다. 게다가 두 번째 비판과 연관시켜 본다면, 대승불교에 관한 신비주의적 해석은 오해일 가능성이 높다. 왜냐하면 대승불교는 모든 개체로 하여금 끊임없이 자신의 원래의 선한 모습을 찾도록 깨우치는 깨달음의 종교이기 때문에, 세속을 '마술의 정원'으로 만든 것이 아니라 마술이나 주술로부터 벗어난 '각성의 정원'으로 만들고 있다. 그리고 대승불교문화권의 생활윤리 속에서 발견되는 주술적이거나 마술적인 특성은 대승불교적 특성이 아니라 무속적 특성일 가능성이 높다.

넷째, 베버는 대승불교를 단일한 모습으로 그리고 있지만, 동아시아 각 나라에 정착된 대승불교는 약간씩 다르다. 한국의 선불교禪佛敎와 일본의 종파불교宗派佛敎는 다르며, 대승불교의 윤리도 시대적 상황의 변화에 따라 변화를 겪었다. 따라서 베버의 대승불교에 대한 해석은 그 적용에서 명확한 역사적 한계를 지닌다.

다섯째, 베버가 인도 사회의 물질적 토대, 사회적 조건, 정치적 상황을 분석하고 그 논리적 기초 위에서 대승불교의 사회적 기능을 논했다는 사실이 이론적으로 상당한 설득력을 갖고 있음에도, 이를 대승불교문화권 국가로 확장시킨 것은 무리이다. 왜냐하면 대승불교문화권 국가의 물적 토대, 사회적 조건, 정치적 조건은 시대마다 또 사회마다 다를 수밖에 없기 때문이다. 그러한 점에서 베버의 대승불교 연구를 동아시아 불교문화권 국가의 발전에 적용시키는 것은 일정한 한계를 지닌다.

제5장 불교, 국가, 경제발전
- 벨라의 『도쿠가와 종교』

한국 사회에서 벨라의 저작 *Tokugawa Religion: The Values of Pre-Industrial Japan* (이하 '『도쿠가와 종교』')는 상대적으로 주목받지 못하고 있다. 한국 사회에서 이 책은 사회학계의 일부 학자들이나 소수의 종교학자들에 의해 소개되고 있는 정도에 그치고 있을 뿐,[1] 아직까지 이 책에 관한 분석적 연구 성과는 없다.

　『도쿠가와 종교』가 불교와 사회만을 연구 대상으로 삼은 것도 아니며 게다가 일본 사회를 분석의 대상으로 삼고 있지만, 『도쿠가와 종교』는 일반 이론적 함의를 풍부하게 지니고 있어서 불교사회학의 정립에 필요한 이론적 징검다리의 역할을 하기에 부족함이 없다.[2]

---

1) 벨라에 큰 관심을 기울인 박영신은 『도쿠가와 종교』를 번역하여 출판했을 뿐만 아니라, *Beyond Belief*를 부분적으로 발췌하여 편역서 『사회 변동의 상징 구조』를 내기도 했다. 그 밖에도 그는 벨라와 관련된 논문을 발표하거나 자신의 논문이나 글에서 벨라를 부분적으로 인용하거나 소개하고 있다. 권규식(1985)도 자신의 저서 제3장의 두 개의 절에서 벨라의 연구 성과를 요약문이나 서평 수준에서 제시한 적이 있다. 종교학자로는 이영관(1992)이 벨라의 종교관과 『도쿠가와 종교』에 관한 소개를 시도했지만 지속하지는 못했다.

이 장에서는 『도쿠가와 종교』를 불교사회학적으로 재구성해 보고 그 불교사회학적 의의를 도출한 다음, 불교사회학에 적용할 때의 가능성을 밝혀 보고자 한다. 『도쿠가와 종교』가 종교사회학 분야의 한 이론으로서 공인된 연구 성과임에도 여기에서 불교사회학적 측면만을 다루는 이유는 불교사회학의 학문적 체계를 정립하고자 하는 필자의 의도 때문이다. 그러나 불교사회학적 재구성 작업은 철저히 『도쿠가와 종교』의 이론 틀에 입각하여 수행될 것이며, 그렇기 때문에 이러한 재구성 작업만으로도 텍스트의 전체 내용이 어느 정도 드러나게 될 것이다. 특별한 언급이 없는 한, 이하의 페이지 표시는 모두 Bellah(1957)을 가리킨다.

1. 벨라의 『도쿠가와 종교』에 주목해야 하는 이유

벨라는 종교사회학계의 거목이며 『도쿠가와 종교』는 그를 세계적으로 주목받는 학자로 만들었다. 벨라는 지금까지도 탁월한 논문이나 독특한 개념을 발표함으로써 지속적으로 주목을 받고 있지만,[3] 그러한 연구들조차도 『도쿠가와 종교』와 이론적 연관성을 가지고 있다.[4] 오

---

2) 일본에서는 이 저서가 번역되었음은 물론이고 이와 관련된 여러 편의 논문이 제시되어 있을 뿐만 아니라, 일본의 불교사회학사를 소개하고 있는 疋田精俊(平成3年)에서는 벨라의 이 저서도 다루고 있다.

3) 저서 *Beyond Belief: Essays on Religion in a Post-Traditional World* (1970)를 비롯하여 "시민 종교", "종교 진화론" 등의 개념은 벨라의 대표적인 연구 성과이다.

4) 예컨대 벨라는 뒤르켐이나 토크빌에 의해 논의된 "시민 종교" 개념을 학문적으로 복원하는데, 그 개념은 종교, 도덕, 정치 등의 기능적 연관 위에 성립되는 개념이다. 이렇게 볼 때, 이 개념은 종교와 정치 및 경제 간의 상관

늘날 종교에 관한 사회학적 관심을 가진 사람이라면 누구나 그의 이론, 시각, 실증적 연구에 관심을 기울이지 않을 수 없지만, 특히 동양 종교에 관한 사회학적 관심을 가진 연구자라면 그의 학문적 세계를 탐색할 수밖에 없다. 그는 불교, 유교, 이슬람교 등에 관한 탁월한 사회학적 해석을 제시하고 있기 때문이다. 그 중에서도 『도쿠가와 종교』는 불교에 관한 사회학적 관심을 가진 이들의 관심을 끌기에 충분하다.

물론 『도쿠가와 종교』가 불교와 사회의 관련성만을 연구 대상으로 삼은 것은 아니다. 『도쿠가와 종교』는 일본 도쿠가와 시대의 신도神道, 불교, 유교와 당시의 정치 및 경제와의 관련성을 연구한 것이다. 그런데도 『도쿠가와 종교』는 동양 사회와 불교에 관한 베버의 주장을 반증한다는 점에서 주목을 요한다. 사실 그동안 우리는 동양 사회의 발전과 불교를 포함한 동양 종교의 관계에 관한 베버의 부정적 평가를 그와는 다른 시각(제국주의적 요인 등과 같은 종교외적 요인을 강조하는 맑스주의적 시각)에서 비판하거나 자료의 한계에 초점을 두고(실증주의적 사학자나 훈고학적 불교학자) 비판해 왔으며, 기껏해야 베버의 해석 틀에 대한 의의 제기에 머물러 있었다. 또한 베버의 시각으로는 최근 아시아의 불교 및 유교 문화권 국가의 경제발전을 설명할 수 없다는 사실이 자명함에도 불구하고, 벨라의 연구가 제시되기 전까지는 베버를 반증할 근거를 충분하게 제시하지 못했다. 『도쿠가와 종교』는 베버의 종교사회학적 전통과 시각을 계승하면서도 치밀한 이론적, 경험적 근거에 기초하여 베버의 주장을 반증하고 있다. 따라서 『도쿠가와 종교』는 베버에 이어 동양 사회의 발전과 종교에 관한 종교사회학적 연구의 또 다른 전범이 되기에 충분하다.[5]

성에 관한 이론적 정립과 경험적 일반화를 시도한 『도쿠가와 종교』와 이론적으로 연관되어 있음을 알 수 있다.

2. 『도쿠가와 종교』의 이론 틀

1) 문제의식

벨라는 일본 근대화의 사회적 기초를 밝히기 위해서는 과연 도쿠가와 시대의 일본 종교가 일본인들의 삶에 어떤 의미를 제공했는가의 문제를 해명해야 한다고 주장했는데, 벨라가 도쿠가와 시대에 주목한 것은 이 시대가 일본 근대화의 초석을 놓은 시기라는 인식 때문이었다. 그는 두 가지 전제 위에서 논의를 시작한다. 하나는 사회 구성원들의 삶 속에 체화된 종교의 의미, 즉 개인의 인성 속에 담겨 있는 종교의 내적 의미가 사회 발전의 토대가 된다는 사회명목론적 전제이다. 다른 하나는 종교를 그 신조나 교리, 종교 조직이 아니라 구성원들의 삶과의 의미 연관에서 이해해야 한다는 종교사회학적 전제이다. 그는 다음과 같이 말한다. "개인들의 생각, 느낌, 열망 속에서 종교가 점하는 자리, 즉 종교의 내적 의미를 알아야 그들의 종교적 헌신이 어떻게 그들의 삶 전체를 형상화하고 영향을 미치는지, 그리고 그들의 삶의 다른 부분들이 그들의 종교에 어떻게 영향을 주는지를 알게 된다."(p. 1)

이와 같이 벨라는 두 가지 전제 위에서만 종교사회학적 연구 대상, 즉 종교와 사회의 관계를 이해할 수 있음을 분명히 하고 있다. 이러한 시각은 사실상 베버의 유산이다. 그리고 베버와 같은 이러한 시각으로 말미암아 『도쿠가와 종교』의 문제 제기는 정확하게 베버식의 문제

---

5) 최근 동양 사회의 발전을 '아시아적 가치'와 연관시켜 설명하려는 시도들이 관심을 끌면서 일부 벨라의 관점과 유사한 논의가 제출되고 있지만, 이러한 논의에서 '아시아적 가치'란 주로 유교에 한정하여 다루어지고 있다. 따라서 불교와 동양 사회의 발전 사이의 관계에 관해서는 아직까지 벨라의 연구에 필적할 만한 연구가 제시되지 않고 있다. 이승환(1999)를 참조할 것.

제기의 등가물이다. 벨라는 다음과 같이 말한다. "비서구 사회들 중에서 일본만이 서구 문화 중에서 자신에게 필요한 것을 받아들여 일본을 근대 산업사회로 급속히 바꾸어 나갔다. 그 요인에는 일본인의 신비적인 모방 능력이 아니라 일본을 제외한 다른 비서구인들은 공유하고 있지 않고 오직 일본만이 가지고 있는 경제적 측면의 유리한 것들이 있었다. …… 베버의 영향을 받은 사람들은 자연히 종교적 요인들이 일본의 경우에도 연관되지 않았을까 하고 생각하게 된다. 단도직입적으로 말한다면, 일본의 종교 내에 프로테스탄트 윤리와 유사한 것이 있는가 하는 것이다."(pp. 2~3)

이와 같은 벨라의 문제 제기는 다음과 같은 베버식 문제 제기로 요약될 수 있다. "비서구 국민 가운데 왜 일본 국민만이 가장 빨리 집권적 국민국가를 수립하고 내부적 갈등과 혼란 없이 자주적으로 근대 경제로의 전환에 성공했는가?" 『도쿠가와 종교』는 이러한 문제 제기에 대한 해답을 일본 사회의 구체적인 경험을 토대로 검증해 낸 연구 결과이다. 벨라는 "이 문제가 본 연구 전반에 걸쳐 특별한 관심의 초점이 될 것이다. 우리는 일본의 종교가 일반인들에게 실제로 무엇을 의미했는지를 이해하고, 근대 산업사회의 발흥과 관계됨 직한 요소에 특히 관심을 집중할 것이다"(p. 3)라고 강조했는데, 여기에서 "이 문제"란 벨라의 베버식 문제 제기를 의미한다.

2) 개념 틀

이러한 문제 제기에 대한 해답을 찾기 위해서는 무엇보다도 종속변수인 근대 산업사회를 명확하게 정의할 필요가 있다. 벨라는 근대 산업사회를 "사회 체계에서는 경제가, 가치 체계에서는 경제적 가치가 커다란 중요성을 가진 사회"(p. 3)로 정의한다. 벨라는 "경제적 가치 없이는,

고도로 분화되고 합리적인 경제를 가지는 것, 나아가 산업사회를 이룩하는 것은 불가능하다."(p. 4)고 말한다. 이렇듯 경제적 가치는 근대 산업사회를 이해하는 데에서 필수적인 개념이다. 벨라는 경제적 가치를 "이익욕, 획득 본능, 쾌락적 소비욕을 의미하는 것이 아니라, 수단의 합리화 과정을 특징짓는 가치들"(p. 3)로 정의하고 있는데, 이는 『프로테스탄트 윤리와 자본주의 정신』에서 베버가 경제적 가치를 정의한 것과 동일한 의미이다. 또 다른 곳에서 벨라는 보다 직접적으로 베버와의 관련성을 언급한다. "이러한 경제적 가치들은 베버가 말한 의미의 고도의 형식 합리성 — 전통적 규제로부터 자유롭고 형식적 규범에 의해서만 통제되는 계속적인 수단의 합리화 과정 — 이 존재하기 위해 불가피하다."(p. 4)

이렇듯 경제적 가치의 역사적 의미에 대해서는 철저히 베버와 같은 입장에 서 있지만, 벨라는 경제적 가치를 보다 분석적 의미로 정의하기 위해 파슨스의 "유형 변수pattern variables"를 근거로 "보편주의"와 "업적"의 변수가 중시되는 가치로 정의한다.[6] 그러면 벨라는 어떠한 논리적 근거로 베버와 파슨스를 연관시키는 데 성공하고 있는가? 베버가 말한 수단의 합리화는 경제적 가치와 관련되어 있을 뿐만 아니라 상황에의 적응력을 높여 주는데, 여기에서 적응이란 파슨스의 경제 체계 및 경제적 가치 영역과 일치한다. 비산업사회에서 산업사회로의 발전 과정을 고려할 때 명백한 사실 가운데 하나는 기본적인

---

6) 벨라는 파슨스의 "AGIL"(adaption, goal-attainment, integration, latency-pattern maintenance, 즉 적응, 목적 달성, 통합, 잠재성·패턴 유지) 도식이 "이 연구에서 사용될 대부분의 기술적 용어technical terms들 간의 상호연관을 보여 주는 패러다임이다"(p. 10)라고 정직하게 밝히고 있다. 이처럼 벨라는 파슨스의 "AGIL" 도식을 이용하여 가치 체계, 사회 체계, 그리고 나아가 근대 산업사회 등의 개념들을 체계적이고 계통적으로 연결시키고 있다.

가치 유형들에서의 변화이다. 다시 말하면, 한 사회(또는 개인)의 가치 체계에서 정치적 가치, 통합적 가치, 문화적 가치들보다 경제적 가치가 더욱 중시되어야만 전통사회는 근대 산업사회로 이행할 것이다.

그러나 벨라에 따르면, 일본의 사례는 이러한 공식에 들어맞지 않는다. 왜냐하면 일본의 경우는 정치적 가치가 가장 중시되는 사회이기 때문이다. "일본은 정치적 가치의 우선성에 의해 특징지어지는 사회이다. 즉 정체the polity가 경제에 비해 우선성을 가진다. 여기에서 정치적 가치란 수행과 특수주의라는 유형 변수에 의해 특징지어진다. 핵심적 관심은 생산성보다는 집합적 목표에 놓여 있으며, 충성이 가장 우선적인 가치이다. 통제하고 통제받는 것이 '행하는 것(경제적 가치)' 보다 더 중요하며, 권력이 부보다 더 중요하다."(p. 5)

그렇다면 정치적 가치가 중요시되는 사회는 어떻게 인간의 행위를 합리화하는 데 기여하는가? "정치적 가치에 높은 관심을 보이는 사회는 권력이 일반화되어 전통적 규제로부터 상대적으로 자유롭게 확장되고, 나아가 합리적 규범에 의해서만 통치되는 어떤 상황을 만들 수도 있다. 물론 경제가 그렇듯이, 사회가 계속 기능을 수행하려면, 정치적 가치 또한 전혀 규제를 받지 않을 수 없다. 그러나 정치적 가치가 가지는 상대적 자율성은 여기에 다시 엄청난 결과를 가져올 수도 있다."(p. 5)

이러한 인식 아래 벨라는 베버와는 달리[7] 일본 사회의 산업사회로의

---

7) 벨라는 이러한 주장의 근거를 파슨스의 주장, 즉 "경제적 합리화 과정에 필적할 만한 정치적 합리화 과정이 존재한다"에 의존하고 있음을 밝히고 있다(p. 5). 그러나 경제적 가치와 더불어 정치적 가치의 일차성을 인정하고 있다는 사실 그 자체는 정확하게 베버의 시각이다. 그런데도 벨라가 굳이 파슨스의 주장을 인용한 것은 그러한 시각이 동양 사회에 관한 베버의 주장과는 다른 이론적 시각이기 때문이었을 것으로 보인다.

또 다른 길을 가정한다. 여기에서 또 다른 길이란, 기본적인 가치들에서의 변화 없이, 그리고 경제적 가치가 한정된 영역에서만 중요시되면서도 근대 산업사회로 발전할 수 있는 길을 의미한다. 그리고 그 가능성은 경제적 가치와 근대 산업사회간의 직접적인 인과관계가 아니라 정치적 가치를 매개로 한 간접적인 인과관계를 통해 확보된다. 벨라에 따르면, 일본의 사례는 경제적 가치가 정치적 가치라는 매개 장치를 통해 근대 산업사회로 수렴된 사례이다. 벨라는 다음과 같이 말한다. "일본은 이러한 정치적 합리화 과정의 가장 생생한 본보기를 제공하고 있으며, 이러한 사실을 이해할 때만 일본의 경제 발달이 이해될 수 있다는 것이 나의 믿음이다. 일본에서는 경제적 가치도 매우 중요했지만, 경제적 가치는 정치적 가치에 종속되어 있었으며 …… 정치적 가치와 연관되어 있었다."(p. 6)

결국 근대 산업사회로의 길은 경제적 합리화(경제적 가치의 중시)를 통한 직접적인 길과 정치적 합리화(정치적 가치의 중시)를 매개로 한 간접적인 길이 모두 가능하다.

3) 이론 구조

일본의 가치 체계는 정치적 가치의 일차성 또는 우선성이 그 특징이다. 이는 일본의 가치 체계가 목적 달성을 가장 중요시함을 의미한다. 또한 정치적 가치가 우선성을 가졌다는 사실은 뒤집어서 말하면 정치적 가치가 다른 가치, 즉 경제적, 통합적, 문화적 가치에 영향을 미침을 의미한다. 예컨대 경제적 가치의 경우, 노동 그 자체가 기준이 되어 평가된 것이 아니라 정치적 가치인 집합적 목표 달성에 대한 헌신적 표현으로서의 노동, 즉 목표 달성의 수단으로서의 노동이 높이 평가되었다. 또한 통합적 가치도 목표 달성 가치에 종속되어 있었기 때문에,

통합적 가치가 급속한 사회변동을 초래할 경우조차도 중심적 가치인 정치적 가치의 붕괴를 초래하지는 않았다. 마지막으로 문화적 가치의 경우, 학문이나 교육을 중시하는 가치는 목표 달성 가치에 종속되어 있었다.[8]

그렇다면 이와 같은 가치 체계는 당시 일본의 사회구조와 어떻게 연관되어 있는가? 이에 대한 해답은 다음과 같은 종교사회학적 이론의 핵심적 내용을 담고 있다.

> 일본의 종교는 일본의 중심적 가치 체계에 궁극적 의미의 맥락을 제공했다. 그것이 가능했던 이유는 사회의 가장 중요한 집합체, 즉 국가와 가족이 세속적 실체인 동시에 종교적 실체로 지각되었기 때문이다. 따라서 이러한 집합체들과 그 우두머리들에 대한 충성심은 세속적인 중요성을 가졌을 뿐만 아니라 궁극적인 의미도 지녔다. 그리고 그들에 대한 의무의 완수는 어떤 의미에서는 종교적 의무이기도 했다. 사회의 정치적 가치와 가장 일치되게 행동하는 것이 신적 존재의 승인과 보호를 획득하거나 궁극적 실재와의 조화를 달성하는 최선의 수단으로 간주되었다. 그리고 신적 존재의 승인과 보호를 획득하고 깨달음의 상태에 도달하는 것이 곧 존재의 근본적인 불안과 좌절을 해결하는 최선의 방법이었다. …… 궁극적 가치에 대한 헌신을 강화함으로써, 종교는 직접적으로는 동기 체계의 다른 측면들(제도적 유형에 대한 헌신, 소비보다 생산에 대한 헌신, 사적 책임보다 공적 책임을 강조하는 것 등)에 영향을 미쳤다. 그리고 이러한 문제들과 관련된 동기 체계에 영향을 미침으로써, 종교는 사회의 다른 하위 체계에 (제도적 유형에 대한 심화된 헌신은 제도 체계에, 생산성에 대한 헌신은 경제 체계에, 공적 이해에 대한 헌신은 정치 체계에)에 간접적인 영향을

---

8) 벨라는 문화적 가치 중에서 미학적-감성적 가치는 그 자체가 목적이었음을 인정하고 있으나, 이러한 가치는 매우 한정적 영역 내에서만 허용되었다고 주장한다. 금욕에 가까운 검소한 소비문화가 이를 잘 말해 준다는 것이다.

미쳤다. 이처럼 동기적 하위 체계와 다른 하위 체계의 관계가 영향을 받았을 뿐만 아니라 다른 하위 체계들과 각각의 관계도 영향을 받았다. (pp. 39~40)

이상과 같은 이론 구조에 입각하여 사회구조적 차원에서 각 제도들 사이의 상호연관성을 구체적으로 제시하면 다음과 같이 간략하게 요약된다.

일본의 제도적 가치 체계가 특별한 점은 수직 축을 강조하고 있다는 것이다. 다시 말하면 제도적 구조는 대체로 윗사람과 아랫사람 사이의 충성의 결속들로 이루어져 있었다. 따라서 이 체계의 강화는 곧 충성의 강도를 강화하는 것을 의미한 것과 동시에 정치 체계와 제도 체계 사이의 관계에 영향을 미쳤다. 만약 높은 수준의 충성심을 기대할 수만 있다면, 정체the polity 체계가 발휘할 수 있는 조정력 또한 강해질 것이다. 근대화와 산업화의 문제와 관련하여, 정치 체계의 강력한 통제 능력과 그러한 통제력에 대한 국민들의 규율화된 반응은 커다란 이점으로 작용했다. …… 생산에 헌신하는 동기를 증가시키고 근검절약을 강조하여 소비를 억제시키는 것은 분명히 경제 체계에 중요한 의미를 가졌다. 일에 몰두하고 절약하는 것은 경제적 합리화의 중요한 동기적 전제 조건이다. 더욱이 정체의 강력한 통제 능력도 경제에 영향을 미쳤다. 여기에서 중요한 점은 바로 정체가 경제를 발전시킬 수 있을 정도의 위치에 놓여 있었다는 사실이다. …… 마지막으로 사적 이해보다 공적 이해에 대한 헌신을 강화한 것은 정치권력의 합리화, 특히 1968년 메이지유신에 동기적 기초를 제공해 주었다. 경제적 발달이나 근대화를 이룩하는 데 정치적 합리화가 중요하다는 것은 이미 지적한 바 있다. (pp. 55~56)

『도쿠가와 종교』의 이론 틀은 도쿠가와 시대 일본 사회의 특수성과 구체성을 이해하기 위해 구성된 것이다. 그러면 벨라는 도쿠가와 시대 일본의 종교와 사회의 관계를 구체적으로 어떻게 분석하고 있을까? 본 연구의 초점은 불교에 놓여 있기 때문에, 다음 장에서는 불교에 한정하여 『도쿠가와 종교』의 경험적 연구 성과를 재구성해 볼 것이다.

3. 『도쿠가와 종교』의 불교사회학적 재구성

앞에서 살펴본 이론 틀에 근거하여 벨라는 도쿠가와 시대 일본의 종교와 사회의 관계를 경험적 차원에서 분석하고 있다. 이를 위해 벨라는 『도쿠가와 종교』 제3장에서 일본의 종교를 일반적 수준에서 논의하고 있는데, 그 초점은 종교의 합리화에 맞추어져 있다. 그리고 제4장에서는 종교와 정치의 관계를, 제5장에서는 종교와 경제의 관계를 각각 다루고 있으며, 제6장에서는 심학心學에 대한 사례연구를 시도하고 있다. 그렇기 때문에 『도쿠가와 종교』를 불교사회학적으로 재구성하는 데에서는 제6장이 제외될 수밖에 없으며, 나머지 장의 내용 중에서도 불가피한 경우를 제외하고는 유교와 신도는 다루지 않을 것이다.

1) 불교의 합리화

벨라는 종교를 가장 궁극적인 것과 관련된 인간의 태도와 행위 — 이것은 틸리히의 유산이다 — 로 보았기에 인간의 태도와 행위가 합리적인 성격으로 변화하기 위해서는 궁극적인 것과 관련된 종교가 합리화되어야 한다고 보았다. 그리고 벨라에 따르면, 일본 불교의 경우에 초기 몇 세기 동안에는 주술적이었으나 12~13세기에는 주술을 벗어나게 되었다(p. 67). 이렇듯 일본 불교가 합리화되었다는 것은 신성the devine

으로 인식되는 최상의 존재, 또는 존재의 근거나 실재의 내적 본질에
관한 관념이 주술의 성격을 벗어났다는 것을 의미한다. "일본 종교는
두 가지 신성 개념을 내포하고 있는데, 그 하나는 인간에게 사랑을
베푸는 최상의 존재에 대한 개념이고 다른 하나는 존재의 근거나
실재의 내적 본질에 대한 개념이다."(p. 61) 이 문장에서 알 수 있듯이,
일본 불교의 경우에도, 독특한 선불교禪佛敎를 제외하면, 거의 예외
없이 이러한 두 가지 개념을 모두 갖추고 있다는 것이다.

　벨라는 일본 불교의 합리화는 세 개의 주요 종파, 즉 선종禪宗,
일련종日蓮宗, 정토종淨土宗에서 가장 잘 나타난다고 본다. 벨라가
제시하는 구체적인 내용을 간략하게 예시하면 다음과 같다. "일본
선종의 임제파臨濟派 창시자인 에이사이[榮西]는 불타의 마음을 아는
것은 명상을 통한 직관으로만 가능하기 때문에 불타를 예배하거나
경전을 암송하는 것이나 그 밖의 다른 종교적인 관행을 따라 되는
것이 아니라고 가르쳤다."(p. 67) "일련종의 창시자인 니치렌[日蓮]은
오직 한 불타, 곧 『법화경』의 불타를 숭배하라고 가르쳤다. …… 믿음
은 윤리적 행위를 통하여 삶 가운데 구체화되어야 하는데, 그 가운데
가장 중요한 것은 주군, 스승, 부모에 대한 존경이라고 그는 주장했
다."(pp. 67~68) "정토종은 …… 불교를 주술, 미신, 제의로부터 해방시
키는 방향으로 나아갔다. …… 정토진종淨土眞宗의 핵심은 아미타에
대한 믿음만이 구원을 가져다 줄 것이라고 본 것이다. …… 아미타
한 불타만 믿는 것이 효과가 있기 때문에 모든 의식, 주문, 다른 불타에
대한 숭배는 헛된 것이 된다."(pp. 68~69)

　이렇게 일본 불교의 종교적 행위는 세상과 분리된 완전한 타자로서
신성, 즉 선불교禪佛敎의 불타, 『법화경』의 비로자나불, 정토종의 아
미타불 등과 이를 직접 이해하기 위한 어떤 방법을 추구하면서 신성과
더 직접적으로 관계를 맺고자 한다. 그리고 각 종파의 창시자는 이러한

구원의 수단을 적절하게 제시한다. 이러한 일본 불교의 특징은 종교의 합리화에 대한 벨라 자신의 개념에 정확하게 부합한다. 벨라는 종교의 합리화에 관한 자신의 개념을 초반부에서 다음과 같이 제시했다.

> 이 세계종교는 원시적 종교에 비해 신성의 관념이 더욱 추상적이고 더 단순해지고 덜 확산적이라는 특징을 지녔다. 곧 신성은 더 근본적으로는 '타자'로 나타나며, 세계와의 뒤얽힘이 철저히 제거된다. 동시에 종교적 행위도 단순화되고 덜 상황적이 되며, 신의 명령을 수행하거나 신성을 직접 이해하기 위한 어떤 방법을 추구하면서 신성과 더 직접적으로 관계를 맺고자 한다. 좌절을 특수한 별도의 상황이라는 측면으로 보기보다는 오히려 인간 삶의 보편적 특성으로 본다. 따라서 인간은 어떤 근본적인 의미에서 '소외되어 있고', 어떤 근본적인 구원을 필요로 한다. 이들 종교의 본질은 그런 구원을 얻을 수 있는 수단을 제공하는 것이다. (pp. 6~7)

이러한 개념에 근거하여 벨라는 일본 불교가 이러한 합리화 과정을 통해 주술로부터 벗어났다고 주장하는데, 이는 베버가 불교를 주술로부터 벗어나지 못한 종교로 해석한 것과 대비된다.

여기에서 결정적인 의미를 갖는 것은 이러한 합리화 과정이 인간의 태도와 행위의 변화를 가져왔다는 사실이다. 벨라는 이렇듯 변화를 겪은 종교적 행위를 앞에서 언급한 일본 종교의 두 가지 개념과 연관시켜 설명하고 있다.

첫째, 자비심 많은 최상의 존재로서의 신성 개념을 은恩의 개념과 연관시키고 이에 대한 종교적 행위를 보은報恩으로 보았다. 그리고 일본 종교에서 공통적으로 나타나는 "보은 개념은 불교에서 나온 말일 것이다"(p. 70)라고 덧붙이고 있다. 그리고 벨라는 그 근거로, 『장아함경』에 나타나는 은과 효의 개념, 『대승본생심지관경』에 나타나는 네 종류의 빚, 즉 부모, 중생, 군주, 삼보에게 진 빚에 관한 기록, 조동종曹洞宗 창시자 도원道元의 『교본』[9], 니치렌의 『보은초報恩抄』 등의 내용을 제시한다. 둘째, 절대 궁극의 개념을 불성과 연관시키고, 종교 행위는 그러한 절대 궁극과의 합일을 이루려는 행위로 나타난다고 보았다. 그런데 여기에서 이러한 행위는 다시 두 가지 유형의 행위로 나타나는데, 그 하나는 개인적 수행을 통한 깨달음으로써 존재론적 실체로서의 자아를 파괴하려는, 즉 주체와 객체의 이분법을 파괴하려는 시도로 나타나고, 다른 하나는 세속에 참여하여 선행을 쌓고 자비행을 행함으로써 윤리적 존재로서의 자아를 파괴하고, 자아와 타자, 나와 너의 구분을 파괴하여 합일을 이루려는 시도로 나타난다고 한다. 벨라는 전자의 종교적 행위는 조동종에서, 후자의 종교적 행위는 임제종臨濟宗에서 강하게 나타난다고 주장한다. 즉 "[조동종은] 정신생활에서 선행과 도덕성의 필요를 크게 강조하고 있다. 이에 반해 임제종은 …… 갑작스러운 영적 깨달음의 중요성을 강조하고 있다." (p. 74)

그런데 이 두 가지 유형의 행위는 따로 떨어진 그 무엇이 아니라 오히려 동전의 양면으로 이해되어야 한다. 벨라는 다음과 같이 말한다.

은의 보답과 관계있는 첫 번째 유형은 무엇보다도 먼저 개인과 그의 외부에 있는 대상과의 관계에 집중한다. 자기 수양과 관계있는 두 번째 유형은 자기 자신 내부의 인성의 통합에 더 집중한다. 두 가지 유형 모두에서 이기심은 대죄the great sin이다. 이기심은 밖으로는 적절한 보답의 의무 수행을 방해하고, 안으로는 인간 본성의 진정한 조화를 방해한다. 반면에 이기심이 없는 헌신은 한편으로는 자비로운 최상의 존재와 '완전한' 관계를 형성하며, 다른 한편으로는 개개인을 신성과 동일시할 수 있도록 한다.

---

9) 종조들former founders of religion에 대한 감사의 마음을 가질 것을 권하는 내용을 담고 있다.

자신의 내적 본성이 본질적으로 신성과 동일하기 때문에, 이러한 동일시를 통하여 인간은 자신의 내적 본질이 충만해져 있음을 발견하게 된다. (p. 77)

벨라가 보기에 종교사회학적 시각에서 더욱 결정적으로 중요한 것은 이러한 종교 행위가 현세에서 자기 자신에게 주어진 의무를 수행하는 형식을 취했다는 사실이다. 벨라는 이와 관련하여 선종 조동파의 소책자를 인용하고 있다. "우리의 의무를 충실히 수행하기 위하여, 불교의 발전 및 가족, 국가, 사회 등의 선을 진작시키려고 노력하기 위하여, 그리하여 우리가 아미타부처님께 진 빚의 천 분의 일이라도 보답하기 위하여, 우리는 우리가 할 수 있는 최선의 노력을 다해야 한다. 감사의 마음으로 세상을 위해 노력하는 것이 불자들의 진정한 삶이다."(p. 78) 이 인용문이 이미 시사하는 바대로, 벨라는 이러한 종교 행위가 일본의 정치적 가치 체계를 강화했다고 결론짓고 있다.

2) 불교와 정체政體

벨라는 제4장에서 종교와 정치의 관계를 주로 유교와 신도를 중심으로 서술하고 있다. 불교와 정치의 관계와 관련해서는 천황제天皇制의 강화와 무사도武士道에서의 죽음의 문제와 연관시켜 불교를 언급하고 있는 정도에 그치고 있다. 따라서 여기에서도 이에 한정하여 불교와 정치의 관계를 살펴볼 것이다.

벨라는 천황제에 대한 충성의 개념을 발전시키는 데에서, 다시 말하면 일본 정치의 합리화 과정에서 특정한 불교 종파들이 활용되었다고 지적한다. 그것이 가능했던 이유는 일본에 소개될 당시 불교가 천황 측근들로부터 보호를 받는 등 정치와 긴밀한 관계를 맺었기 때문이었다. 예컨대 법화종法華宗과 일본 조정의 관계를 보면, 일본 조정에서는 법화종을 강력하게 후원했고 법화종의 비로자나불은 천황의 권력을 강화하는 논리적 근거로 활용되었다. "749년 동대사東大寺를 건립하는 이유를 밝힌 칙령에서, 성무聖武 천황은 붓다의 법과 천황의 칙령 및 법령이 동일한 것으로 간주되어야 하며 따라서 이둘을 어기는 그 누구도 신분과 지위에 관계없이 무서운 재앙을 당하게될 것이라고 선언했다."(p. 88) 벨라는 천태종天台宗도 이와 비슷한방식으로 천황과의 관계를 유지했다고 지적한다. 그러나 벨라는 조정에서 의례와 주술을 점차 강화한 것이 권력의 중앙 집중화의 동력을약화시키는 하나의 요인이 되었기 때문에 불교의 발전이 정치의 합리화과정에 전적으로 우호적인 것만은 아니었다고 지적한다.

반면, 벨라는 유교와 신도는 정치적 합리화에 상당한 영향을 지속적으로 미친 것으로 해석하고 있으며, 특히 무사도의 형성에서 유교의영향은 절대적이었다고 묘사하고 있다. 다만, 무사도와 관련하여 벨라는 무사도에 나타난 죽음의 의미에서 선불교禪佛敎의 영향이 결정적으로 작용했다고 해석하고 있다. "[무사도의] 죽음에 대한 태도는 삶과죽음을 초월한 어떤 신비적인 상태와 밀접하게 관련되어 있다. 죽기로결정되면 죽음은 더 이상 아무런 고통도 수반하지 않는다. 자아는제거된다. 이러한 태도는 선불교에 대한 사무라이들의 커다란 관심과밀접하게 연관되어 있다."(p. 92) 그 근거로 벨라는 16세기 위대한사무라이였던 다케다 신겐[武田信玄]이 자신의 부하들에게 선 수행을하라고 가르쳤다는 내용을 제시하고 있으며, 무사도의 소책자인 『무도초심집武道初心集』의 내용을 소개하고 있다. 이러한 내용을 근거로벨라는 무사도와 선불교의 관계를 밝힌다. 자기 주군에게 봉사하면서죽는 것은 무사에게 가장 적절한 목적으로 간주되었으며 그러한 죽음은종교적 의미에서 실로 구원saving의 성격을 지녔는데, 이러한 종교적 의미를 제공한 것이 다름 아닌 선불교였다는 것이다.

이에 반해 유교와 신도는 일본의 정치적 합리화 과정에서 결정적인 역할을 한 것으로 파악되고 있으며, 제4장의 내용은 거의 유교와 신도에 관한 내용으로 채워져 있다. 결국 벨라는 불교가 당시 일본의 정치의 합리화 과정에 상대적으로 미미한 영향만을 미친 것으로 해석하고 있는 셈이다.

3) 불교와 경제

제5장에서 벨라는 일본의 여러 계급에서 나타나는 경제윤리들이 정치윤리 및 종교와 어떤 관계를 맺고 있으며 그러한 관계들이 경제적 합리화에 어떻게 영향을 미쳤는지를 밝히고자 한다. 그런데 경제윤리와 정치 및 정치윤리의 관계, 그리고 그러한 관계와 종교 사이의 관계와 관련해서는 주로 유교와 관련시켜 논의하고 있으며, 불교의 경우에는 경제와의 직접적인 관련성만을 부각시키고 있다.

벨라가 불교와 경제윤리의 관계에 관해 언급한 곳은 크게 두 곳이다. 먼저 도입부에서 벨라는 생산노동과 절약 생활 등에 대한 선불교의 경제윤리가 일본의 경제윤리와 직접적으로 연관되었을 것으로 가정하고 있다. 특히 벨라는 스즈키[鈴木大拙]의 해석에 의존하여, "노동은 은혜에 대한 보답으로 간주되었기 때문에 성스러운 것이다"(p. 107)라고 해석하여, 천직calling의 의미를 부여하고 있기도 하다. 그러나 벨라는 일본 선종이 정치 및 경제의 발전과 어떤 연관 관계를 가지고 있었는지에 관한 더 이상의 연구를 진척시키지 않고 있다. 다른 한 곳은 상인 계급의 경제윤리에서 정토진종淨土眞宗의 영향력을 다루는 부분이다. 비록 벨라가 특정 지역인 오미[近江]의 상인 계급의 경제윤리에 한정하여 논의를 하고 있지만, 당시 일본에서 정토진종이 평신도들 사이에 널리 퍼져 있었다고 언급함으로써 정토진종의 영향을 받은 경제윤리가 널리 확산되었을 가능성을 시사하고 있다. 여기에서는 벨라가 정토진종의 경제윤리와 오미 상인들의 경제윤리의 관계를 어떻게 해명해 나가는지를 살펴보고자 한다.

벨라는 정토진종의 제2창시자라 할 수 있는 렌뇨 쇼닌[蓮如上人]의 경제사상에서 은恩과 세속 내적 금욕주의를 발견한다. 벨라는 그 근거로 다음과 같은 렌뇨 쇼닌의 글을 제시한다. "비록 빈궁한 가운데 있을지라도, 그는 항상 아미타여래에게 감사하고 그의 자비 때문에 살고 있었다고 믿었다. …… 그는 항상 그의 가족들과 제자들에게 일상생활에 필요한 어떤 것도 낭비하지 말라고 말했는데, 그 이유는 그렇게 낭비하는 것은 창조에 대한 모독죄를 범하는 것이기 때문이라는 것이다."(p. 118) 또한 "정토에서 재탄생하기를 바라는 사람이 감히 종교적 악행을 범하는 것은 온당하지도 않을 뿐만 아니라 자신의 신심의 부족을 드러낼 뿐이다"(같은 곳)라는 진종의 문헌을 인용하면서, 벨라는 윤리적 행위가 구원의 암호가 되었다고 해석하고 있다.

특히 벨라는 다음과 같은 정토진종의 문헌이 일종의 천직을 암시하고 있다고 해석한다. "사무라이나 농부나 상인이나 기술공이나 누구든지 자신의 가업family occupation을 자신의 최고의 뜻으로 받들고 있으면 정토의 좋은 도반으로 불릴 것이다."(p. 119) 역으로 벨라는 정토진종이 세상 속의 일을 통해서 자신의 종교를 가장 잘 표현할 수 있다고 가르쳤던 근거를 제시하기도 한다.

이상과 같은 정토진종의 경제윤리는 불교의 자리自利−이타利他 사상에 기초하고 있기에 가능한 것으로 벨라는 이해한다(pp. 119~120 참조). 그렇다면 이러한 정토진종의 경제윤리가 실제 사회경제에 어느 정도 영향을 미쳤는가가 중요해진다. 이를 입증하기 위해 벨라는 무엇보다도 정토진종의 사원이 주요 상업지에 크게 집중되어 있었다는 사실, 사원 등록부에 상인들이 많았다는 사실, 이러한 상인들이 쓴 전기에 깊은 신심을 표현하는 말들이 자주 나온다는 사실, 오미 상인들이 정토진종의 신도였다는 사실 등과 같은 경험적 사실들을 제시한다 (p. 120 참조).

그러나 여기에서 결정적인 중요성을 갖는 것은 바로 정토진종의 경우, 종교적 동기가 정체政體/the polity 영역 및 정치적 가치보다는 경제적 영역에 직접적으로 영향을 미친 사례라는 사실이다. 천직 개념 조차도 정치적 지배자와 연관되기보다는 아미타불과 연관되어 있다. 벨라는 정토진종의 경우, 유교나 신도와는 달리, 정치적 의무보다는 종교적 의무가 선차성primacy을 가졌다고 해석하고 있다. "정치적 의무와 종교적 의무가 융합되어 있는 일본적 경향에 비추어 볼 때, 종교적 의무의 우선성을 강조하는 정토진종은 예외적 유형이다. 바로 그러한 점에서 정토진종은 실제로 서구의 프로테스탄트 정신과 가장 유사한 일본적 형태이며, 정토진종의 윤리는 프로테스탄트 윤리와 가장 유사하다"(p. 122).

벨라는 이러한 사실을 강조하고 있으며, 이를 입증하기 위해 오미 상인의 윤리에는 정토진종의 윤리 이외에도 유교 윤리가 매우 큰 영향을 미치고 있었다는 내용을 서술하는 데 나머지 부분을 할애하고 있다. 벨라는 경제와 종교윤리의 매개로서의 정체 및 정치적 가치의 중요성은 불교보다는 오히려 유교나 신도의 윤리와 연관된 것으로 해석했다.

이와 같이 벨라는 도쿠가와 시대에 유교는 일본의 정치적·경제적 발전에서 결정적인 역할을 한 반면에, 불교의 경우에는 일본 특유의 발전 경로에 영향을 미치기보다는 상인 계급을 통해 직접적으로 경제발전에 기여한 것으로 해석하고 있다.

4. 『도쿠가와 종교』의 의의와 한계

여기에서는 불교사회학의 이론적 정립과 관련하여 『도쿠가와 종교』의 학문적 가치를 객관적으로 평가해 보고, 한국 학계에서 『도쿠가와 종교』에 관한 비판적 연구가 제출되지 않았다는 점을 고려하여 『도쿠가와 종교』의 불교사회학적 의의와 한계를 비판적으로 검토하고자한다. 이를 통해 『도쿠가와 종교』가 불교사회학을 이론적으로 정립하는 데 있어서 말 그대로 징검다리의 역할을 적절히 수행하고 있음을객관적으로 밝혀 볼 것이다.

1) 학문적 의의

『도쿠가와 종교』의 학문적 가치 중에서 무엇보다도 먼저 지적해야할 것은 이 저서가 베버 극복의 가능성을 제시하고 있다는 점이다. 사실 동양 사회에 관한 사회학적 이해에 관심을 가진 학자라면 누구나, 특히 동양의 학자라면 더더욱 동양 사회에 관한 베버의 해석이 갖는이론적 중압감으로부터 자유롭지 못하다. 『도쿠가와 종교』는 베버의중압감을 벗어던질 수 있는 길을 제시하고 있다. 벨라는 이론적 차원에서나 경험적 차원에서나 독특한 종교문화를 지닌 일본 사회의 발전의길이 서양과는 다른 길로 이어져 있음을 입증하고 있기 때문이다. 게다가 벨라는 종교에 관한 자신의 독특한 합리화 개념을 활용하여불교의 합리화 과정과 그것이 정치 및 경제의 발전으로 귀결되었음을밝힘으로써, 불교의 주술성을 강조한 베버의 불교 해석을 반박할 수있는 이론적 근거를 제시하고 있다.

다음으로 『도쿠가와 종교』는 다종교 사회를 종교사회학적으로 해명할 수 있는 길을 제시했다는 의의를 가진다. 지금까지 종교사회학은 단일한 종교로 구성된 사회('단일 종교 사회')라는 전제 아래서 발전되어 왔다. 이러한 이유 때문에, 기존의 일반 이론을 오늘날의 한국 사회에 적용시킬 경우 불가피하게 다종교 사회의 특수성을 모두 반영하지 못하는 아쉬움을 남긴다. 『도쿠가와 종교』는 일본의 유교, 신도, 불교 등과의 관계 속에서 일본 사회가 어떻게 정치적 합리화 과정을 거쳐 경제적 합리화로 귀결되었는지를 입증하고 있기 때문에 다종교 사회에 관한 종교사회학적 연구의 새로운 전범으로 삼기에 손색이 없다. 특히 기독교 사회나 이슬람 사회와는 달리, 오늘날 한국 사회를 비롯한 대부분의 불교문화권 사회가 유교, 토착 종교, 이슬람교, 기독교 등이 공존하는 다종교 사회라는 현실을 고려해 볼 때, 『도쿠가와 종교』와 벨라의 이론 틀은 일본 사회를 넘어서 동양의 불교문화권 사회 일반을 연구하는 데 유용하게 활용될 수 있다.

마지막으로 『도쿠가와 종교』는 불교사회학의 이론적 정초로서의 가치를 지닌다. 사실 한국 학계의 경우 불교와 사회의 관계에 관한 사회학적 연구가 거의 없으며, 일본 학계나 동남아 일부 국가에서 불교사회학이라는 제목의 저서가 발행되고 있지만 이러한 연구들은 독특하고 정치한 이론 틀을 제시하지 못했다. 일부 이론적 함의를 지닌 연구 성과들조차도 여지없이 베버의 이론을 이론적 배경으로 하고 있다. 이에 반해, 비록 『도쿠가와 종교』의 이론 틀도 상당 부분 베버의 유산이긴 하지만, 불교에 관한 벨라의 해석은 베버의 해석과 좋은 대조를 이루고 있다. 베버는 불교가 프로테스탄트 윤리와 반대되는 종교윤리를 제시한 것으로 해석하고 있는 반면, 벨라는 불교 ― 물론 일본 불교이다 ― 를 프로테스탄트 윤리에 필적할 수 있는 일본의 유일한 종교로 해석하고 있기 때문이다. 이렇게 볼 때, 불교사회학의 이론적 정립에서 『도쿠가와 종교』는 베버의 그것만큼이나 중요한 연구사적 위상을 갖고 있다.

2) 근본적 한계

『도쿠가와 종교』는 기념비적인 의의를 지니고 있지만 다른 한편으로는 크고 작은 한계를 지니고 있다. 그 한계란 역사적 자료의 진위 자체에 대한 한계에서부터 보다 근본적인 한계에 이르기까지 다양하다. 여기에서 근본적인 한계란 『도쿠가와 종교』의 이론 틀에 내포된 시각과 서구중심적 문화 해석을 의미한다. 사실 『도쿠가와 종교』는 기능주의적 시각의 근본적인 한계뿐만 아니라 불교를 기독교적 잣대로 해석하는 문화적 한계도 드러내고 있다. 그리고 이러한 두 가지 한계가 상승 작용함으로써, 불교와 사회의 관계를 철저하게 서술하지 못한 한계를 노정하고 있다.

벨라의 연구 방법은 사실 발굴fact-finding을 강조하는 역사학적 시각보다는 방법론적 설명 틀에 입각하여 사실을 해석하는 사회학적 시각을 전제하고 있다. 따라서 그에 대한 비판 역시 사실 그 자체에 대한 비판보다는 그의 해석 방식에 대한 비판에 초점을 맞추는 것이 정당하다. 여기에서는 자료의 진위 여부를 떠나 보다 근본적인 한계에 초점을 맞추어 벨라의 한계를 지적해 보고자 한다.

첫째, 벨라는 대표적인 기능주의 사회학자인 파슨스의 이론 틀을 『도쿠가와 종교』의 이론 틀로 설정함으로써, 기능주의 시각의 본질적 한계, 즉 사회와 종교 사이, 종교와 종교 사이의 갈등 현상을 설명할 수 없는 한계를 지니고 있다. 다시 말해 『도쿠가와 종교』는 스스로 종교간 갈등적 상황이 전개되는 사회는 물론 종교와 사회, 정치, 경제 사이의 갈등이 현저한 사회에는 적용될 수 없다. 예컨대 오늘날까지도 종교 분쟁을 지속하고 있는 국가의 경우 벨라의 이론 틀은 적용되지 않는다.

또한 벨라는 종교를 기능적 시각에서 정의함으로써, 종교와 계급의 역학 관계는 물론 종교의 구조주의적 측면을 배제하고 있다. 또한 엄연한 사회적 실체로 존재하는 종교 공동체 내부의 사회현상이나 사회적 역동성에도 관심을 두지 못하고 있다. 전자의 한계와 관련하여 보자면, 이를 거대 이론의 근본적인 한계로 인정한다 하더라도 '기능주의적으로' 정의된 종교와 종교 공동체 내부의 사회현상 사이의 관계에 대해서는 충분히 설명할 수 있어야 할 것이다.[10] 물론 후자의 한계는 한편으로는 벨라의 연구 대상이 되는 시기가 도쿠가와 시대라는 먼 과거의 시기이고 문헌 연구에 의존할 수밖에 없었다는 점과 다른 한편으로는 기능주의적 시각과 무관하지 않다. 기능주의적 시각으로 말미암아 벨라는 종교 조직이나 집단에 관한 관심을 배제할 수밖에 없는 한계를 노정하게 되었던 것이다.

둘째, 벨라는 기독교적 잣대로 불교 해석을 시도하는 근본적인 한계를 노정하고 있다. 이론적으로 이러한 잣대의 타당한 근거가 없는 것은 아니다. 이러한 잣대는 서구의 학계에서는 이미 베버의 연구에서 성공적으로 사용된 것으로 판명이 났을 뿐만 아니라 벨라 자신의 종교 진화론에 근거하고 있기 때문이다.[11] 그런데도 이 모든 이론의 근저에는 종교의 합리화의 표본으로서 기독교, 특히 프로테스탄트를 전제하고 있다. 이는 비기독교적 시각에서 볼 때는 일종의 문화적

---

10) 예컨대 기능주의적 종교사회학자인 오데아(1989)의 경우, 종교와 사회 간의 딜레마뿐만 아니라 종교의 사회적 기능으로 말미암아 유발될 수 있는 갈등을 잘 지적하고 있으며, 기능주의 사회학자 머턴도 역기능의 개념을 통해 사회갈등적 측면을 충분히 담아내고 있다.

11) 박영신이 편역한 『사회 변동의 상징 구조』 제2장은 벨라의 *Beyond Belief* 의 제2장 "Religious Evolution"을 번역한 것이다. 종교의 합리화에 관한 벨라의 시각을 자세히 살펴보기 위해서는 이를 참조할 것.

편견으로 독해될 여지를 남겨 놓은 것이다. 신 개념을 내포하고 있지 않거나 거의 무시하고 있는 불교와 유교와 같은 동양의 종교를 신 중심주의적 잣대로 평가하거나, 인간 자신의 주체성에 기초하여 자신의 내면적 완성을 목표로 하는 종교를 소외된 인간이라는 잣대로 평가하는 것 등은 부적절하기 때문이다.

또한 벨라는 서구의 발전 과정을 유일한 사회 발전 모델 또는 사회 발전 경로로 전제한 다음 일본의 사례를 서구적 발전 모델과 우연하게 일치하는 유일한 사례로 해석함으로써, 서구와는 다른 문화적 배경을 지닌 사회의 발전 과정을 설명하지 못하는 한계를 지닌다. 일본의 발전과 관련된 학문적 논쟁을 볼 때, 벨라의 한계를 어느 정도 짐작할 수 있다. 거칠게 말하자면 벨라는 서구와 비슷하기 때문에 일본이 발전했다는 것이고, 보겔은 서구와 달랐기 때문에 발전했다고 주장한다(Vogel, 1979).

셋째, 『도쿠가와 종교』는 사회 발전을 문화론적 시각에 입각하여 분석함으로써, 종교의 사회적 기능을 해명하는 데는 성공하고 있지만 사회가 종교에 미치는 영향을 배제하는 이론 틀을 구성할 수밖에 없었다. 인간의 행위에 영향을 미치는 문화나 상징은 종교와 같은 본질적인 요인으로부터 파생된 측면도 있지만 정치적으로 조작되거나 가공되기도 하기 때문이다. 맑스주의적 시각에 따른다면, 종교조차도 후자의 측면을 내포하고 있다. 이러한 점 때문에 불교 해석과 관련해서도 벨라의 해석은 베버의 그것과는 달리 일방적이다.

이와 같은 이유로 『도쿠가와 종교』는 불교 해석에서뿐만 아니라 불교사회학적 함의에서도 근본적인 한계를 내포하고 있다. 먼저 『도쿠가와 종교』에서 정치적 가치는 유교 및 신도와 기능적 연관 관계를, 경제적 가치는 불교와 기능적 연관 관계를 갖는 것으로 간주된다. 당시 일본 사회의 유교와 불교는 그것이 제도화된 종교로 합리화된 이상 정치제도나 경제제도와 같은 특정한 제도에만 한정적으로 침투하기보다는 제도의 상호침투성으로 말미암아 모든 제도에 침투해 들어갔을 것이다. 그리고 이러한 제도 간의 상호침투성을 인정한다면, 불교를 모든 제도에 침투해 들어간 것으로 간주하고 그러한 모든 기능적 관계를 철저히 추적하여 설명해야만 불교사회학적 함의가 충분히 드러날 것이다. 예컨대 벨라 자신이 불교의 경제사상과 경제적 합리화의 관계를 설명했듯이, 불교의 경전이나 조사祖師들의 어록에 나타난 정치사상이 일본의 정치적 합리화와 어떻게 연관되는지를 추적하는 작업을 시도했다면, 일본 불교의 사회적 기능에 대한 해석이 달라질 수 있었을 것이다.

그러나 벨라는 기능주의적 시각에 과도하게 집착함으로써 그러한 가능성을 스스로 축소시킬 수밖에 없었다. 벨라는 일본의 정치적 합리화를 유교와 연관시켜 집중적으로 설명하고 있는데, 그 이유는 유교가 정치적 합리화에 가장 큰 순기능적 역할을 했다고 판단했기 때문인 것으로 보인다. 그렇지만 정치적 합리화와 관련하여 불교가 유교보다는 상대적으로 약한 기능적 역할을 수행했다 할지라도, 그것이 불교라는 요인을 설명에서 배제할 이유가 되는 것은 결코 아니다. 실제로 불교는 정치적 합리화와 관련된 충忠의 개념을 제공했을 뿐만 아니라 정치적 정당성 확보에 필요한 정치이론을 많이 내포하고 있다. 비교사회학적 시각에서 볼 때 경제제도와의 관계에서 불교와 프로테스탄트를 등가물로 해석할 수 있다면, 그 정도의 추론만으로도 정치제도와의 관계에서 유교와 불교는 등가물이 될 수 있다고 판단된다. 그렇다면 불교 역시 정치제도(및 정치적 가치)에 영향을 미치고 그것을 매개로 경제제도의 발전에서 어떤 기능을 할 수 있었을 것이다. 그러나 벨라는 불교를 프로테스탄트의 잣대로만 해석함으로써 불교사회학적 함의를 풍부하게 제시하지 못했다.

끝으로 벨라는 종교가 정치적 가치의 강화에 과도한 기능적 역할을 수행함으로써 의도하지 않게 낳은 부정적인 결과에 대해 거의 주의를 기울이지 못했다. 이기영(1999)은 오늘날 군국주의적 특성을 강하게 담고 있는 일본의 창가학회創價學會의 뿌리가 도쿠가와 시대의 불교 종파인 일련종日蓮宗, 사무라이 정신, 도쿠가와 시대의 국학운동國學運動 등에 있다고 지적하고 있는데, 이는 불교의 합리화가 가져온 부정적인 결과임이 틀림없다. 왜냐하면 그러한 변용은 일본의 발전에는 공헌할 수 있을지 몰라도 국제 평화에는 결코 기여하지 못할 것이며, 그러한 점에서 불교의 평화 이념과도 상충되기 때문이다.

이 글에서는 불교에만 초점을 맞추었기 때문에 일본에서 불교, 유교, 신도 사이의 관계에 관한 벨라의 논의를 검토하지 못했을 뿐만 아니라 유교와 신도가 각각 일본 사회의 발전에 어떤 기여를 했는가를 다루지 못했다. 이러한 점은 본 연구의 후속 연구 과제로 남아 있다. 또한 벨라와 같은 기능주의적 시각으로는 설명할 수 없는 종교 사회현상을 보다 적절하게 설명할 수 있는 대안적 이론을 개발하는 것도 과제로 남겨져 있는데, 이 책의 이후 부분에서 이러한 과제의 일부를 해결할 것이다.

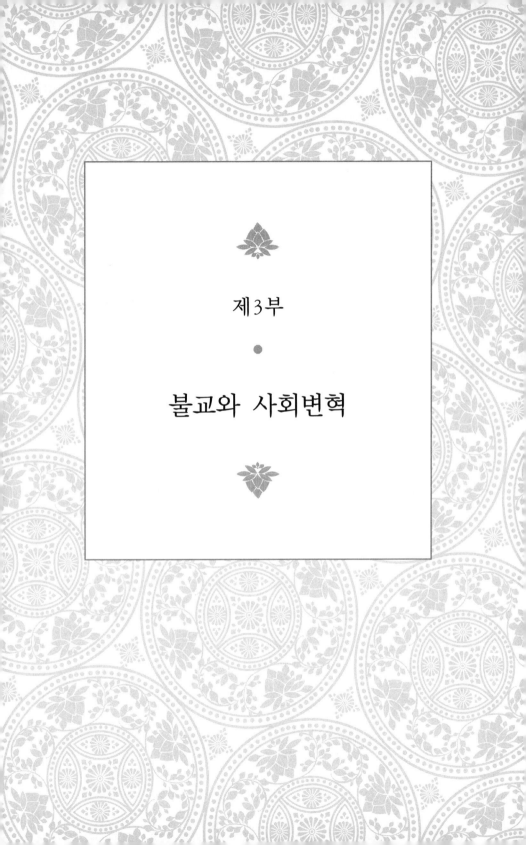

제3부

·

불교와 사회변혁

제6장 붓다와 맑스의 '동몽이상'

제목에서 분명히 드러나는 바와 같이, 제6장은 불교 자체만 논의하는 글도 아니고 맑스주의 그 자체를 논하는 글도 아니다. 이 글의 초점은 '동몽이상同夢異床', 즉 불교와 맑스주의 사이의 같은 점과 다른 점을 논의해 보는 것에 있다. 불교와 맑스주의의 만남이 이 글의 애초의 기획 의도이자 최종 목적이지만, 바로 그러한 목적을 위해서라도 그 같은 점과 다른 점을 선명하게 밝히는 것이 선결 과제이기 때문이다. 따라서 불교와 맑스주의는 이 과제를 해결하는 데 필요한 만큼만 필요에 따라 언급되고 활용될 수밖에 없다.

1. 왜 불교와 맑스주의인가?

인간은 밥만 먹고 살지 않는다. 베버는 좀 더 적극적으로 "인간은 의미를 따먹고 산다"라고 말했다. 삶의 의미를 제공하는 종교와 그 생산수단이 인간들의 삶의 불가결한 일부인 까닭이다. 따라서 불자에게는 마음의 양식을 제공하는 불교와 그 생산수단인 수행은 생활필수품이며, 나아가 세계종교로서의 불교는 인류 문명을 한 단계 진보시키는 힘을 지닌 일종의 보편적 문화 기획으로 우리 곁에 남아 있다.

그러나 동시에 인간은 밥을 먹지 않고는 못 산다. 마음의 양식을 발견한 붓다도 배고픈 사람에게는 마음의 양식인 법法[다르마]보다 먼저 육체의 양식인 밥을 주라고 당부하셨다(김용택, 1996). 그러한 한에서, 그리고 그러한 만큼, 우리의 삶에서 물질적인 가치를 제공하는 노동과 생산수단의 발전은 맑스의 표현대로 "필연의 영역"이다. 이런 이유로 헤겔이나 맑스는 말할 것도 없고 애덤 스미스와 같은 고전파 경제학자들도 이미 노동을 물질적 가치 생산의 원천으로 간주했다. 이런 점에서 노동의 물신화를 비판하고 소외된 노동을 지양함으로써 궁극적인 인간 해방을 성취하고자 했던 맑스주의는 현실에서 사회주의가 패망한 오늘날까지도 가장 진보적인 이론으로 남아 있다.

이렇게 볼 때 육체의 양식으로서의 밥과 마음의 양식으로서의 법은 존재에 절대적으로 필요한 요소이며, 그것을 생산하는 수단인 노동과 수행修行은 인류 문명의 필수품이다. 그리고 물질의 흐름을 규명하고 그 생산의 본래적 원천인 노동의 해방을 통해 인간 해방을 모색하는 맑스주의와 마음의 양식을 생산하는 가장 우수한 생산수단인 수행이라는 문화를 보유하고 있는 불교는 인류 문명의 발전에 공헌할 수 있는 중요한 두 축이자 지적 자산이다. 바로 이것이 불교와 맑스주의가 조우해야만 하는 이유다.

토인비가 "불교와 서양의 만남은 20세기의 가장 의미심장한 사건이다"라고 말한 바 있지만(르누아르, 2002), 아직까지도 불교와 맑스주의는 의미심장하게 만나지 못하고 있다. 인도차이나반도를 포함한 인도 문명권의 일부 사회주의국가를 제외하면 불교와 맑스주의가 만난 사례는 드물며(링, 1993 참조), 그러한 만남의 사례조차도 인류의 문명사에서 의미심장한 그 무엇을 남기지 못하고 있다. 그 결과, 동양 문화의 진수로 일컬어지는 불교와 서구 근대 문명의 중요한 축인 맑스주의의 만남이 아직까지도 대부분의 사람들에게 미지의 세계로 남아 있고 또한 인류 문명의 미개척지로 남아 있다.

그런데 불교와 맑스주의의 만남이 잘 이루어지지 않은 이유는 그 추구하는 바가 다른 것에 있는 것이 아니다. 오히려 불교와 맑스주의는 인간 해방이 이루어진 계급 차별 없는 이상 사회라는 같은 꿈, 즉 동몽同夢을 꾸었고 지금도 꾸고 있다. 불교와 맑스주의의 결정적인 차이는 꿈이 아니라 그것을 달성하기 위한 수단, 방법, 실현 조건 등이다. 이렇게 볼 때, 불교와 맑스주의는 동상이몽同床異夢의 뒤바뀐 조합, 즉 동몽이상同夢異床의 관계에 있다. 바로 그렇기 때문에 불교와 맑스주의는 학문적 차원에서는 상호 보완의 가능성을 지니고 있다.

이 글의 목적은 불교와 맑스주의의 만남이라는 전제 하에 불교와 맑스주의의 동몽이상의 실상을 확인해 보고 그 차이점을 좁힐 수 있는 가능성을 탐색하는 데 있다. 우선 불교와 맑스주의의 같은 꿈에 대해 간략하게 논의한 다음, 그러한 꿈을 구현하기 위한 수단, 방법, 실현 조건 등을 비교의 관점에서 논의할 것이다. 동상이몽에서 강조점이 이몽異夢에 있듯이 동몽이상의 강조점도 이상異床에 있기 때문에, 이에 대한 논의는 상대적으로 자세하게 전개해 나갈 것이다. 그리고 마지막으로 불교와 맑스주의가 상호 보완적으로 만날 수 있는 조건을 간략하게 논의할 것이다.

2. 붓다와 맑스의 동몽同夢 - 이상 사회를 향한 꿈

링에 따르면, 불교와 맑스주의는 세 가지 유사성을 지니고 있다. 첫째는 인간의 운명을 인간 외부의 절대자에 신탁하지 않는 무신론적 태도이고, 둘째는 세상을 무상無常의 관점에서 파악하는 실천 지향적 태도이며, 셋째는 기존 질서에 대한 비판적 태도이다(링, 1993, 162~165쪽). 여기에 매우 중요한 한 가지 공통점이 더 추가되어야 하는데, 그것은 바로 인간 해방을 위해 노력했다는 것이다.

붓다와 맑스는 공통적으로 '계급 차별이 없는 사회'를 이상 사회의 패러다임으로 간주하고 있다. 붓다와 맑스가 지양하고자 했던 낡은 질서는 계급 차별과 그로 인한 고통의 재생산이라는 한계를 내포한 사회였다. 약육강식의 모순을 해결하기 위하여 사회악을 해결하고자 했던 붓다의 눈에는 카스트와 같은 계급 차별의 현존이야말로 고통의 진원지였으며, 소외된 노동으로부터의 해방을 통해 자유의 왕국이 건설되기를 바랐던 맑스의 눈에는 자본주의적인 계급 관계야말로 노동을 물신화하는 제도적 장치였다. 이런 이유로 붓다는 혈연적 귀속성에 기반을 둔 브라만적 지배 질서인 카스트를 철폐하고 모든 사람의 본래의 불성이 발현되는 불국토佛國土를 건설하려고 노력했으며, 맑스는 자본주의적 계급 관계를 재생산하는 생산양식을 지양하고 궁극적으로 프롤레타리아가 주인이 되는 무계급사회, 즉 사회주의사회의 건설을 주장했다.(마르크스, 1988, 참조)

여기에서 불국토와 사회주의사회는 불교와 맑스주의의 공통의 꿈, 즉 구성원들의 공동체적 결속이 이루지는 공동체 사회를 지칭한다. 불국토란 수행으로 탐·진·치[1]를 극복한 사람들로 구성된 선한 사회를 만들고 거꾸로 그러한 사회가 사람을 선하게 만들기 위해 국가의 부를 개인의 필요에 따라 평등하게 분배하는 사회다. 무소유의 출가자

---

1) 불교에서 깨달음에 장애가 되는 세 가지 번뇌, 즉 탐욕貪慾, 진애瞋恚(화냄), 우치愚癡(어리석음)를 말한다. 탐·진·치는 또한 수행에 장애가 되기에 독毒 또는 삼독三毒이라고도 한다.

공동체인 승가僧伽가 그 모델이다. 사회주의사회 또한 노동을 통하여 인간의 유적 본성을 실현할 수 있는 사회로서 그 구성원들로 하여금 자신의 공동체적 본성을 실현하게 하는 조건이 되는 사회이다.[2] "계급과 계급 대립이 있었던 낡은 부르주아 사회 대신에 각인의 자유로운 발전이 만인의 자유로운 발전의 조건이 되는 하나의 연합체가 나타난다."(맑스, 1991, 421쪽)

이렇듯 붓다와 맑스가 인간 해방을 추구했고 그러한 목표를 달성하기 위해 계급 차별을 부정했지만, 물질적 생산의 원천인 노동을 부정했거나 심지어 경제발전을 경시한 것은 결코 아니었다. 그들에게도 노동

---

2) 붓다가 사회적 연대를 통한 공동사회를 구현하려고 노력했다는 사실은 주지의 사실일 뿐만 아니라 다른 논의를 통해서도 많이 언급되었기 때문에 (유승무, 2009b), 여기에서는 맑스, 특히 초기 맑스가 공동체적 결속을 매우 강하게 주장했다는 증거만을 제시하고자 한다. "우리가 인간으로서 생산을 했다고 가정하면, 우리 모두는 각자의 생산에서 자신과 타인을 이중으로 긍정할 것이다. 나는 1) 생산에서 나의 고유한 개성을 대상에 표현하기 때문에, 생산 활동 중에 나의 개인적인 삶을 표현하는 즐거움을 누릴 뿐만 아니라 생산된 대상을 바라보면서 개성체로서의 나의 힘을 알 수 있는 개인적 기쁨을 누릴 것이다. 2) 나의 생산물을 네가 향유하거나 사용할 때, 나의 노동으로 하나의 인간적 욕구를 충족시켰다는 자각을 향유할 터이고, 인간의 본질을 대상화하여 어느 다른 존재의 욕구에 상응하는 대상을 만들어냈다는 자각을 향유할 것이다. 3) 내가 너를 위해 너와 인류의 중개자가 되었다는 자각을 향유할 것이다. 즉 내가 너 자신에 의해서 네 자신과 존재의 보완과 필수적인 일부로 인식되고 느껴질 것이다. 그리고 너의 그러한 생각과 사랑이 나에게 힘을 더할 것이다. 4) 나의 개인적인 삶을 표현하면서 직접 너의 삶을 표현해 낼 수 있었다. 즉, 나의 개인적인 생산 활동 속에서 나의 진정한 본질, 나의 공동체적 본질을 검증하고 실현했다는 자각을 향유할 것이다. 우리의 생산은 우리 서로의 본질을 비추어 주는 거울일 것이다. 이 관계는 상호적이어서, 내가 경험한 바를 너도 경험하게 될 것이다."(MEW Eb., 1, S. 462 이하; 박성환, 2005, 18쪽에서 재인용)

그 자체 또는 물질 그 자체는 인간 해방의 장애물은 아니었기 때문이다. 붓다에게는 물질에 대한 인간의 탐욕이 인간 해방의 장애물이었고, 맑스에게는 노동을 물신화하는 자본주의적 생산관계가 인간 해방의 장애물이었다. 맑스가 추구한 사회주의나 붓다의 불국토에서는 오히려 물질 생산의 원천으로 노동이 전제되어야 한다. 붓다에게는 법시法施 와 교환되는 재시財施야말로 사적 소유를 부정한 승가의 존립 조건이었 으며, 맑스에게는 일정 정도의 생산력 발전이 사회주의 실현에 필수적 인 조건이었다. 또한 수행을 강조한 불교에는 육체노동을 무시하거나 경시할 이유가 없었고, 생산력 발전을 중시한 맑스에게는 정신노동을 무시할 이유가 없었다.

수행을 가장 강조하는 선불교에서 오히려 육체노동을 울력으로 간주하여 의무화했다는 사실(秋山範二, 昭和41年)이 전자의 근거라면 (유승무, 2009a 참조), 후자의 근거로는 다음과 같은 맑스의 글을 들 수 있다. "대공업이 발전하는 정도에 따라, 실제적인 부의 창출은 노동시간이나 고용 노동의 양보다는 노동시간 동안 작동하는 에이전시 agencies의 능력에 의존하게 되는데, 그 에이전시의 효능은 과학의 전반 적인 수준과 기술의 진보, 즉 과학의 생산에의 응용에 달려 있다. …… 노동은 더 이상 생산과정에 포함되지 않으며, 인간은 오히려 생산과정의 감시인과 조절자로 행동하게 된다. …… 노동자는 생산과정 의 주요 행위자가 되는 대신에, 옆에 서서 그 과정을 감시하게 된 다."(Tucker, 1978, p. 284에서 재인용.)

계급 차별 없는 사회를 이상 사회로 설정한 이상, 붓다와 맑스에게 사회경제적 불평등은 용인될 수 없었다. 특히 붓다의 경우, 부의 평등한 분배야말로 사회 전체의 도덕 증진의 전제 조건으로 간주할 정도로 중요시했다(딧사나야케, 1987, 191쪽). 이렇게 볼 때, 불교와 맑스가 공통 적으로 꿈꾼 이상 사회는 육체의 양식인 물질의 분배뿐만 아니라 마음의 양식인 다르마의 분배도 골고루 이루어진 사회였다.

문제는 이러한 이상 사회가 저절로 이루어지지 않을 뿐만 아니라, 노동과 수행의 결합 방식과 정도가 사회적 상황에 따라 다양할 수밖에 없다는 점이다. 이런 이유로 자본주의사회의 계급 구조를 지양하고 사회주의사회를 건설하려 한 맑스는 노동자계급 주체의 계급투쟁을 역사의 가장 중요한 계기로 설정하였으며 수행보다는 노동에 우선성을 부여하고 있다. 반면에 불국토를 건설하려던 붓다는 불교의 담지자擔持者인 승가에 의한 법의 전달을 역사의 가장 중요한 계기로 설정하였으며, 불제자에게 모범을 보여야 하는 출가자에게는 노동보다 수행이 더 근본적인 전제 조건이었다. 그러므로 불교와 맑스주의의 만남을 논의하기 위해서는 불교와 맑스주의의 '동몽同夢'보다도 불교와 맑스주의의 '이상異床'을 자세하게 규명할 필요가 있다.

3. 붓다와 맑스의 이상異床 – 수단 및 방법의 차이

오늘날 자본주의적 사회질서를 부정하는 것이 혁명적이듯이, 기원전 5세기경 혈연적 귀속성을 부정하는 것 또한 그에 못지않게 혁명적인 것이었다. 그러나 철학적인 면에서 불교의 연기법緣起法적 관점과 맑스주의의 유물론적 관점이 동일하지 않듯이, 붓다와 맑스가 동원하는 혁명의 수단과 방법은 동일하지 않았다. 그리고 붓다와 맑스가 기존의 사회질서를 지양하고 자신의 이상 사회를 건설해 나가는 과정에서 동원하는 투쟁은 세월의 차이만큼이나 그 차이가 크다.

1) 불교의 상床

(1) 수행

불교의 궁극적 목적은 고苦로부터 해방되는 것이고, 이러한 목적에
도달하기 위해서는 고의 원인을 명확히 밝혀 그것을 제거해야 한다.
일찍이 붓다는 고의 궁극적 원인을 불성을 더럽히는 탐·진·치에서
찾았으며 그것을 해결하는 길을 팔정도八正道, 곧 수행으로 보았다.

이렇듯 수행이 고를 해결하는 수단이 되는 순간, 그것은 동시에
종교적 가치를 생산하는 수단이 된다. 이 때문에 붓다는 출가자의
수행 생활을 노동에 비유하기도 했다. 『경전耕田』이라는 경經에서,
붓다는 자신을 농부로 자처하기까지 하고 있다. "농부는 농부되 토전土
田을 가꾸는 농부가 아니고 심전心田을 가꾸는 농부다"(호진, 1988,
242쪽). 그러나 출가자의 수행이 일종의 노동으로 인정받기 위해서는
붓다의 '인정투쟁認定鬪爭'이 필요했는데, 붓다는 이러한 투쟁에서
승리했다.

어느 날 걸식을 나간 붓다에게 한 바라문은 자기 자신에게 필요한 것을
스스로가 노동해서 얻지 않는 행위는 바람직하지 않다고 비난했다. 이에
붓다는 그에게 다음과 같이 말했다. "믿음은 종자요, 고행은 비이며, 지혜는
내 멍에와 호미, 뉘우침은 괭이자루, 의지는 잡아매는 줄, 생각은 내 호미날
과 작대기, 몸은 근신하고 말은 조심하며 음식을 절제하며 과식을 하지
않소. 나는 진실을 김매는 것으로 삼고 관용이 내 멍에를 떼어 놓소. 전진은
내 황소, 나를 열반의 경지로 실어다 주오. 물러남이 없이 앞으로 나아가는
곳에 이르면 근심 걱정이 사라지오. 내 밭갈이는 이렇게 이루어지고 단
이슬(열반)의 과보를 가져오는 것이오. 이런 농사를 지으면 온갖 고뇌에서

풀려나게 되지요." 이 게송을 들은 그 바라문은 "밭을 잘 가십니다. 고오타마 시여"라고 하면서 붓다 역시 자기와 같은 농부라는 것을 인정했다.(위의 책, 242~243쪽)

수행은 출가자의 정신노동이었고, 그러한 의미에서 삶의 의미, 즉 마음의 양식을 생산하는 생산수단이었다. 불교가 점차 발전해 감에 따라 수행의 종류는 대단히 다양해졌고, 대승불교에 이르러서는 선禪수행은 물론 보살행菩薩行까지도 수행으로 간주하기에 이른다.

(2) 전위 집단으로서의 승가

붓다는 어린 시절 사문유관四門遊觀 이후 "어떤 것이 다른 것들보다 우세하게 된 이유가 무엇인가?"라는 화두를 가졌다. 그리고 스스로도 부, 권력, 명예 등을 모두 버리고 출가하여 수행자의 삶을 살았다. 그리하여 마침내 붓다는 연기법의 원리를 깨달았다. 연기법에 입각하여 붓다는 인간의 사회적 지위가 출신 성분에 의해 결정된다는 전통과 그 전통의 권위는 바라문들이 인위적으로 조작한 것일 뿐이며 인간의 지위는 오로지 그 자신의 행위, 즉 업에 의해 결정되어야 한다고 천명했다. "사람은 태어남에 의해서 천민이 되는 것은 아니며 태어남에 의해서 바라문이 되는 것도 아니다. 사람은 자신의 행위에 따라서 천민이 되며, 또한 자신의 행위에 따라서 바라문이 되는 것이다."(齊藤榮之郞, 1988, 241쪽)

붓다는 이러한 평등사상을 실천에 옮겼다. "바라문, 크샤트리야, 바이샤, 수드라 따위의 구별은 바라문이 만든 구분일 뿐입니다. ……모든 강물들이 바다에 이르렀을 때 그들의 각기 다른 이름을 잃게 되듯이, 모든 종족과 출신 계급은 우리들의 승가에 들어옴으로써 예전의 차별을 버리게 되는 것입니다."(Ratnapala, 1992, pp. 49~50) 이는 기존의 사회질서를 근본적으로 부정하고 새로운 사회질서를 구축해야 한다는 사회혁명을 선포하고 실천한 것과 마찬가지다. 그러한 사상적 결단 위에서 붓다는 당시 인도 사회의 계급 불평등뿐만 아니라 약육강식의 논리가 관철되는 국제 관계의 불평등 현상을 해결하려는 실천적 문제의식을 끝까지 견지했다. 또한 붓다는 사회 불평등의 모순적 현실을 고발하는 데 그친 것이 아니라 그러한 현실을 극복하기 위한 실천을 결행했다.

승가僧伽는 그러한 실천의 구현체이자 그것을 사회로 회향하는 담지자였다. 당시 출가수행자들의 탁발유행托鉢遊行은 민중 속에서 민중과 만나고 법을 전파함으로써 개인적·사회적 문제의 해결을 추구하는 실천 수행이었다. 이러한 혁명적 실천은 사회혁명 일반의 그것과는 전혀 다르다. 그렇다면 불교가 사회혁명을 달성하는 방법은 무엇인가?

불교는 문자 그대로 깨달은 자의 가르침이다. 이는 불교가 세상의 질서를 변혁하는 방법이 가르침임을 시사하는 한편, 변혁의 주체가 계율을 철저히 준수하는 수행자임을 시사한다. 재시와 법시의 상호 의존적 관계를 고려하면, 수행자는 재가자들에게 법을 전달해 주는 담지자이고 그러한 점에서 출가자는 불교적 혁명의 전위이다. 그러므로 일반적인 사회혁명과는 달리 불교적 사회혁명의 방법은 철저히 계율에 구속받지 않을 수 없었고 주체의 청정淸淨이 생명일 수밖에 없다. 불교적 혁명이 비폭력인 '아힘사'에 의존해야 하는 이유도 그럴 때에만 계율에 어긋나지 않기 때문이다.

2) 맑스주의의 상床

(1) 노동

헤겔은 중세까지의 부정적 노동 개념에서 벗어나 인간의 삶에서 노동이 차지하는 비중과 의미를 본질적인 차원에서 적극적으로 평가한 철학자로 잘 알려져 있다[3]. 헤겔에 따르면, 동물과 달리 인간은 단순한 생존의 물질적 욕구를 넘어서서 '사회적 인정'이라는 비물질적 욕구를 충족시켜야 하는 존재인데, 주인은 노예를 통해 이러한 비물질적 욕구를 충족시키는 존재이다. 그러나 주인은 노예가 생산한 물物에 종속적으로 관계하는 반면에 노예는 물을 지배하고 변화시키는 노동의 주체이기 때문에 주인의 주인이 된다.

> 노예는 주인에 대한 봉사 속에서 노동하면서 그의 개별적 의지와 아집을 제거하고, 욕구의 내적인 직접성을 지양하는 가운데 …… 일반적인 자기의식으로 이행한다. …… 따라서 노예는 그의 자연적이라고 하는 의지의 이기적 개별성을 넘어서 자신을 고양하는 바, 바로 이러한 그의 가치에 의하여 이제 그는 주인보다도, 다시 말하면 이기심에 사로잡힌 채 노예에게서 단지 자기의 직접적인 의지밖에는 직관하지 못하는, 즉 부자유스러운 의식에 의해 형식적으로 인정된 주인보다도 더 높은 위치를 점하게 된다. 노예에 의한 이러한 이기심의 극복은 인간의 진정한 자유의 시초를 형성한다.(임석진, 1990, 111쪽)

---

[3] 칼뱅J. Calvin이 노동을 신의 소명으로 해석한 것도 노동에 대한 부정적 관념을 근원적으로 해결하는 데 기여했다. 이렇게 보면 헤겔은 칼뱅이 종교적 차원에서 수행한 것을 철학적 차원에서 수행한 셈이다.

이를 헤겔은 『정신현상학』에서 '인정투쟁認定鬪爭'으로 설명하는데, 인정투쟁의 형식적 패자인 노예가 자연의 지배, 주인의 지배, 자기 자신의 이기적 욕망의 지배 등에서 해방될 수 있는 것은 그가 사회적 노동을 하기 때문이다. 이렇게 볼 때, "노동은 어떤 특정한 인간 '활동'이 아니다. …… 노동은 오히려, 그 안에서 각기 개별적인 활동들이 정초되고 다시금 반작용을 일으키는 그러한 하나의 행위[4]이다(앞의 책, 163쪽). 자세히 말하면 노동이란, "그것을 통하여 인간이 비로소 '대자적으로' 자기 고유의 본질로, 즉 자각적으로 자기 자신에로 귀환하며, 자기 현존재의 형식 또는 '존속'의 형식을 획득함과 동시에 세계를 '자신의 것'으로 만들게 되는 것인바, 결국 노동이란 인간의 세계 내적 존재 방식으로서의 행위이다."(같은 곳)

이러한 헤겔의 노동 개념은 맑스에게 그대로 이어진다. "사회주의자에게는 이른바 전 세계 역사가 인간의 노동에 의한 인간의 창조물에 지나지 않으며, 인간의 본성의 발로에 지나지 않기 때문에, 인간은 자기 자신의 기원을 스스로 창조했다는 명백하고 움직일 수 없는 증거를 가지고 있다."(Tucker, 1978, p. 92)

그러나 노동의 주체인 노동자는 소외된 노동을 할 뿐만 아니라 자본주의사회가 노동을 물신화시킨다. "종교에서 인간의 환상, 인간의 두뇌, 인간의 심장의 자기활동이 개인으로부터 독립되어, 즉 신적인 또는 악마적인 낯선 활동으로서 개인에게 영향을 미치듯이, 노동자의 활동은 그의 자기활동이 아니다. 노동자의 활동은 다른 어떤 사람에게 속하며, 그 자신의 상실이다."(맑스, 1991, 76쪽) 현대 자본주의사회에서 노동자는 이러한 소외된 노동을 하지 않으면 안 된다. "소득의 유일한

---

4) 노동이 행위가 된다는 것은 노동에는 인간과 인간의 관계가 내포되어 있음을 의미한다. 아렌트(1996)를 참조할 것.

원천이 노동력의 판매인 노동자는 자신의 생존을 단념하지 않고서는 구매자 계급 전체, 즉 자본가계급을 떠날 수 없다."(맑스, 1999, 30~31쪽) 바로 그렇기 때문에 맑스는 노동자계급을 혁명의 주체로 설정했다.

(2) 혁명의 주체로서의 노동자계급

「포이어바흐에 관한 테제」(1845년)에서 맑스는 이렇게 말했다. "이제까지 철학자들은 단지 세계를 여러 가지 방식으로 해석해 왔을 뿐이다. 그러나 이제 문제는 세계를 변혁하는 것이다."(니버, 1991, 56쪽) 이는 유물론자인 맑스가 기존의 관념론을 비판하면서 한 말이지만, 서구 관념론의 최고봉으로 일컬어지는 헤겔은 자신의 『정신현상학』에서 노동자가 사회변혁의 실제적인 주인임을 논증했다. 그런데 자본주의적 생산양식 속에 포섭된 노동은 필연적으로 소외되며 그러한 소외를 가장 심각하게 경험하는 계급은 노동자계급이다. 노동자계급은 전 인구 중에서도 근대 자본주의적 생산관계에 직접적이며 가장 깊숙하게 포섭되어 있기 때문이다. 이런 이유로 맑스는 노동 해방을 통한 인간 해방의 주체로 노동자를 선택했다.

그렇다면 맑스가 주장하는 변혁의 방법은 무엇인가? 그것은 이론적 차원에서 보면 기존의 자본주의적 생산관계의 전복이며, 실천적 차원에서 보면 계급투쟁이었다. 맑스의 매우 짧은 그러나 가장 강렬한 저작인 『공산당 선언』에서 그 해답을 찾을 수 있다. "지금까지 역사는 계급투쟁의 역사였다. …… 만국의 프롤레타리아여, 단결하라."(마르크스, 2002)

물론 계급투쟁의 최종 목표는 생산수단을 사회화한 사회주의사회의 건설이었다. 맑스가 그리는 이상 사회는 소외된 노동의 해방이 실현된 사회인데, 이러한 목적을 달성하기 위해서는 사적 소유를 철폐하지 않을 수 없다. 사적 소유야말로 자본주의적 경제 질서를 성립시킨 근본적인 요인이기 때문이다. 그리고 노동의 주체인 노동자가 노동에서의 소외를 극복하고 스스로의 주체성과 자율성을 회복하기 위해서는 궁극적으로는 노동 해방이 불가결하지만 먼저 노동시간이 줄어야한다. 자유의 왕국은 필연의 강제, 즉 외적 유용성의 강제에 의한 노동이 끝나는 곳에서 비로소 시작되기 때문이다(Fromm, 1966, p. 59). 맑스는 "노동시간의 단축이 근본 조건"(마르크스, 2004, 828쪽)이라고 말하며 노동시간의 단축을 노동 해방의 한 요소로 꼽고 있다. 그렇다면 어떻게 노동시간을 단축할 수 있을 것인가? 바로 여기에 사회주의사회의 물적 토대를 제공하는 생산기술의 발전이 전제된다. 즉, 생산기술이 일정 정도 발전하여 사회주의사회의 단계로 진입하면 노동시간이 단축되고 자유의 왕국이 가능하다는 것이다.

3) 상床의 차이 - 출가자의 인정투쟁과 노동자의 계급투쟁

불교와 맑스주의는 모두 인간 해방과 이상적인 사회의 건설이라는 목표를 지니고 있었지만 그것을 실현하는 조건이나 방법에는 차이가 있었다. 전자가 인간 해방을 통한 사회혁명을 지향하고 있다면, 후자는 사회경제체제의 변혁을 통한 인간 해방을 지향한다. 바로 이러한 상床의 차이, 즉 방법의 차이는 사회혁명의 실천인 투쟁의 차이로 현상된다. 출가자의 투쟁이 승가와 출가자의 수행에 대한 사회적 인정을 통하여 새로운 사회를 건설하려는 인정투쟁[5]이었던 것에 반하여, 노동자계급의 투쟁은 기존의 사회질서, 보다 직접적으로는 현존 생산관계를 직접

---

5) '인정투쟁' 개념은 헤겔이 『정신현상학』에서 최초로 사용한 개념이지만, 호네트는 그 개념을 경험적 차원으로 전화하여 그 도덕철학적 함의를 자세하게 논의하고 있다. 호네트(1996)를 참조할 것.

적으로 전복하는 방법, 즉 계급투쟁으로 나타났다. 그렇다면 인정투쟁과 계급투쟁은 구체적으로 어떻게 다른가?

인정투쟁과 계급투쟁의 차이점은 크게 세 가지 점, 즉 대상의 성격규정, 주체적 조건, 실천에서 분명하게 드러난다. 첫째, 인정투쟁에서는 특정한 집단에 대한 본질적 배타성을 전제할 수 없으며 수행자에 대비되는 세속인은 적대적 배제의 대상이 아니라 자비 실천의 상대이다. 반면, 자본주의사회에서 생산수단의 소유 여부는 물질적 이해관계의 적대성으로 현상하기 때문에, 계급투쟁에서 노동자계급의 상대방인 자본가계급은 적대적 대상일 뿐만 아니라 사회주의사회 건설을 위한 생산관계의 전복을 위해서는 타도의 대상이다. 둘째로, 인정투쟁에서는 투쟁의 내용이 도덕성, 정당성, 윤리성이기 때문에, 주체에게 탐·진·치로 현상하는 자신의 이기심을 극복해야 하는 반면에, 계급투쟁에서는 지배자에 의해 주입된 이데올로기를 극복하고 자신의 역사적·사회적 위치를 자각한 의식, 즉 대자적 의식을 갖추어야 한다. 셋째, 인정투쟁에서 실천은 법회를 통한 불교의 가르침이기 때문에 실천 방법은 아힘사, 즉 비폭력이지만, 계급투쟁은 힘의 투쟁이기 때문에 폭력과 같은 강제력을 수반할 수밖에 없다.

이렇듯 차이점을 지닌 두 가지 투쟁은 각각의 단점을 보완할 필요가 있다. 인간 해방을 위해서는 사회경제적 환경이 갖추어져야 하고 사회경제적 조건을 변혁하기 위해서는 주체의 변화가 요구된다. 물론, 정도의 차이가 있긴 하지만, 불교와 맑스주의는 두 측면을 모두 포함하고 있다. 그러므로 두 사상이 만나기 위해서는 최소한의 공생의 조건에 대한 논의가 필요하다.

4. 붓다와 맑스의 공존 가능성

동상이몽同床異夢은 종국적 분열이 예견되거나 그것을 전제로 한 일시적이고 임시적인 결합 상태를 말할 때 쓰는 말이다. 그렇기 때문에 동상이몽에서 몇 글자의 위치를 바꾼 동몽이상同夢異床은 현재는 분리되어 있지만 종국적으로는 결합할 가능성을 내포하는 표현이다. 그 경우, 이상異床 사이의 관계는 동일한 꿈에 이르는 상호 보완적 성격을 갖기 때문에 방법의 다름은 오히려 양자를 결합시키는 요인이 된다. 이러한 이치로, 불교와 맑스주의는 얼마든지 상호 보완 관계를 유지할 수 있다. 아래에서는 그 가능성의 조건들을 따져 보고자 한다.

1) 맑스의 종교관과 불교

맑스의 종교관은 불교와 맑스주의의 상호 보완 가능성을 논의하는 데에서 결정적인 의미를 지닌다. 맑스의 종교관은 맑스주의의 역사적 실천과 직결되기 때문이다. 그렇다면 맑스는 종교를 어떻게 보았는가?

맑스는, 한편으로는 포이어바흐가 『기독교의 본질』에서 종교를 인간의 열망의 투사로 해석한 것을 수용하면서도 다른 한편으로는 그러한 열망이 투사되는 삶의 현실과 종교 발생의 관계를 강조함으로써 자신의 독특한 종교관을 형성했다. 이러한 종교관은 자신의 유물론적 관점과도 상통하는 것이었는데, 이러한 관점에 따르면 상품의 물신화, 노동의 물질화, 인간의 소외, 불의하고 비인간적이며 냉혹한 사회 등과 같은 삶의 현실이 종교를 발생하게 하는 것이다(니버, 1991 참조).

「헤겔 법철학 비판을 위하여. 서문」에서 맑스는 종교를 다음과 같이 규정한다. "비종교적 비판의 토대는 이러하다: 인간이 종교를 만들지 종교가 인간을 만들지는 않는다. 실로 종교는 아직 자아를 찾지 못했거나 자아를 상실한 인간의 자기의식이자 자기자각이다."(Tucker, 1978, p. 53)

이러한 관점을 현실 종교 문제에 적용시킨 저작이 「유대인 문제에 관하여」이다(앞의 책, pp. 27~52 참조). 이 저작에서 맑스는 유대인 문제의 원인은 특정한 종교인, 즉 유대인이 아니라 사회 현실의 구조적 모순이라고 주장하고 있다. "어떤 상황에 대한 환상을 단념하도록 요구하는 것은 환상을 필요로 하는 상황을 단념하도록 요구하는 것이다."(프롬, 1995, 26쪽에서 재인용)

맑스가 종교를 기능주의적으로 해석하게 된 것은 이러한 종교관의 자연스러운 귀결이었다. 즉 맑스는 종교를 기능주의적으로 해석하여 종교가 사회 모순을 은폐하고 사회의식을 마비시키는 이데올로기를 제공하는 기능을 맡고 있다고 보았다. "종교적 고통은 동시에 진정한 고통의 표현이고, 또 진정한 고통에 대한 반항이다. 종교는 억압받는 피조물의 한숨이고 냉혹한 세계의 감정이며, 영혼 없는 조건들의 영혼이다. 그것은 민중의 아편이다."(오경환, 1990, 173쪽에서 재인용) 이렇게 맑스에게 종교는 일시적인 위안을 제공하는 기능을 하는 동시에 종국적으로는 계급의식을 마비시킴으로써 노동자계급을 영원한 노예로 전락시키는 역기능을 하는 존재이다. 이렇게 맑스의 종교 비판은 인간소외 및 물신화 현상에 대한 비판의 연장선에 있다.

맑스의 종교관에 비추어 본다면, 불교는 맑스가 비판하는 종교와는 무관하다. 불교는 인간 외부에 별도의 신을 인정하지 않기 때문이다. 오히려 불교는 그것을 비판하고 모든 인간현상을 자신의 동기에 의한 업業으로 해석한다. 실제로 맑스는 주로 유신론적 종교인 기독교에 대해서는 비판적 개입을 시도했지만 동아시아 종교에 대해서는 거의 관심을 기울이지 않았다. 요컨대 비유신론적 종교인 불교와 과학적인 사상인 맑스주의는 신 중심의 세계관을 부정하고 물신화를 비판하는 사상이라는 공통점을 갖고 있으며, 이는 맑스주의의 종교관이 불교와 맑스주의의 공존을 방해하는 조건이 아님을 의미한다.

2) 불교와 맑스주의의 공존 조건

불교와 맑스주의가 공존할 수 있는 조건은 불교가 맑스주의를 수용할 경우에 요구되는 조건과 맑스주의가 불교를 수용할 경우 요구되는 조건으로 나뉜다.

전자에 대해 말하자면, 사회가 불교문화적 전통을 가진 불교문화권 사회이어야 한다는 것이다. 오늘날 거의 대부분의 불교문화권 국가에서는 이론적 차원에서든 실천적 차원에서든 맑스주의를 수용하여 불교와 결합시키려고 하는 반면에, 세계의 다른 지역에서는 그러한 시도가 거의 이루어지지 않고 있다. 특히 맑스주의가 비유신론적 이론이라는 점을 감안하면 '타력他力신앙'이 강한 대승불교문화권 사회보다는 초기 불교에 충실한 상좌부上座部불교문화권 사회에서 맑스주의를 수용하기 쉽다. 즉, 비유신론적 불교문화라는 자력自力신앙의 조건이 맑스주의 수용의 또 하나의 중요한 조건이라는 점이다. 동남아시아 불교문화권 국가에서는 불교사회주의가 실험된 반면, 대승불교문화권에서는 그러한 시도가 없다는 것은 우연이 아닐 것이다.

그렇다면 맑스주의가 불교를 수용할 경우에는 어떤 조건이 필요할까?

맑스 이후 맑스주의는 다양한 스펙트럼을 형성하면서 발전했는데, 그 중에서 어떤 맑스주의는 불교와 보다 친근하게 만날 수 있는 조건을 갖추고 있는 반면에 어떤 맑스주의는 전혀 그렇지 못하다. 맑스의 초기 저작에 큰 관심을 갖는 인간주의 맑스주의가 전자의 경우라면[6]

구조주의 맑스주의는 후자의 경우에 속한다[7]. 즉 인간주의 맑스주의야말로 맑스주의가 불교를 수용할 경우에 필요한 조건이다.

인간주의 맑스주의의 꿈이나 방법은 불교의 그것들과 크게 다르지 않다. 터커(Tucker, 1961)에 따르면, "맑스는 공산혁명을 자기 혁명으로 보며 …… 공산주의는 인간이 자기를 얻는 것이며, 자기를 재통합하거나 자기 자신에게로 되돌아가는 것이며, 자기소외를 극복하는 것이다." 또한 터커는 맑스의 철학적 분석의 주된 논지가 "인간의 자기실현의 적(敵)인 이기적인 욕구, 즉 사물들을 자기 것으로 만들고 소유하고자 하는 욕망을 지양하는 데 있었다"고 주장함으로써 맑스에게서 이상 사회를 실현하는 수단이 이기적 욕망의 지양임을 보여 주고 있다. 이러한 인간주의 맑스주의가 탐·진·치로부터의 해방을 추구하는 불교를 수용하지 못할 이유가 없다. 정신분석가이자 대표적인 인간주의 맑스주의자인 프롬[8]이 말년에 선불교를 수용한 것도 같은 이치일 것이다.

프롬은 자신의 사상적 자서전이라 일컬어지는 『인간소외 *Beyond*

---

6) 맑스가 "각자의 자유로운 발전이 모든 사람의 자유로운 발전의 조건"이라고 했던 '연대'의 사회이론적 의의는 후기 저술에서 뚜렷이 줄어든다(박성환, 2005, 14쪽)는 지적에서 알 수 있듯이, 초기 맑스는 소외와 같은 인간 존재의 문제에 깊은 관심을 보였던 반면에 『자본』처럼 후기 맑스는 사회구조적 모순에 전적으로 집중한다. 이렇게 볼 때, 초기 맑스와 초기 맑스에 관심을 갖는 맑스주의자들의 관심은 많은 점에서 불교와 쉽게 소통할 수 있다.

7) 유승무(1993)는 구조주의 맑스주의의 한계를 자세하게 논하고 있다.

8) 프롬은 『맑스의 인간 이해 *Marx's Concept of Man*』(1966)에서 사적 유물론, 의식, 사회구조, 인간의 본질, 소외, 사회주의 등 맑스의 주요 개념을 인간과 관련시켜 해석함으로써 맑스의 주요 개념에 대한 기존의 오류를 수정한 바 있다. 그러한 점에서 그는 인간주의 맑스주의를 대표하는 맑스주의자로 스스로를 올려놓았다.

the Chains of Illusion』에서 자신의 사상을 떠받치는 양대 축이 맑스와 프로이트라고 고백하고 있다. 그는 말년에 선불교를 접하고 「선과 정신분석」이라는 글을 통해 선불교와 프로이트의 사상이 거의 유사함을 자세하게 입증하고 있다. 프롬의 두 가지 저술을 종합한다면, 프롬의 사유 속에서 맑스주의와 불교가 충돌할 가능성은 매우 적다. 프롬이 너무 늦게 선불교를 접한 탓에 맑스주의와 불교의 유사점을 밝힌 저술을 내놓지는 못했을 것이다. 그러나 맑스, 프로이트, 선불교를 받아들인 프롬에게는 허위의식의 지양을 통한 소외의 극복, 즉 인간 해방을 기획한 맑스, 무의식의 의식화를 통한 인간 해방을 추구한 프로이트, 허상의 진원지인 탐·진·치로부터의 자유를 통한 인간 해방을 기획한 붓다 등의 문명 기획이 동일선 상에서 논의될 수 있었을 것이다.

"불교와 서양의 만남은 20세기의 가장 의미심장한 사건이다." 하지만 불행하게도 불교와 맑스주의는 계급 차별 없는 사회라는 같은 꿈을 꾸면서도 좀처럼 만나지 못했다. 아마도 그 꿈을 구현하기 위한 조건이 달랐기 때문일 것이다. 그러나 이런 이유로 21세기 불교와 맑스주의의 만남은 오히려 의미심장할 수도 있다.

　불교와 맑스주의는 동몽이상의 관계를 맺고 있지만, 그러한 관계조차도 결과론적 관점에서 보면 동상이몽보다는 상대적으로 풍부한 가능태를 내포하고 있다. 또한 동상이몽은 끝내 분열로 귀결되지만 동몽이상은 수단의 다양성을 인정하는 가운데 그러한 다양성이 동일한 목표로 수렴될 수 있다. 그리고 목표는 동일하지만 그 목표에 도달하는 방법은 서로 다른 관계, 즉 불교와 맑스주의의 동몽이상의 관계야말로 창조적인 이종교배를 예기 豫期하게 한다. 이렇게 본다면, 출가자의 공동체를 이상 사회의 패러다임으로 간주하고 있는 불교적 이상 사회의 모델과 사적 소유를 인정하지 않고 생산수단의 사회화를 추구하는 맑스주의의 이상 사회 모델 사이의 이종교배는 21세기 문화 혼융 시대의 인류 문명을 더욱 풍요롭게 만들어 줄 것이다.

제7장 참여불교와 다중적 근대성

1. 불교와 현대 문명의 만남

우리가 불교와 현대 문명의 만남을 논하는 이유는 크게 두 가지다. 하나는 오늘날 비서구 불교문화권 사회가 근대의 문화적 기획으로부터 독립된 외딴 섬으로 존재할 수 없기 때문이고, 다른 하나는 서구적 기원을 지닌 계몽주의적인 근대성 자체의 근본적인 한계 때문이다.

　18~19세기 서구에서 발생한 근대적 세계관은 종교적 세계관 또는 신성 법divine law으로부터 독립된 근대적 주체를 탄생시켰다. 이는 전지전능한 신의 힘을 빌리지 않고 인간의 이성(또는 그 능력)만으로 삶의 문제를 해결할 할 수 있다는 휴머니즘의 회복을 의미한다. 그 후 종교적 권위로부터 해방된 사회에서 세속화는 급속히 진행되었고 사회의 모든 제도에 걸쳐 구조적 분화가 다양하게 이루어지기 시작하였다. 동양도 예외가 아니었다. 특히 '서세동점西勢東漸' 이후 동아시아 불교문화권 사회에서는 근대화야말로 개인의 자유, 물질적 풍요, 문명의 이기와 편의성을 창출해 주는 위대한 해방의 기획[1]으로 받아들여져

왔다. 이제 그 산물인 근대 문화는 모든 사람들의 생활 세계의 전 영역에 스며들어 있다.

그러나 오늘날 서구 근대성의 산물인 근대 문화는 근본적인 한계에 직면해 있다(뚜웨이밍, 2006). 환경 위기, 사회 불평등, 현대인의 소외 등은 이러한 근대 문화의 한계를 실증한다. 하버마스는 인간의 합리적 의사소통의 가능성과 그 능력만이 자본과 권력의 메커니즘으로부터 인간적 삶을 가능하게 하는 생활 세계를 지켜낼 수 있다고 주장하면서 계몽주의적인 근대적 기획에 대한 믿음을 포기할 필요가 없다고 주장하지만(Harbermas, 1981), 근대성에 내재한 성찰성은 국익을 앞세운 민족 국가의 제국주의적 전쟁 및 침략이나 '정글의 법칙'에 따라 움직이는 신자유주의적 세계화 앞에 무력하기 짝이 없다.

그런데도 현대인의 삶이 근대 문화로부터 외딴 섬으로 존재할 수 없는 운명에 놓여 있다면, 기존의 근대성을 수정하거나 보완할 수 있는 '또 다른' 근대성을 모색해 보지 않을 수 없다. 여기에서 야스퍼스가 명명한 "기축 시대Axial Age"의 사상이자 인류 문명의 원초적 근대성Proto-modernity를 형성한 사상인 불교로 인식 관심의 초점을 돌리고자 하는데, 불교야말로 서구 계몽주의에서 유래한 근대성의 딜레마를 해결할 수 있는 사상적 잠재력을 가지고 있다고 여겨지기 때문이다.

불교는 인간이 추구하는 삶의 목표를 크게 네 가지로 분류하고 있는데, 이는 다음과 같은 네 가지 유형의 인간형에 각각 대응된다. 첫째, 욕망, 사랑, 자기 보전의 충족이라는 관점에서 행복을 찾는 사람, 둘째, 개인의 자연적인 성향이나 환경에 적응하는 관점에서

---

1) 베버는 이를 탈주술화라 불렀다. 그 문명사적 전환의 의미에 관해서는 전성우(2005a)를 참조할 것.

행복을 찾는 사람, 셋째, 모든 나쁜 행동을 근절하여 사회질서의 유지에 공헌한다는 관점에서 행복을 찾는 사람, 넷째, 세속적인 가치를 초월하여 궁극적인 목적을 추구한다는 관점에서 행복을 찾는 사람 등이 그 유형이다(Ichimura, 1991, p. 386). 이 중에서 앞의 세 가지 유형은 속제俗諦, 즉 세속적 목표를 추구하는 반면에, 넷째 유형은 진제眞諦, 즉 세속을 초월하는 목표를 추구한다. 그런데 속제와 진제는 불이不二의 관계에 놓여 있으며, 그러한 점에서 또 다른 근대성의 잠재력을 내장하고 있다[2]. 또한 『법구경法句經』에서는 '제악막작중선봉행諸惡莫作衆善奉行'하여야만 '자정기의自淨其意'의 마음 상태에 도달하고 '자정기의'의 상태에 이르러서야 '제악막작중선봉행'이 가능해진다고 말한다(Wei-hsun Fu, 1991, p. 315). 보살이 부처이고 부처가 곧 보살이라는 대승불교의 보살 사상도 속제와 진제의 불이 관계를 잘 보여 주고 있다. 그리고 속제와 진제의 불이 관계는 불교의 연기법緣起法적 세계관의 산물이기도 한데, 이들의 관계는 환경 문제, 불평등 문제, 소외 문제를 해결할 수 있는 대안이 될 수 있다고 생각된다.

근대적 기획이 신적 세계로부터의 독립과 함께 비로소 열린 속제라 한다면, 그리고 그 속제가 궁극적으로 지양되어야 할 대상이라면, 그러나 그 지양이 모든 것을 신의 뜻에 맡기는 방식으로 해결되는 것이 아니라면, 속제에서 출발하면서도 속제를 넘어서는 길을 제시하는 불교와 그 성찰의 철저함에 관심을 돌려 볼 필요가 있다. 또한

---

2) 불교와 유교의 차이점이 바로 이것이다. 최근 중국 문화권에서 유교가 근대적 대안으로 새롭게 부상하고 있지만 유교는 초월의 차원보다는 현실적 차원에서 그 해답을 찾고자 한다(뚜웨이밍, 2006). 그러나 인간의 이성 중심주의적 근대성이 자연의 문제나 초월의 문제를 경시함으로써 환경 위기, 불평등, 소외 등을 유발했다는 점을 고려하면, 현세적 문제를 내적 초월을 통하여 해결하려는 불교의 논리가 현세 지향적 유교의 논리보다 상대적으로 유효한 것으로 생각된다.

불교가 사상적 차원에서 근대성의 대안이 될 수 있다면, 그리고 오늘날 불교문화권 사회에서는 불교의 근대적 실천이 긴요하다면, 불교와 근대성의 만남은 교리적이고 종교적인 차원이 아니라 실천적이고 경험과학적인 차원에서 논의되어야 할 것이다.

2. 만남의 유형

불교는 다양한 종교와 사상이 공존하는 인도에서 탄생했기에 힌두교와 자이나교뿐만 아니라 육사외도六師外道[3]와 만나지 않을 수 없었다. 또한 불교는 2,500여 년의 세월 동안 다양한 지역으로 전파되는 과정에서 유교, 도교, 각종 토속 종교 등 무수한 사상, 종교와도 만난 경험이 있다.[4] 그리고 서세동점 이후 불교는 이미 근대성과도 만난 경험이 있다. 그리고 그 과정에서 불교는 다양한 종파로의 분열은 물론 크고 작은 교리적 변용도 경험했다. 대승불교의 등장은 그 대표적인 사례이다. 이는 불교가 풍부한 교리적 근거와 역사적 경험 등 내적 자생력과 독특한 경로 의존성을 지니고 있음을 의미하기도 한다.[5]

이론적 차원에서 지금까지 불교는 대체로 세 가지 유형으로 근대성과 만난 것으로 보인다.

첫째는 배타주의적 만남이다. 이는 불교야말로 최고의 가르침이라

---

3) 제1장의 각주 1)을 보라.
4) Chappell(1991)은 경전을 근거로 종교적 다원주의에 대한 불교적 반응을 여섯 가지로 분류하여 자세하게 논하고 있다. 그러나 그 유형화에 대한 기준이 애매하여 얼마든지 재분류가 가능해 보인다.
5) Robertson(1992)은 일본의 사례를 통해 다양한 종교들이 공존할 수 있는 종교사회학적 특징을 밝혀 주고 있다. 이러한 분석은 한국이나 공산화 이전의 중국에도 그대로 적용될 수 있다.

는 교리에서 그 정당성을 확보하고 있다. 그리고 보수적인 불교인에게는 세속화의 역사적 경험과 그에 대한 경계의 필요성이 배타적 태도의 자양분이 된다. 특히 불교 국가의 경우, 이러한 배타적 만남은 문화적으로는 독특한 경로 의존성을 지니고 있기도 하다. 게다가 현대사회의 위기는 이러한 만남을 지속시켜 주는 명분으로 작용한다. 그러므로 배타주의적 만남은 향후에도 쉽게 사라지지 않을 것이다.

이러한 배타적 만남 속에서는 불교가 보편성으로 설정되고 근대성이 특수성의 위상을 점한다. 그러나 이러한 유형의 만남도 경제발전과 같은 발전 이데올로기나 합리성 요구 등과 같은 내적 요구나 세계화라는 외적 압력으로부터 결코 자유롭지 않다. 또한 근대성에 대한 배타적 태도는 속제와 진제의 불이 관계라는 불교 교리와도 부합하지 않을 뿐만 아니라 불교의 고립을 자초할 수도 있다. 이런 이유로 배타주의적 만남은 외적 측면만이 아니라 불교내적 측면에서도 항상 긴장과 갈등을 겪지 않을 수 없을 것이다. 오늘날 일부 남방南方불교나 상좌부上座部불교 국가들이 대체로 이러한 현실에 직면해 있는 것으로 보인다.

둘째는 상대주의적 만남이다. 이러한 만남은 속과 성의 분리라는 구조적 측면에서뿐만 아니라 종교와 국가의 분리라는 근대사회의 특성과도 부합한다. 불교의 경우, 교리적으로도 불교를 진제로서만 해석하거나 계율을 승가적 규율로 한정시켜 이해할 수 있는 근거는 무수히 많다. 이러한 해석에 따르는 불교인들에게는 불교가 세속적 영역에 대해 무관심할 수 있는 교리적 근거를 충분히 갖고 있기 때문에, 근대적 기획이 세속 사회를 규정하는 원리로 작용하든 그렇지 않든 문제가 되지 않는다. 따라서 근대성과 불교는 하나의 공간 속에서 얼마든지 공존할 수 있다. 한국, 일본, 중국 등의 역사적 경험에서 확인할 수 있듯이, 불교는 다양한 종교사상은 물론 근대성과도 별다른 갈등이나 충돌 없이 대체로 잘 공존해 나가고 있다. 이러한 점에서 상대주의적 만남을 다원주의적 만남이라 부를 수도 있다.

이론적 측면에서 상대주의적 만남은 불교의 보편성을 추구하면서도 근대적 기획의 보편성을 부정하지 않는다. 오히려 이것은 현대사회의 조건 속에서 종교와 사회의 기능적 결합이 적절하다는 입장을 취한다. 그러나 이러한 만남은 긴장과 갈등의 불씨를 내장하고 있을 뿐만 아니라 불교와 근대성 간의 의미 있는 대화나 창조적인 결합으로 발전해 나가기 어렵다. 그 결과, 관심이 비세속적인 종교적 관심에 한정되며 시대적 변화에 능동적으로 참여하지 못함으로써 불교의 자기 발전을 제약하는 결과를 낳게 된다. '장례葬禮 불교'로 특징지어지는 일본 불교와 '산중山中 불교' 및 '기복祈福 불교'라는 특성을 지닌 한국 불교 등은 이러한 만남의 당연한 귀결이다. 그러므로 이러한 만남 역시 불교 내외의 비판으로부터 자유롭지 못하다. 외부적으로는 사회적 정당성이 상대적으로 약하다는 비판을, 내부적으로는 타력他力 신앙화의 문제점뿐만 아니라 대승적 정신의 소멸을 우려하는 비판을 받는다.

셋째는 포섭주의적 만남이다. 이것은 모든 사상과 이념이 자체의 진리를 내포하고 있으며 이 점에서 모든 사상은 체體의 관점에서는 동일하다는 가정에 기초를 두고 있다. 육상원융六相圓融의 시각에서 보면, 현상의 다양성도 본질, 즉 체의 관점에서 보면 동일하다는 것이다. 그렇기 때문에 이러한 만남은 근대적 기획을 적극적으로 수용한다. 오히려 이러한 관점에 따르면 근대적 기획을 문명의 보편적 추세로 설정하는 데 주저할 이유가 없다. 그러나 불교가 근대성을 포섭하는 것이 아니라 근대성 속으로 포섭될 위험성이 존재한다. 사회주의 체제에 포섭된 오늘날 중국 불교나 실용주의적 관점에서 명상 중심의 '실용 불교'로 발전해 나가고 있는 서구 불교의 경우처럼 불교가 근대적 기획 속에 완전히 포섭되는 만남의 유형이 여기에 속한다.

이러한 세 가지 유형 사이에는 차이점과 공통점이 존재한다. 차이점이란 불교와 근대성 사이의 관계 설정 방식이 각각 다르다는 것이다. 반면에 세 가지 유형 모두가 불교를 문명화의 보편적 원칙으로 설정하고 있으며 동시에 근대성을 비판하거나 그 적극적 대안을 실천적으로 모색하지 않는다는 점에서는 공통점을 지니고 있다.

이러한 만남에서는 그 형식이나 내용에서 불교적 문화 기획이 근대적 문화 기획에 대한 대안으로서의 역할을 충분히 수행하지 못한다. 이러한 점에서 최근 세계적으로 주목을 끌고 있는 참여불교engaged buddhism에 주목하고자 한다. 참여불교는 개인고苦와 사회고苦의 불가분의 관계에 천착하고 적극적인 정치사회적 참여를 실천한다는 점에서, 그리고 근대성의 부정적 산물에 맞서 그것을 비판하고 극복하기 위해 노력한다는 점에서 개인적 해탈 지향의 기존 불교를 극복하고 있다.

3. 또 다른 만남 – 참여불교의 실험

1) 참여불교의 등장 배경

20세기에 들어서면서 시작된 서구 열강의 제국주의적 팽창은 서세동점이라는 세계사의 흐름을 형성했고, 그 결과 아시아 각국의 불교는 식민지 지배라는 억압적 상황에서 서구적 가치관과 문물의 수용을 강요당하는 방식으로 근대성과 조우하게 된다. 이 조우는 불교에 대한 비판적 성찰과 개혁에 대한 요구를 불러일으켰다. 제2차 세계대전 이후 식민 통치를 벗어나는 과정 속에서 아시아 각국은 진정한 의미에서 정치적·경제적 예속으로부터의 해방, 자유와 평등을 기반으로 한 민주주의의 완성, 산업화를 통한 경제개발, 평화와 안전 등 다양한 사회문제들에 직면하게 된다. 이와 같은 사회문제의 해결에 적극적으로 개입하는 과정에서 참여불교라는 새로운 불교운동이 등장하게 되었다.

불교 전통 속에서 해방은 다양한 의미를 갖는다. 상좌부불교에서는 욕망, 열정, 번뇌로부터의 자유를 의미하고, 대승불교에서는 존재에 대한 고정된 인식으로부터의 자유를 뜻하고, 티베트 불교에서는 도덕과 윤리라는 이원론으로부터의 자유를 의미한다. 이러한 자유는 모든 물질적, 정신적, 사회적 제약을 초월하여 열정과 집착이 사라진 평화의 상태, 즉 열반涅槃의 경지에 다다른 해방을 말한다(퀸·킹, 2003). 그러나 참여불교가 추구하는 해방은 이러한 전통적 해방의 의미와는 다르다. 탐·진·치에 대한 제도적, 정치적 차원의 성찰, 전쟁·불의·빈곤과 불관용 등에 대한 대응을 통한 개인의 내적 평화와 세상의 평화 등에 관심을 가짐으로써 얻게 되는 세간적 깨달음이 참여불교가 추구하는 해방이다. 즉, 개인적이고 피안적인 — 그래서 베버로 하여금 불교를 내세적 종교로 규정하게끔 했던 — 해방이 아니라 사회경제적이고 세속적 의미의 해방에 보다 적극적인 관심을 기울이는 것이다.

이러한 관심은 불교가 사회적 고苦 — 세속의 고통과 억압의 다양성, 원인 치유책 — 에 대한 인식을 새롭게 하는 계기가 되었고, 현실 비판적인 새로운 종교적 과제를 개발하고 실천하기 위한 다양한 노력들은 참여불교라는 흐름으로 수렴되었다.

2) 참여불교의 다양한 형태[6]

참여불교는 20세기를 거치면서 아시아 각국의 다양한 환경 속에서

---

6) 이 절은 퀸·킹(2003)에 소개된 내용을 간략히 정리한 것이다.

개별적으로 발생했다. 따라서 아시아 각국이 직면한 저마다의 사회문제를 해결하기 위한 참여불교의 양상은 적극적인 사회참여를 특징으로 하는 불교운동이라는 점에서 공통점을 갖지만, 그 내용은 다양한 스펙트럼을 이루고 있다.

암베드까르, 상가락시타 등으로 대표되는 인도의 참여불교는 카스트제도를 기반으로 한 계급 차별에 대한 저항운동으로 규정할 수 있다. 엄격한 신분적 차별을 규정하고 있는 카스트제도로부터 벗어나는 것에서 인도인들의 참된 해방이 시작된다고 보기 때문이다. 인도 참여불교의 상징인 암베드까르는 불교가 인간의 자유와 평등을 가르치는 가장 뛰어난 종교이며,[7] 현세에서 사람들을 구제하려는 붓다를 가장 위대한 종교 지도자로 생각했다. 상가락시타는 범세계불교교단우의회the Trailokya Bauddha Mahasangha Sahayaka Gana(TBMSG)라는 단체를 설립해, 불교로 개종한 불가촉천민들에게 불교적 교육과 수행의 기회를 제공하는 '담마dhamma' 운동을 벌여 나갔고, 이를 통해 자신과 사회를 변화시킬 수 있다고 생각했다. 이와 함께 '바후잔 히타이'('만인의 이익을 위해')라는 사회봉사 활동을 통해 어린이와 여성에 대한 교육, 빈민 운동, 직업교육 등 다양한 활동을 펼치고 있다.

아리야나트네에 의해 창설된 스리랑카의 '사르보다야'('모두의 깨달음') 운동과 슈라마다나('노동의 선물') 운동은 불교적 가치와 원리에 따라 스리랑카의 정신적·경제적 재건을 위한 봉사 활동을 전개했다. 아리야네트네는 사회적 관심과 세속적 관심을 결여한 불교에 대해

---

7) 이발사와 창녀 등의 하층민에게도 출가를 허용한 붓다는 타고난 신분이 아니라 그가 한 행위에 의해 개인의 지위가 결정되어야 한다고 가르쳤다. 또한 당시로서는 파격적으로 비구니 승단을 허용함으로써 성적 불평등도 용인하지 않았다. 당시 불교는 여성에게 성직을 허용하고 있는 거의 유일한 종교였다.

비판적이었다. 또한 개인의 자유와 사회의 자유 사이에는 필연적이고
도 의존적인 관계가 존재하므로 개인적 해방의 길은 사회적 해방을
통하지 않을 수 없다고 주장한 '사르보다야' 운동은 속제를 통해 진제로
나아가야 한다는 점을 분명히 하고 있다. '촌락의 깨달음 운동' 등을
통해 사르보다야 운동은 개발이 물질적인 목적이 아니라 정신적인
목적을 바탕으로 해야 함을 보여 주었다.

붓다다사는 태국 사회가 경험한 급격한 현대화와 경제성장이라는
사회적 분위기 속에서 불교의 현실 적합성을 높이기 위해 노력했으며,
현대사회구조의 부도덕성과 이기주의에 대해 강도 높게 비판해 왔다.
붓다다사는 세계의 평화를 불교의 목표로 믿었으며, 정치와 경제를
개인적 고통과 사회적 갈등의 원천으로 보았다. 무명과 탐욕, 집착과
아집에서 비롯된 고苦는 우리를 이기주의적 삶으로 이끌기 때문에
이기심과 집착을 모두 벗는 것만이 고를 궁극적으로 소멸시킬 수
있다는 것이 붓다다사의 기본 입장이었다. 한편 붓다다사는 자연을
마음 깊이 존중하고 자연과 조화를 이루며 살 것을 주장했고, 불교와
평화, 불교와 민주주의 등의 주제를 불교의 핵심 교리를 이용해 설명했
다.

현대 참여불교운동을 대표하는 술락시바락사는 태국의 타락한
정치적, 사회적 현실을 바로잡기 위해 불교를 재해석하고 있다. 그는
전통 불교에서 존중하는 내면의 깨달음과 함께 또 하나의 깨달음에
대해 말한다. 불교적 해탈을 위해서는 욕망, 분노, 어리석음을 해소하는
내적인 깨달음뿐만 아니라 개인의 욕망, 분노, 어리석음이 사회에
어떤 해악을 미치는가에 대한 외적인 깨달음도 필요하다는 것이다.
그에 따르면 불교란 기본적으로 고립된 자아의 한계를 이겨내는 길이
요, 자기만의 운명에 골몰하지 않고 살아 있는 모든 생명체들과 함께하
라는 삶의 지침이다. 이에 따르면 불교 역시 자연스럽게 사회적, 정치적

문제에 관심을 갖게 된다. 그러나 그는 국가종교로 변형된 대문자의 불교Buddhism가 아니라 사회의 변화와 개인의 변화를 연관시키고 있는 소문자의 불교buddhism야말로 불교의 진면목이라고 주장한다. 이러한 맥락에서 그는 불교 전통에는 개인적 구원과 사회적 정의가 상보적인 관계로 중시된 전통이 있었다고 한다. 나아가 그는 불교 오계五戒의 현대적, 사회적 의미를 재해석하며, 다양한 사회적 문제들, 가령 폭력이나 여성문제, 세계화, 소비 자본주의, 개발, 발전 등의 현대사회현상들에 대한 불교적 대안을 제시한다.

베트남전쟁의 참상을 통해 베트남의 정치적, 사회적 투쟁에 적극 참여하게 된 틱낫한은 사성제四聖諦, 공空, 보살도菩薩道, 자비 등의 불교 교리를 현대화했다. 특히 그는 일상적 삶의 모든 영역에 참여하고 봉사하는 불교를 지향했다. 그리고 전쟁과 평화, 종교성과 물질주의, 인류 공동체의 안녕 등과 같은 세계 차원의 문제와 더불어 현대화, 출가-재가 관계, 은둔과 사회 행동주의 같이 오늘날 불교가 당면하고 있는 주요 문제들을 제기하고 있다. 틱낫한에 따르면 흔히 비폭력으로 해석되는 아힘사를 실천하기 위해서는 먼저 우리 자신부터 이를 실천해야 한다. 우리 내면에는 어느 정도의 폭력과 어느 정도의 비폭력이 공존한다. 우리 내면에 존재하는 폭력을 알지 못하면, 전쟁과 사회의 부조리를 초래했다고 느껴지는 이들을 탓하고 비난하게 될 것이다. 그러므로 우리 자신으로부터 시작해서 우리가 비난하는 사람들과 함께 노력해야 한다. 분노의 마음으로 평화를 위해 일할 수는 없다. 평화는 결과가 아니며, 평화롭지 아니한 방법으로는 절대 이룰 수 없다. 비폭력을 실천하기 위해서는 자신의 몸과 마음, 타인들을 향한 온화함과 자비심, 기쁨과 평정이 필요하다. 참된 평화는 통찰력과 이해를 기초로 해야 하며 그렇기 때문에 일상생활 속에서의 모든 행동과 생각을 깊이 성찰해 보아야 한다.

티베트의 지도자 달라이 라마는 중국공산당의 침략에 평화적으로 저항하다가 인도로 탈출한 후 다람살라에서 망명정부를 이끌어오고 있다. 국제분쟁과 인권의 문제, 지구적 환경 문제의 해결과 평화 활동을 해 온 달라이 라마는 관용과 상호 존중을 바탕으로 세계 문제들을 평화적으로 해결할 것을 주창하고 있다. 그에 따르면 증오, 분노, 질투, 극단주의, 탐욕 등의 부정적 감정을 줄이고 자비, 인정, 관용 등을 함양하기 위해 애써야 하는데, 훈련과 교육을 통해 무지, 분노, 증오를 줄일 수 있고 자비와 관용을 개발할 수 있다고 한다. 이와 같은 달라이 라마의 노력은 불교의 근본 교리를 평화와 비폭력이라는 인류 보편의 가르침으로 승화시켰다고 평가된다.

3) 참여불교의 특징

아시아 각국의 참여불교는 각각의 고유한 역사적·문화적 맥락 속에서 독특한 전통을 만들어내고 있다. 인도의 참여불교는 카스트제도에 대한 저항의 의미를 지니는 계급 차별의 철폐를, 베트남과 티베트의 참여불교는 비폭력과 평화를, 한국의 참여불교는 민주화와 통일 등의 이슈를 주요 목적으로 삼고 있다.

한편 이렇게 다양한 형태의 참여불교에는 아시아 각 국가들이 경험하고 있는 현대사회의 병폐들을 사회적 고苦로 인식하고 이를 해결하기 위해 불교적인 인식 틀과 방법론을 동원하고 있다는 공통점이 있다. 또한 참여불교는 비폭력과 정신적 수행 등을 강조하고 있고 연기론에 입각한 생명관과 자비 정신을 제시하는 등 사회적 고통을 해결하는 데 필요한 중요한 이론적 토대를 제공하고 있다. 게다가 참여불교는 다른 종교와 다른 세계관에 대한 수용과 개방을 강조한다.

속제 속에서 진제를 추구하는 참여불교는 한편으로는 근대성을 적극적으로 수용하고 불교 교리를 창조적으로 재해석하면서도 다른 한편으로는 전근대적 전통, 근대적 기획의 부정적인 결과, 전근대적 불교 전통 등에 정면으로 대항하면서 그것을 극복하기 위해 실천적인 노력을 전개하고 있다. 이와 같이 참여불교는 불교와 근대적 기획이 창조적으로 만나서 탄생한 새로운 불교 또는 새로운 아시아적 근대 기획으로 간주될 수 있을 것이다. 또한 이러한 점에서 참여불교의 사례는, 제2절에서 살펴본 불교와 근대성과의 만남의 기존의 유형과는 다를 뿐만 아니라 서구적 기원을 갖는 문화 기획과도 다른 근대성을 지향하고 있는 대표적 사례라고 할 수 있다.

4. 만남을 어떻게 해석할 것인가?

불교와 근대성의 세 가지 만남이 근대성을 바라보는 시각과 참여불교가 근대성을 바라보는 시각은 매우 다르다. 특히 참여불교는 서구적 기원을 갖는 현대성과는 다른 불교적 현대성의 기획으로 볼 수밖에 없는데, 그렇다면 이를 어떻게 해석할 것인가?

1) 탈근대?

앞서 제4장에서 본 바와 같이, 베버는 불교의 주술적 성격이 근대성의 발전에 장애가 되었음을 밝힘으로써 왜 유독 서구에서만 근대 문명이 개화했는지를 방증했다. 베버에 따르면 불교는 신비주의적이고 주술적으로 해석될 여지를 갖고 있고, 따라서 탈주술화에 방해되는 종교문화일 뿐이다. 반면에 제5장에서 밝힌 바와 같이, 벨라는 베버의 종교사회학적 개념과 파슨스의 사회적 행위 모형을 결합하여 일본의 경제발전을 설명하고 있는데, 여기에서 불교는 정치적 합리주의를 거친 경제 영역의 합리화에 기여한 것으로 설정되고 있다. 그러나 그것은 일본만의 예외적 사례이다.

근대화이론의 시각에 입각하여 서구적 기원을 갖는 근대성을 보편적인 역사 발전으로 설정하는 한, 불교는 사회 발전에 부정적 기능을 하는 종교로 간주되고 만다. 이는 근대화이론이 불교와 근대성의 만남과 같은 경험적 사례를 적절하게 설명할 수 없는 패러다임임을 의미한다. 특히 근대화이론은 서구적 기원의 근대성과는 다른 참여불교의 근대성을 결코 설명할 수 없다. 그것은 근대화이론의 인식 관심이 근대성의 위기와 그 대안의 모색이라는 인식 관심과는 거리가 멀기 때문이다.

이렇듯 기존의 패러다임이 환경 문제, 불평등, 소외 등 현대사회의 위기를 적절하게 설명하지 못함에 따라 사회과학자들의 관심은 급속히 탈근대성으로 이동했다. 특히 탈근대성 이론은 서구 계몽주의 자체에 대한 근원적인 비판을 제기하면서 등장했고 탈근대성 이론가들은 일정 정도 불교사상 등 동양 사상과 친화력을 가지고 있었다.

불교와 탈근대성 간의 친화성은 탈근대성의 정초를 놓은 것으로 평가되는 여러 사상가들과 불교사상 또는 '중도中道' 사상 사이의 관계를 탐색하고 있는 학문적 성과의 축적을 통해 어느 정도 밝혀지고 있다. 우선 가톨릭 사제이면서 불교 연구가이기도 한 매글리올라는 용수龍樹의 중관中觀 사상과 대표적인 탈현대사상가인 데리다의 해체사상이 매우 유사함을 최초로 보여 주었다. 그 후 로이가 데리다의 해체 사상이 용수의 중관 사상과 유사하지만 동일성의 부정에만 집착함으로써 동일성과 차이성의 동시적 부정을 통해 긍정에 이르는 용수와는 차이가 있다고 지적함으로써 매글리올라를 비판하였다. 최근에는 커워드가 로이의 견해에 가세함으로써 용수와 데리다 사이의 사상적 친화성과 차이는 더욱더 풍부하게 연구되고 있다(Harold, 1991).

한편 국내에서는 김형효(1999)가 또 다른 탈근대 사상가인 하이데 거와 화엄사상華嚴思想 사이의 사상적 친화성과 차이를 밝혀준 바 있을 뿐만 아니라 데리다와 하이데거의 차이까지도 밝혀줌으로써 불교사상과 탈근대 사상의 친화성 문제는 국내에서도 낯설지 않은 주제가 되었다. 박경일(2001)은 탈근대 사상의 태두인 니체는 물론, 데리다, 하이데거, 심지어 사회학자인 푸코까지도 불교로부터 사상적 영향을 받았다고 주장하기도 했다.

그러나 이러한 친화성을 강조하는 것은 구체적이고 일상적인 삶에 관계된 지식 및 진리를 경시하는 결과를 낳을 수 있다. 또한 근대성이 지니고 있는 구조적 문제를 실천적으로 해결하는 데 관심을 기울이기보 다는 그 문제로부터의 개인적 초월에 관심을 기울임으로써 문제를 방치하는 결과를 낳을 수 있다. 그러므로 탈근대성 이론이 사상적 측면에서 불교와 친화력을 지니고 있다 하더라도, 그것으로는 불교와 근대성의 만남이라는 경험적 현실을 적절하게 설명할 수 없다.

2) 다중적 근대성 또는 불교적 근대성

최근 사회학계에서 근대성 논의는 급속하게 다중적多衆的 근대성으로 이동하고 있다. 그것은 근대성이 비서구 사회의 문화적 전통과 종교적 세계상과 결합하면서 독특한 경로 의존성을 나타내고 있기 때문이다 (뚜웨이밍, 2006). 이는, 지구상의 모든 사회가 이른바 선진국의 발전 노선에 따라 근대화 과정을 거칠 수밖에 없다는 근대화이론의 '수렴론' 이나 모든 사회의 문화가 과학기술의 발달에 의해 동질화되고 만다는 '문화적 동질성론'과는 달리, 다양한 문화적 기원을 갖는 근대성이 존재할 수 있음을 의미한다. 다중적 근대성(Eisenstadt, 2000), 다원적 근대성(뚜웨이밍, 2006), 토착적 근대성(전성우, 2005b) 등과 같은 개념은 근대성의 종류가 하나가 아니라 여러 가지임을 보여 주려는 시도이다.

실제로 비서구 사회의 근대성은 다차원적 수준의 다양한 구성 요소로 형성되어 가고 있을 뿐만 아니라 그 구성 요소들의 결합 방식도 다양하게 나타나고 있다. 최근 종교사회학적 관점에서 일본 사회를 연구한 로버트슨은 사회에 따라서는 보편성이 특수화되고 특수성이 보편화될 수 있다고 주장하면서, 그 경험적 사례로 일본의 사회 발전을 설명하고 있다. 여기에서 로버트슨은 벨라의 일본 연구가 세계화라는 맥락 속에서 외적 요인과 내적 요인의 역동적 관계를 다루지 않았다고 비판하면서, 일본 사회 내부의 고유한 종교, 그 외부적 선택성 및 수용성, 사회 간의 관계 및 인류적 요소 등이 어떻게 역동적으로 결합하여 일본의 발전이 가능했는지를 설명하고 있다(Robertson, 1992). 이러한 설명에 따르면 일본 사회의 외부에서 수입된, 이른바 서구적 기원을 지닌 근대성조차도 일본 사회라는 다종교 사회에서는 하나의 이념적 지향, 즉 특수한 요소에 불과하다. 이러한 설명은 한국, 중국, 일본 등 다종교 사회의 사회 발전 방식과 불교의 관계를 설명하는 데도 적용될 수 있을 것이다.

오늘날 불교라는 종교문화적 기반을 지닌 사회에서 생성되고 있는 근대성은 "불교적 근대성"이라 명명할 수도 있을 것이다. 물론 동일한 이유로 유교적 근대성도 가능할 것이다. 바로 이러한 맥락에서 뚜웨이밍은 다음과 같이 주장하고 있다. "동아시아의 현대성이 내포하고 있는 것은 다원론이지 일원론이 아니다. 유교 동아시아가 전적인 서구화가 아니라 성공적이고 완전한 현대화를 실현한다면, 이는 현대화가 서로 다른 문화 형식을 취할 수 있음을 분명하게 보여 주는 사례라 할 것이다."(뚜웨이밍, 2006, 317쪽)

그렇다면 불교적 근대성은 불교와 근대성의 만남을 이해하는 데 어느 정도의 설득력을 지니고 있는가? 제2절에서 논의한 세 가지 유형들 중에서 배타적 유형을 제외한 나머지 두 가지 유형의 경우, 모든 존재의 상호 의존성을 주장하는 불교적 근대성으로 그것을 포착하는 것이 이분법적 세계관에 입각해 있는 사회과학적 시각으로 이해하려는 것에 비해 더 설득력을 지닌다. 또한 참여불교의 사례는 오로지 불교적 근대성으로만 포착되는 사례로 생각된다.

5. 만남의 전망

붓다는 모든 존재가 상의상관相依相關의 관계에 놓여 있다는 법칙, 즉 연기법緣起法을 깨달았으며, 그의 가르침을 불교라 부른다. 그러므로 불교는 모든 존재와 현상을 연기법에 입각하여 이해한다. 이를 정법주의正法主義라 한다. 연기법에 따르면 모든 존재는 무아無我인 동시에 무상無常하다. 인간도 예외가 아니다. 그러므로 만남 혹은 흩어짐은 모든 인간의 존재 조건이다. '나'조차 모종의 만남이 전제되어 존재한다. 내가 존재하기 때문에 '만남'을 경험하는 것(미망迷妄 또는 미혹迷惑)이 아니라, '만남'이 존재하기 때문에 '내'가 존재한다. 인간조차도 오온五蘊[8]의 결합물이다. 이렇게 인간은 생각하는 존재가 아니라 만나는 존재이다. 실제로 우리는 모종의 대상과 만남을 경험함

---

8) 불교에서는 우리의 구체적인 현실 존재를 해명하기 위해 갖가지 법체계를 설명하고 있는데, 그 대표적인 것이 오온설이다. 오온五蘊이란 생멸하고 변화하는 모든 것을 구성하는 다섯 가지 요소인 색色·수受·상想·행行·식識을 말한다. '온蘊'이란 팔리어 '스칸다skandha'를 번역한 말로서 적취積聚, 즉 '집합'을 의미하기도 하고 집합으로서 다른 집합과 구별되는 요소를 의미하기도 한다. 따라서 오온설은 원래 우리들 개인의 존재가 다섯 가지 요소의 집합으로 보지保持되고 형성되고 있다는 견해이다.

으로써 자신의 실존을 확인할 수 있을 뿐만 아니라 그 대상을 인지한다. 마찬가지로 모든 존재나 현상도 인간의 의지나 경험과는 무관하게 서로 만난다. 그리고 그 만남의 가능성은 시공간적으로 무한히 개방되어 있다.

동시에 인간은 특정한 시공간적 제한 속의 '만남'을 경험한다. 우리는 그 만남의 경험을 바탕으로 어떤 존재나 현상을 특정하며, 특정한 대상에 대한 우리의 인식이나 세계에 대한 상마저도 그 시공간적 조건의 제약을 받는다. 이것들은 우리의 의식은 물론 말이나 행동에 영향을 미치며, 우리의 이러한 행위는 대상에게도 영향을 미친다. 나아가 이러한 주관적 인식과 사회적 행동은 미망과 결합하여 대상에 대한 탐욕이나 증오를 유발하기도 한다. 불교는 이를 개인의 고통의 원인으로 간주한다.

그렇다면 이러한 고통을 극복하는 길은 무엇인가? 그것은 바로 자아에 대한 집착과 망상을 벗어나 연기법적 실상을 깨닫는 것이다. 인간의 실존적 삶을 고려한다면, 이것은 한 순간도 방심할 수 없는 영구 성찰의 요구와 다르지 않다. 한편 불교적 시각에서 보면 현대사회는 사회적 탐·진·치, 즉 신자유주의적 세계화나 무제한적 이윤 추구, 제국주의와 폭력, 개인주의나 이기주의에 빠져 있다. 그런데 이러한 사회적 고통으로부터 해방되기 위해서는 개인적 깨달음만이 아니라 사회적이고 집합적인 노력이 요구된다. 그리고 사회운동의 주체적 조건은 오늘날 대다수 사람들이 처해 있는 삶의 조건에 대한 역사적, 사회적 반성과 자각을 통해 형성된다.

최근 아시아의 참여불교는 이러한 노력을 집합적 차원에서 구체화하고 있다. 참여불교는 한편으로는 개인적 차원에서 탐·진·치로부터의 해방을 추구하지만 다른 한편으로는 사회적 차원의 탐·진·치로부터의 해방을 추구한다. 그러한 점에서 참여불교는 불교와 맑스주의가 성공적으로 만난 또 하나의 사례이다. 참여불교의 상징으로 알려진 태국의 술락시바락사 교수와 그에게 불교를 가르친 불교사회주의자 붓다다사 스님은 불교와 맑스주의를 모두 소화하여 자신의 실천 사상을 정립한 참여불교 이론가들이다.

이렇듯 참여불교는 불교 고유의 내적 해방의 특성과 맑스주의와 같은 근대성이 만나서 형성된 외적 해방의 성격을 동시에 갖고 있다. 이러한 참여불교는 향후 또 다시 미래의 문명사적 기획과도 만나게 될 것이며, 무아나 무상의 교리를 지니는 한, 자기 혁명성을 유지해 나갈 것이다. 참여불교 그 자체도 무상한 변화에 놓여 있는 것이다.

제4부

●

연기체 사회학을 향하여

제8장 연기체 사회학의 이론적 정초

불교와 관련된 기존의 종교사회학적 연구는 불교가 사회 변화에서 어떠한 기능을 했는가를 다루고 있다. 그 궁극적인 목적은 불교를 설명하는 데 있는 것이 아니라 사회의 변화나 다양성을 설명하는 데 있다. 불교를 둘러싸고 있는 사회의 영향으로 인해 불교가 어떻게 변화했는가를 다루고 있는 연구는 거의 없는 실정이다.

그러나 지금까지 불교는 사회로부터 많은 영향을 받으면서 다양한 형태로 변화하고 발전해 왔다. 근본불교根本佛敎에서 부파불교部派佛敎와 대승불교大乘佛敎가 분리되어 나온 일이나 대승불교 내부에서도 중국 불교, 티베트 불교, 한국 불교, 일본 불교 등이 조금씩 그 성격을 달리하는 것은 모두 불교를 둘러싼 사회 환경의 차이와 무관하지 않다. 기존의 종교사회학이 불교를 독립변수로 설정하고 사회의 다양성이나 변화를 설명하고자 한다면, 사회를 독립변수로 설정하고 불교의 다양성과 변화를 설명하고자 하는 새로운 종교사회학이 필요하다. 이를 '불교사회학'이라 규정할 수 있을 것이다. 그렇지만 그 새로움이란 불교와 사회 사이의 인과 관계를 역으로 설정한 것 이상의 의미를 지니지 못한다. 게다가 이러한 유형의 종교사회학은 이론적 차원에서 보면 특별히 새로울 것도 없다. 맑스 이래 이러한 유형의 종교사회학을 뒷받침할 수 있는 이론은 수없이 존재하기 때문이다.

불교사회학의 연구 성과가 척박한 사정을 고려하면, 그러한 작업만 으로도 그 학문적 의의를 과소평가할 수는 없을 것이다. 그러나 불교사 회학을 새로운 종교사회학으로 발전시키기 위해서는 기존 종교사회학 의 학문적 패러다임을 근본적으로 뛰어넘을 수 있는 또 다른 새로움이 요구된다.

1. 새로운 패러다임의 필요성

기존의 종교사회학적 패러다임을 근본적으로 전환시킬 수 있는 불교사 회학을 정립하기 위해서는 불교적 성격을 충실히 반영하는 새로운 패러다임을 구성하는 것이 지름길이다.[1] 종교사회학을 포함한 현대의 모든 학문은 사물이나 현상을 고정불변의 실체實體로 간주하는 서양철 학에 그 뿌리를 두고 있는 반면, 불교는 모든 사물을 오온五蘊[2]의 합, 즉 연기법緣起法적 결합체에 지나지 않는 것으로 간주한다. 그러므 로 불교에는 고정불변의 실체란 존재하지 않으며 오로지 생성, 변화, 과정만 존재할 뿐이다. 이러한 관점에 따르면 모든 사회적 현상은

---

1) 이와 관련하여 불교사회학을 Buddhist Sociology, 즉 사회현상을 불교사상 으로 재해석하는 학문으로 볼 것이냐 Sociology of Buddhism, 즉 불교를 사회학적으로 연구하는 학문으로 볼 것인가에 관한 문제가 제기될 수 있다. 그러나 여기에서는 불교사회학을 Buddhist Sociology of Buddhism라는 의 미, 즉 불교적 관점에서 불교를 사회학적으로 연구하는 학문이라는 의미로 사용한다.
2) 제7장의 각주 8)을 보라.

연기법적 결합체, 즉 '연기체緣起體'이며, 이러한 관점으로 불교사회학적 연구를 시도하는 것은 '연기체 사회학'의 가능성을 모색해 보는 것이 될 것이다.

불교적 시각에 따르면 모든 존재는 실체를 가지지 않는 무아無我이고 그래서 무상無常하다. 사회나 불교도 예외가 아니다. 불교와 사회도 무아, 즉 자기의 탈중심화를 통한 자기와 타자의 상호변용이 지속적으로 반복되는 무상한 결합물일 뿐이다. 그렇기 때문에 사회와 불교는 서로에게 영향을 미치는 독립변수로 작용하지만 서로에게서 영향을 받는 종속변수이기도 하다. 이렇듯 무상한 불교와 무상한 사회의 상호작용 관계에 관한 사회학적 연구를 위해서는 연기법적 결합체의 성격에 관심을 기울이지 않을 수 없다. 불교와 사회의 상관성만이 아니라 그러한 관계성으로 인하여 생겨나는 쌍방의 지속적인 인과 관계와 그 결과에도 관심을 기울이지 않으면 안 된다는 것이다. 그러나 지금까지 이러한 연기법적 결합체의 성격을 충분히 파악할 수 있는 종교사회학적 패러다임은 존재하지 않았다. 근대 학문의 전통을 충실하게 계승하고 있는 기존의 종교사회학은 조작적 정의를 통하여 무엇인가를 실체화하여 최소한의 고정성을 확보해야만 소기의 학문적 성과를 기약할 수 있는 운명을 지니고 있기 때문이다.[3]

불교사상 속에는 존재들 사이의 관계성, 그로 인한 쌍방의 상호 인과성의 실상, 각각의 무상한 변화 등을 연기체적 관점에서 파악할 수 있는 개념적 장치가 잘 마련되어 있다. 화엄華嚴사상의 상즉상입相

---

3) 오늘날 사회적 관계에 관한 분석을 통하여 사회현상을 설명하고자 하는 연결망 이론network theory은 관계를 강조한다는 점에서 '상즉相卽' 개념과 일부 공통점을 갖고 있지만 '상입相入'의 측면, 즉 상호 인과성을 설명하지 않는다는 점에서 '상즉상입' 개념과는 다르다. '상즉', '상입', '상즉상입'에 대해서는 제2절에서 상세히 다룰 것이다.

卽相入 개념이 바로 그것이다. 만약 상즉상입 개념의 사회학적 재해석이 이루어진다면, 그 결과야말로 연기체 사회학의 가능성 여부를 판단하는 근거를 제공해 줄 뿐만 아니라 연기체를 이해할 수 있는 새로운 패러다임을 정립하는 데 필요한 결정적인 개념적 장치가 될 것이다. 그리고 그 장치야말로 기존 종교사회학의 패러다임을 넘어서서 불교사회학을 새롭게 정립하는 계기를 마련해 줄 것이다.

2. 상즉상입 개념과 그 사회학적 해석

상즉과 상입은 사물의 총체성을 파악하고자 하는 화엄철학의 두 가지 기본 원리이다. 여기에서는 우선 상즉과 상입의 의미를 살펴본 다음, 상즉과 상입의 결합 즉 상즉상입의 총체성을 밝혀볼 것이다. 그리고 이 과정에서 기존 사회학 이론과의 비교를 통해 간접적으로 상즉상입 개념의 사회학적 재해석을 시도할 것이다.

상즉相卽은 절대와 현상의 동일성 또는 상호동일성을 의미한다. 불교는 모든 존재를 연기법적 세계관으로 파악한다. 이렇듯 모든 존재를 원인과 조건에 의하여 생성되어 가는 존재로 파악할 경우, 모든 현상적인 것은 궁극적으로는 자성自性이 없다. 자성이 없다는 것은 공空하다는 것이며, 이것이 곧 색즉시공色卽是空이다. 한편 공이 궁극적인 것이라면 공, 즉 무자성無自性이야말로 모든 것을 연기법적으로 성립시키는 근거이다[4]. 그러므로 흔히 불교에서는 "공의 이치가 있음으로써 모든 것이 이루어진다"고 하는데(김종욱, 2001), 이것이 이른바

---

4) 공의 철학적 의미는 서양철학의 이원론적 세계관을 극복할 수 있다는 데 있으며, 그러한 점에서 근대성 극복의 대안적 철학으로 떠오르고 있다. 최종석(1999)을 참조할 것.

공즉시색空卽是色이다. 결국 '색즉시공 공즉시색'이라면 공과 색, 즉 현상적인 것과 궁극적인 것은 상호동일성을 지닌다.

　이러한 상즉의 개념은 주체의 인식 지평에 따라 인식된 세계만을 실체 또는 실재로 간주하는 현상학과 유사하다. 그러나 주체나 주체의 자성적 표상마저도 공空일 뿐만 아니라 오히려 공이 존재하기 때문에 주체나 자성적 표상을 연기법적으로 파악해야 한다는 점에서는 현상학과 근본적으로 다르다. 또한 상즉의 개념은 현상을 본질의 반영으로 간주하는 각종 반영론이나 결정론, 즉 구조주의나 맑스주의 등과도 다르다. 화엄철학에 따르면, 본질 또는 궁극적인 것마저도 실체가 아닌 공이기 때문이다.[5] 그러므로 이러한 상즉의 시각에서 보면 사회명목론이 가정하고 있는 초월적 주체와 사회실체론이 가정하고 있는 행위 이면의 심층적 구조와의 관계조차도 연기법적 관계로 파악된다. 그렇다면 이 개념은 상징적 상호작용론과 유사한 그 무엇인가? 그렇지 않다. 상징적 상호작용론은 본질과 현상의 관계에 초점을 두기보다는 상징의 매개를 전제한 인간 사이의 사회적 관계에만 인식 관심을 한정시키고 있기 때문이다. 다만, 상즉의 개념보다는 상입의 개념에서 상징적 상호작용론과 유사한 그 무엇을 볼 수도 있을 듯하다.

　상입相入은 모든 존재의 상호 투영성 또는 상호 원인성을 의미한다. 이 개념은 통상, 하나의 사물도 서로 다른 계界에서는 서로 다른 실제들로 동시에 일어날 수 있음을 의미하는 동시돈기同時頓起, 그리고 그렇게 동시에 일어난 실제들이 서로 조금도 방해하거나 헤살 놓는 것 없이 서로 꿰뚫고 들어감을 의미하는 동시호입同時互入, 나아가 이러한 실제들이 서로를 포섭함을 의미하는 동시호섭同時互攝 등과 같은 하위개념

---

5) 공이 조건에 의존하여 존재한다는 것은 스스로 그리고 저절로 궁극적인 존재가 아니라는 사실을 의미한다(쿡, 1995).

으로 구체적으로 설명되고 있다.6) 쿡은 이를 다음과 같이 설명한다. "상호 투영성은 원인이 그 자체 안에 조건들을 포함하는 동시에 다른 원인의 결과 그 자체로서 그것의 특성이 다른 것에 흡수되는 그러한 상황에서 나온다. 추상적으로 부분은 전체를 포함하며 전체는 부분을 포함한다. 마지막으로 그 하나의 부분에 포함되는 전체는 이미 그 부분을 포함하는 전체이다. 그래서 법과 법의 상호 투영성은 무한히 반복된다."(쿡, 1995, 137~138쪽)

한 승려가 거울이 달려 있는 방에서 제자에게 설법하고 있었다. 거울과 승려와 제자들은 각각 진심과 부처와 인간을 상징한다. 거울은 서로 마주보고 있는 두 부류의 모습을 반사한다. 하나는 말하는 자이고, 다른 하나는 듣는 자이다. 이 현상에 참가하고 있는 사람들의 상호 관계를 서술하기 위해서, 우리는 제자의 거울 속에 있는 승려가 승려의 거울 속에 있는 제자에게 설법하고 있다고도 말할 수 있으며, 승려의 거울 속에 있는 제자가 제자의 거울 속에 있는 승려에 의해 설해진 법을 듣고 있다고도 말할 수 있다. 부처가 사람에게 설법할 때 그것은 두 가지 방식의 관계 ― 하나는 말하고 다른 하나는 듣는 ― 가 아니라, 네 가지 방식의 관계 ― 사람의 마음속에 있는 부처가 부처의 마음속에 있는 사람에게 설법하고, 부처의 마음속에 있는 사람이 사람의 마음속에 있는 그 부처의 설교를 듣는 ― 이다. (츠앙, 1998, 226~227쪽)

위의 인용문은 화엄종 제4조인 징관澄觀이 상입의 원리를 구체적인 사회적 상황에 적용하여 설명한 비유담이다. 이 비유담에는 상징적 상호작용론의 대표적인 이론가인 미드의 "I 정체성"과 "Me 정체성"의

---

6) 츠앙(1998)은 이러한 개념을 대한 구체적인 예를 들어 자세하게 설명하고 있다.

관계나 쿨리의 "경상 자아glass-looking self" 개념이 모두 포함되어 있다. 그러나 이 비유담에서 부처와 제자의 관계가 두 가지 방식이 아니라 네 가지 방식의 관계로 이루어진다는 점에서, 사회관계의 구체성이 상징적 상호작용론보다 훨씬 구체적이다. 또한 이 비유담은 존재론적으로 사람 마음속의 부처와 부처 마음속의 사람이 서로를 방해하지 않고 상입한다고 전제하고 있다는 점에서, 공통분모로서의 상징과 그 의미의 공유를 전제하고 개인들 사이의 관계를 이해하려는 상징적 상호작용론에 비해 보다 근원적인 측면을 포함한다.

상즉과 상입이 결합하여 상즉상입相卽相入이 되면, 화엄철학의 총체성은 여실히 드러난다. 화엄종 제3조인 법장法藏은 『화엄일승교 의분제장華嚴一乘敎義分齊章』의 마지막 부분에서 건물과 건물의 부분들과의 유비를 통해서 상즉과 상입을 종합시킨다. 여섯 가지 특성들의 완전한 상호 투영성인 육상원융의六相圓融義에 관한 설명이 그것이다.

육상원융의의 요체를 간략하게 살펴보면 다음과 같다. 첫째, 보편성, 즉 총상總相이란 하나가 많은 성질을 포함한다는 것으로서, 건물의 유비에서는 건물이 총상에 해당한다. 둘째, 특수성, 즉 별상別相이란 많은 성질들이 동일하지 않다는 것으로서, 서까래와 같은 모든 조건들을 가리킨다. 만약 그것들이 부분이 아니라면 그것들은 전체를 형성할수 없다. 동시에 그러한 부분들은 전체를 통해서 부분이 된다. 셋째, 동일성, 즉 동상同相이란 우주를 구성하는 많은 부분들은 하나의 보편자를 구성한다는 점에서 동일하기 때문에 각기 다르지 않다는 것으로서, 서까래와 같은 다양한 조건들이 모여서 건물을 만드는 것이다. 그것들은 조건들로서 차이가 없기 때문에 모두 건물의 조건들이라 불린다. 넷째, 차이성, 즉 이상異相이란 각 요소가 어떤 다른 요소의 표준에서 볼 때 다르다는 것을 의미하는 것으로서, 서까래와 같은 다양한 조건들이 그것들 자신의 다양한 종차 때문에 서로 다르다는 것이다. 다섯째, 통합성, 즉 성상成相이란 상호 의존적 생성의 총체성이 이러한 요소들의 조합의 결과로 구성됨을 의미하는 것으로서, 건물이 다양한 조건들의 결과로 형성되기 때문에 서까래와 같은 다른 부분들은 조건들이다. 여섯째, 해체성, 즉 괴상塊相이란 각 요소가 그 자신의 특성을 가진 개별자로서 존재한 그대로 남아 있으면서 그 자신의 본성에서 혼란되지 않는 것을 의미한다. 그러므로 서까래와 같은 각자 의 다양한 조건들은 그 자신의 분리된 특성을 가지고 문자 그대로 건물을 형성하지 못한다.(쿡, 1995 참조.)

이러한 육상원융의는 본질인 체體, 현상인 상相, 작용인 용用의 차원으로 다시 축약할 수 있다.

보편성(총상) ↔ 특수성(별상) : 본질(체)
동일성(동상) ↔ 차이성(이상) : 현상(상)
통합성(성상) ↔ 해체성(괴상) : 작용(용)

그런데 상즉상입이란 어떤 현상을 본질과 작용의 관점에서 설명하는 것이다. 상즉은 본질의 관점에서, 상입은 작용의 관점에서, 모든 현상이 밀접한 관계에 있음을 지시한다. 그리고 상즉과 상입, 체와 용의 관계를 보면, 상즉이 존재론적 구조의 측면이라 한다면 상입은 존재의 현상적 전개 및 작용의 측면과 관계된다고 할 수 있다. 물론 체와 용 양자는 서로 불가분의 관계로 원래 하나이다. 따라서 (용은 체의 용으로 보아) 체를 중심으로 하면 상즉만 있고, (체는 용의 체로 보아) 용을 중심으로 하면 상입만이 있게 된다(조윤호, 2001). 예를 들어 상즉의 측면에서 보면, 자연수 1이 없으면 2, 3 등 모든 자연수도 있을 수 없으며, 2, 3 등이 상정되지 않고는 1이라는 수가 성립할 수 없다. 또한 2, 3 등의 수가 있으면 거기에는 반드시 1이라는 수가 전제되어 있으며, 1이 있으면 반드시 2, 3 등의 수도 이미 상정되어 있다. 결국 일一 즉卽 다多이고 다多 즉卽 일一이다. 그러나 사물이나 사건의 작용성과 관련된 상입의 측면에서 보면, 한 조건[一]이 힘을 가지면 다른 것들[多]은 힘을 잃고 그것에 포용되어 들어가[入] 그 조건에 따라 작용성이 결정된다. 거꾸로 다른 조건들이 힘을 가지면 일一은 힘을 잃고 다多에 녹아들어 간다.[7]

  사물이나 사건들 사이의 상즉상입의 상태를 가장 극명하게 보여 주는 것이 바로 사사무애법계事事無碍法界이다. 사사무애법계는 사법계事法界와 이법계理法界와 이사법계理事法界 다음에 오는 법계 연기緣起의 궁극적 단계이다. 여기에서 사법계란 사건과 사물이 서로 다른 독립된 대상으로 드러나는 차이성의 세계이고, 이법계란 사건과 사물 이면의 추상적인 보편 원리理가 발견되는 동일성의 세계이며, 이사무애법계理事無碍法界란 원리에 의해 사건이 이루어지고[依理成事] 사건을 통해 원리가 드러나는[事能顯理] 차이성과 동일성이 공존하는 세계를 말한다. 이에 비해 사사무애법계란 사건과 사건이 완전히 자재自在하고 융섭融攝하는 총체성의 세계이다. 여기에서는 차이가 차별로 되지 않고 각자의 고유성이 발휘되면서도 전체와의 조화를 이룬다. "마치 인드라망[8]의 구슬 그물에서 각각의 구슬들 속에 모든 구슬들이

---

7) 상즉상입에 대한 이러한 구분과 그 구체적 사례는 조윤호(2001, 169~170 쪽)에 따른 것이다.

8) 인드라Indra는 인도의 수많은 신 가운데 하나이며 한역하여 제석천帝釋天이라고 하는데, 수행을 외호外護하는 신으로 알려져 있다. 바로 이 제석천의 궁전에 투명한 구슬로 만들어진 그물, 즉 인드라망網이 드리워져 있다. 그 물코마다 투명 구슬에는 우주삼라만상이 휘황찬란하게 투영된다. 삼라만상이 투영된 구슬들은 다시 다른 구슬들에 투영된다. 동시에 겹겹으로 서로 서로 투영되고 서로서로 투영을 받아들인다. 총체적으로 무궁무진하게 투영이 이루어진다. 불교의 연기법적 세계관이 이와 같다. 이 세상 모든 법

반사되어 나타나고, 거울로 둘러싸인 방에서 모든 구슬들이 각각마다 불상 특유의 모습을 빠뜨리지 않고 모두 반사하고 있는 것과 같다. ······ 이곳에서는 하나의 사물은 고립된 부분이 아니라 전 우주와 관계망 속에서 그 우주 전체를 반영한다. 이를 한마디로 일중일체다중일(一中一切多中一)이라 한다." (김종욱, 2001, 85쪽)

　　상즉상입의 원리에 따라 사건이나 사물을 이해할 경우, 인간과 사회가 각각 자율적인 독립성을 유지하면서도 상호 융섭하는 관계에 놓이며, 불교와 사회의 관계 역시 마찬가지이다. 또한 상입의 원리에서 보면, 자율적 주체의 행위에 강조를 두면 이면의 심층적 구조가 가려지게 되고 이면의 심층적 구조를 강조하면 자율적 주체의 행위가 가려지게 된다. 그러므로 상즉상입의 관점에서 보면, 유물론적 환원이나 모순 및 대립과 그 지양의 과정을 통해 역사를 설명하는 변증법의 기본 틀을 내포하고 있는 모든 맑스주의 이론과 사회갈등론의 한계도 잘 드러난다. 또한 상즉상입의 원리에서 본다면, 사회명목론이나 사회실체론은 각각의 실상의 한 측면을 설명하는 대가로 다른 한 측면을 사상하는 한계를 분명히 드러낸다. 심지어 사회적 상호작용론의 경우에 논의의 초점을 인간 사이의 사회관계에만 맞춤으로써 사회구조, 각종 제도, 자연 등과 인간의 관계가 사상되는 한계를 초래한다. 마찬가

이 하나하나 별개의 구슬같이 아름다운 소질을 갖고 있으면서 그 개체성을 유지하고 있지만 결코 그 하나가 다른 것들과 떨어져 전혀 다른 것으로 존재하는 것이 아니며, 다른 것 모두와 저 구슬들처럼 서로서로 그 빛을 주고받으며 떼려야 뗄 수 없는 하나를 이루고 있다는 것이다. 이 연기법의 진리를 『화엄경』에서는 화장세계품華藏世界品을 비롯한 여러 부분에서 인드라망이라는 비유로 설명하고 있다. 그물눈 하나하나의 그 모든 구슬들이 이중삼중으로 빛을 반영하고 있는 장엄한 광경을 중중무진重重無盡이라고 한다.

지로 불교를 독립변수로 설정하고 사회의 변화나 다양성을 설명하는 기존의 '종교사회학'이나 사회를 독립변수로 설정하고 불교의 변화와 다양성을 설명하는 '불교사회학'도 각각 하나의 측면을 설명하는 바로 그 순간 다른 실상을 사상하는 결과를 낳게 되는 한계를 지니게 된다. 이는 각각의 존재가 그 독립성(또는 자체의 연기성)을 유지하면서도 다른 존재와 상즉상입하는 과정을 드러낼 수 있는 학문이 필요함을 의미한다. 여기에서는 이를 "상즉상입의 불교사회학"이라 명명하고자 한다.

3. 상즉상입의 불교사회학의 학문적 성립 요건

1) 상즉상입의 불교사회학의 연구 대상

기존의 사회학은 크게 볼 때, 연구자의 인식 관심과 연구 방법론의 적용 가능성이나 용이성이라는 두 가지 제한 속에서 연구 대상을 설정하는 경향을 보여 왔다. 이 두 가지 제한에 의해 연구 대상의 설정 그 자체에서부터 배제되는 것도 많았다.

이러한 사실은 불교사회학의 연구 대상에 대한 사회학적 연구 성과가 전무하게 된 이유와 무관하지 않다. 한국의 근대화 및 서구화의 과정은 철저하게 한국의 전통적인 종교나 사상, 그리고 그러한 사상과 관련된 각종 공동체적 구속성에 대해 부정적인 이미지를 강화시켰을 뿐만 아니라 그러한 종교나 사상을 한국 사회의 온갖 부정적인 사회현상이나 사건의 주범이거나 공범으로 간주했다. 그리고 이러한 인식은 오늘날까지도 한국인의 의식의 심층에서 작용하고 있다. 한국 사회의 많은 사회학자들의 지적 관심도 이러한 상황으로부터 자유롭지 못한 듯하다.[9]

다른 한편, 지금까지도 한국의 사회학은 자생적 전통을 갖지 못한 채 서구에서 수입한 학문에 의존하고 있기 때문에 서양철학의 기반 위에서 생성된 근대 학문의 연구 방법론이 사회학 연구 방법론의 패러다임으로 굳어져 왔다. 그리하여 상즉상입의 세계[10], 즉 내면적 수양에 의해 개발된 고도의 직관에 의해 비로소 관찰되는, 특히 하나가 드러날 때 다른 하나는 감추어지는 현상을 극복하고 쌍방이 '동시에 그리고 여실히' 드러날 수 있는 안목을 갖출 때 비로소 인식되는 세계는 비학문적, 비과학적 영역으로 밀려나게 되었다.

이렇게 배제된 연구 대상을 학문적 연구의 대상으로 다시 설정하기 위해서는 상즉상입의 원리가 요구된다. 상즉상입의 원리는 하나의 측면이 드러나면 다른 하나의 측면은 감추어지는 사실을 극복하는 데 가장 적합한 원리이다. 상즉상입이란 드러나는 바로 그 순간에, 모든 무수한 저것들이 아무런 방해나 걸림이 없이 동시에 그리고 은밀히 세워지게 하는 원리이기 때문이다. 앞서 말한 징관은 『화엄현담華嚴玄談』의 은밀현료구성문隱密顯了俱成門에 관한 주석서에서 이렇게 설명한다.

매월 여드레 날 쯤에는 달[月]의 반은 빛나고 다른 반은 어둡다. 바로 그 밝은 부분의 나타남이 긍정된다고 해도 숨겨진 부분의 존재가 부정되는 것은 아니다. 마찬가지로 어떤 것의 현현은 늘 같은 것의, 현현되지 않거나

---

9) 2000년 후기사회학대회에 참석하여 불교의 사회사상을 발표하고 토론하는 자리에서, 필자는 어떤 저명한 사회학자로부터 불교는 미신이 아니냐는 질문을 받은 바 있다. 한국 사회에서 미신은 곧 전근대성을 상징하는 부정적인 표현임을 고려하면, 이 질문에는 불교에 대한 부정적인 편견이 내포되어 있는 셈이다.

10) 홍승표(2002)는 세계를 이러한 방식으로 인식하는 세계관을 "통일체적 세계관"이라 명명하고 있다.

감춰진 부분의 존재를 암시하고 있다. 달의 밝은 부분이 드러나는 순간에 어두운 부분 또한 은밀히 그 자신을 세우는 것이다. 이것이 이른바 '감춰짐과 드러남이 동시에 은밀히 세워지는 문'(음밀현료구성문)이라고 하는 이유이다. (츠앙, 1998, 228쪽)

이 인용문은 드러남과 감춰짐이 동시에 드러나도록 하는 원리가 바로 화엄철학의 요체인 상즉상입을 통해 가능함을 잘 표현하고 있다. 이렇게 상즉상입의 원리는 불교사회학 그 자체를 사회학의 하나의 영역으로 만드는 원리로 작용한다. 나아가 이 원리에 입각할 때, 우리는 불교사회학의 구체적인 연구 대상을 무수하게 추출해낼 수 있다.

무엇보다도, 상즉상입의 원리는 기본적으로 어떤 사건이나 현상들 사이의 관계에 관심을 갖도록 촉구하고 있다. 이러한 점에서 상즉상입의 원리는 인간과 사회의 관계를 다루는 사회학 일반이나 사회와 종교의 관계를 연구하는 종교사회학의 전제를 공유하고 있으며, 사회적 관계를 통해 사회현상을 설명하려는 연결망 이론의 가정과 유사하다. 그러나 상즉상입의 원리에 입각한다면, 그동안 사회학 및 종교사회학의 연구 대상에서 배제되었던 다양한 현상이나 사건들이 우리의 인식 관심 속으로 들어온다. 상즉상입의 원리는 불교와 사회의 경우와 같이 지속적으로 변화하는 두 집합체 사이의 관계를 넘어서서 그 둘 사이의 상입의 과정 그 자체를 연구 대상으로 설정할 수 있도록 한다. 승가 공동체야말로 그 대표적인 연구 대상이다.

다음으로 상즉상입의 원리는, 기존의 사회학에서는 각기 다른 시각으로 접근하지 않을 수 없었던 현상들 사이의 복합적이고 중층적인 현상을 하나의 사유 체계 속에서 이해할 수 있는 인식 틀을 제공해준다. 오늘날 한국 사회는 전근대성, 근대성, 탈근대성 등이 착종되어 있을 뿐만 아니라, 전통적 행위나 감정적 행위가 합리적·합법적 행위와 복잡하게 얽혀 있다. 이성적 판단에 기초한다는 근대 학문에서는 이렇게 착종된 현상을 개별자로 분리하여 분석하고 설명해 왔을 뿐 그 전체를 총체적으로 해명하지는 못했다. 그러한 문제점으로 인해, 기존의 학문 활동에서는 하나의 개별자가 강조되는 동안 다른 하나는 배제되거나 경시되었고 나아가 하나가 긍정되는 동안 다른 하나는 부정되는 결과가 초래되었다. 이러한 부당한 일을 피하려면, 근대과학 에서는 비과학적인 것으로 간주했던 상즉상입의 총체성을 학문의 대상으로 설정하지 않을 수 없다.

2) 상즉상입의 불교사회학의 연구 방법

상즉상입의 불교사회학의 연구 방법은 무엇보다도 총체성을 하나의 사유 체계로 설명할 수 있는 구체적인 방법이다. 상즉상입의 원리는 관계의 측면(體의 측면)과 행위의 측면(用의 측면)의 결합을 의미하기 때문에, 상즉상입의 원리는 모든 현상을 구조의 측면과 행위의 측면으로 동시에 이해할 것을 요구한다.

　그 대표적인 사례로 중도中道라는 개념을 들 수 있다. 이른바 중도의 길로 알려진 팔정도八正道의 내용, 즉 정견正見, 정사유正思惟, 정어正語, 정업正業, 정명正命, 정정진正正進, 정념正念, 정정正定에서 정正은 모두 상의상관적 관계를 전제하는 동시에, 정正이 수식하는 것, 즉 보는 것, 생각하는 것, 말하는 것 등은 행위, 곧 업業과 관계된다. 불교의 중中의 개념이 이러한 관계성과 관련이 있다는 점(사사키겐준, 1992)과 도道는 바른 원리의 실천행實踐行과 관련이 있다는 점[11]을

---

11) 불교에서 팔정도는 사성제四聖諦를 이해하고 깨달음에 도달하려는 사람이 수행해 나가는 길을 의미한다. 이러한 점에서 팔정도는 거룩한 길 또는 바른 길로 일컬어지고 있다. 최종석(1999)을 참조할 것.

고려하면, 불교의 행위 원리인 중도의 개념 그 자체가 이미 구조와 행위의 결합을 의미한다. 이러한 원리는 『육방예경六方禮經』에서도 잘 드러난다. 『육방예경』에는 인간의 사회생활 및 질서와 밀접하게 연관되어 있는 여섯 가지 기본적인 사회관계가 등장하는데, 부자관계, 부부관계, 사제관계, 붕우관계, 고용주와 피고용주의 관계, 종교인과 재가신도의 관계 등이 그것이다. 이 경전은 각 관계마다 쌍방의 두 행위 주체가 어떤 행위를 어떻게 하는지를 담고 있다.[12] 이렇게 불교는 본질적으로 인간 사회의 사회현상이나 질서를 관계와 행위의 불가분의 결합, 즉 상즉상입의 시각에서 파악할 것을 요구한다.

다음으로 상즉상입의 원리는 기존의 사회과학 방법론에서는 상호 별개의 원리인 것처럼 활용되어 왔던 개별적 방법들을 결합시킴으로써 대상에 대한 설명력을 한층 높이는 논리적 근거를 제공해 주고 있다. 즉, 상즉상입의 총체성의 원리는 사회과학 방법론상의 대립자들의 결합, 즉 경험과학적 방법과 직관적 방법의 결합뿐만 아니라 양적 방법과 질적 방법의 결합이 한층 설명력을 높일 수 있음을 시사해 주고 있다.

붓다는 진리의 판단 기준으로 경험과학적 측면과 초경험적 측면을 모두 제시했다. 경험과학적 측면을 가장 잘 보여 주는 사례로는 칼라마스Kalamas 사람들에 대한 충고를 들 수 있다.

당신들 칼라마스인 스스로를 성찰해 보십시오. 전해 들은 이야기나 전통이나 풍문에 의해 판단하지 마십시오. 단순한 논리나 추론에 근거하여 판단하지 마십시오. 추론이나 논리의 근원을 고찰해 본 이후이더라도, 또는 어떤

---

12) 이는 두 행위자 사이의 관계가 일방적인 관계가 아니라 쌍무적인 관계임을 시사한다. 유교의 오륜五倫이나 오늘날의 수직적 인간관계 등과 비교해 볼 때, 『육방예경』은 불교적 인간관계의 독특성을 잘 나타내주고 있다.

관점에 대해 성찰해 본 이후라도, 그리고 그러한 관점을 수긍한 이후라도 말입니다. 또한 그러한 관점이 사태의 진전에 부합하더라도, 그리고 그러한 관점을 지지하는 수행자가 당신들의 스승이더라도 말입니다. 그러나 당신들이 당신들 자신을 알게 될 때, 즉 이러한 것들은 좋은 것이 아니며, 이러한 것들은 잘못된 것이며, 이러한 것들은 지성적 기준으로 볼 때 비난받을 것이며, 이러한 것이 실행되면 손실이나 슬픔으로 귀결될 때, 바로 그때 당신들은 이러한 것들을 받아들이지 말고 거부하십시오. (Ratnapala, 1992, p. 7)

이 인용문에 언급된 충고의 내용은 한마디로 자신의 삶에서 축적된 경험 자료를 진리 판단의 근거로 삼으라는 것이다. 이것을 자등명 自燈明이라 한다. 그러나 그것이 유일한 척도는 아니다.

비구들이여, 다음의 4대 교법을 설하고자 하니 잘 듣고 기억하기 바란다. 비구들이여, 어떤 비구가 "나는 이것을 세존으로부터 친히 듣고 직접 가르침을 받았다. 그러므로 이것이 바른 법이고 바른 율이다. 이것은 스승 '불타의 가르침이다."라고 할는지 모른다. 이 경우, 비구들이여, 저 비구가 말하는 그대로 기뻐하고 받아들여서는 안 된다. 또한 바로 이것을 배척해서도 안 된다. 곧바로 찬성하거나 반대하지 말고 그 말을 잘 이해해서 경을 대조해 보고 율을 참조해 보아야 한다. 그래서 만약 그것이 경과 율에 합치되지 않는다면 '이것은 세존의 말씀이 아니다. 저 비구가 잘못 받아들인 것이다.'고 하는 결론이 얻어질 것이다. 이런 경우 그 설을 버려야 한다. 그러나 경이나 율을 참조해서 그것이 경이나 율에 합치한다면 '이것은 확실히 세존의 말씀으로 저 비구는 바로 이해한 것이다'고 하는 결론을 얻을 것이다. …… 이것이 제1의 대교법이다.
다음에 비구들이여, 어떤 비구가 "나는 이것을 학덕이 뛰어난 장로와 박식한 비구들이 있는 교단으로부터 직접 듣고 가르침을 받았다. 그러므로 이것은 바른 법이고 바른 율이다. 이것은 스승의 가르침이다."고 말할는지도 모른다. 이 경우, 비구들이여, 저 비구가 말하는 것을 그대로 기뻐하고 받아들여 서는 안 된다. 또 바로 그것을 배척해서도 안 된다. 곧바로 찬성하거나 반대하는 것이 아니라 그 말을 잘 이해하고 경을 대조해 보고 율을 참조해 보아야 한다. …… 이것이 제2의 대교법이다.

다음에 비구들이여, 어떤 비구가 "나는 이것을 박식하고 경험이 풍부한 장로 비구들로부터 직접 듣고 가르침을 받았다. 그러므로 이것은 바른 법이고 바른 율이다. 이것은 스승의 가르침이다."고 말할는지도 모른다. 이 경우, 비구들이여, 저 비구가 말하는 것을 그대로 기뻐하고 받아들여서는 안 된다. 또 바로 그것을 배척해서도 안 된다. …… 이것이 제3의 대교법이다.

다음에 비구들이여, 어떤 비구가 "나는 이것을 박식하고 경험이 풍부한 한 사람의 장로 비구로부터 친히 듣고 직접 가르침을 받았다. 그러므로 이것은 바른 교법이고 바른 율이다. 이것은 스승의 가르침이다."고 말할는지 도 모른다. 이 경우, 비구들이여, 저 비구가 말하는 것을 그대로 기뻐하고 받아들여서는 안 된다. 또 바로 그것을 배척해서도 안 된다. …… 이것이 제4의 대교법이다. (여익구, 1985, 46~47쪽에서 재인용)

이렇듯 붓다는 법을 담고 있는 경經과 율律만이 어떤 가르침이 올바른지 또는 그렇지 않은지를 결정하는 척도로 사용되어야 한다고 설하기도 했다. 이는 우리의 경험 세계를 초월한 보편적 기준, 즉 법과 율이 존재함을 의미한다. 이것이 곧 법등명法燈明이다.

이와 같은 방법론적 특성만으로도 상즉상입의 방법론이 기존의 사회학 방법론에서 경시하거나 배제해 왔던 몇 가지 측면들을 새롭게 강조하고 있음을 알 수 있다. 무엇보다도 상즉상입의 방법론에서는 연구자 자신이 중도의 이치나 연기의 원리를 체득하고 있어야 할 뿐만 아니라 사건들 속에서 총체성을 보는 직관을 가져야 하기 때문에, 연구 대상의 선택에서만이 아니라 연구 과정 자체에서도 연구자 자신의 내적 수행의 정도가 상당한 영향을 미친다. 또한 '법등명 자등명'이 시사하듯이, 진리 판단에 활용되는 자료는 경험과학적 자료만이 아니라 불교의 경과 율 등 문헌 자료 등이 모두 요구되며, 항상 이들을 대조하여 사용해야 한다.

4. 상즉상입의 불교사회학의 의의와 문제점

일찍이 황성모는 「사회과학의 토착화」라는 글에서 사회과학의 주체성이 확립되어 있지 않은 상태에서의 토착화란 "화化"라는 보편성을 강조하든 "토착"이라는 특수성을 강조하든 모두 무의미하다고 지적한 바 있다(405쪽). 이어서 그는 학문의 수입 이전에 학문 또는 학문하는 사람의 주체성이 먼저 확립되어 있어야 한다고 주장했다. '우리가 어떻게 학문의 주체성을 확립할 것인가?'는 중요한 문제이다. 이에 대해 황성모는 모든 비과학적 권위주의를 극복할 수 있는 과학 방법론적 보장이 선행되어야 한다고 주장한다. 이는 매우 중요한 하나의 전제 조건이며, 그런 다음에는 한국인의 사회적 삶 및 한국 사회의 현상을 설명하는 데 적합한 독창적인 이론을 개발해야 할 것이다. 최소한 불교와 사회의 관계라는 한국 사회의 현상을 설명하는 데 적합한 독창적인 이론을 개발하기 위해서는 무엇보다도 불교에 대해 먼저 이해하는 것이 요구된다. 국민의 약 1/4가 불교에 기대어 자신의 삶의 내적 의미를 추구하고 있는 오늘날의 상황에서 불교사상을 독창적 이론 개발의 자원으로 개발할 필요가 있을 것이다. '상즉상입의 불교사회학'은 그 시론이다.

1) 상즉상입의 불교사회학의 의의

베버에 따르면, 사회적 행위는 상호 주관성 또는 타인 지향성이라는 특성을 지닌 행위이다. 여기에서 타인이란 대자적 개인일 수도 있고 익명의 다수일 수도 있으며, 또 시간적으로도 과거, 현재, 미래를 포용한다. 타인 지향성을 베버는 "기대의 기대 상황"이라고 부르기도 한다. 즉 나는 타인의 특정한 행동 의도를 기대하면서 내 행위를 수행하며, 동시에 나는 타인이 나의 이러한 기대를 기대하고 있음을 알고 행동한다. 바로 이러한 기대의 기대 상황이 규범적 구조를 형성한다(전성우, 1996, 89쪽). 그렇다면, 특정한 사람 A는 어떻게 타인 B의 행위를 기대할 수 있는가? 그것은 A 안에 이미 B가 존재하고 있고 그래서 자신 속의 B와 대화할 수 있었기 때문이다. 이와 동일한 상황이 B에게도 일어난다. 그리고 이러한 기대의 기대, 즉 규범 구조 속에서 이루어지는 관계를 우리는 사회적 관계라 부른다.

우리는 제2절에서 징관이 바로 이와 동일한 사회적 상황을 설정하여 '상즉'을 설명했음을 검토한 바 있다. 스승과 제자는 설법을 하고 설법을 듣는 관계이지만, 동시에 스승은 자신이 지니고 있는 거울 속의 제자에게 설법하고 제자는 자신의 거울 속의 스승으로부터 설법을 듣는다. 결국 스승과 제자의 대화는 단순히 개인과 개인 사이에서만 일어나는 것이 아니라 거울, 즉 내면의 규범 구조를 매개로 일어난다. 그런데 이 내면의 규범 구조 속에서는 타자로부터 대상화된 자신과 자신으로부터 대상화된 타자가 등장하기 때문에, 제자에게 설법하는 스승은 동시에 또는 이미 자기 자신과, 타자와, 사회와, 심지어는 법dharma과의 대화에 참여하고 있다. 설법을 듣는 제자의 경우도 이와 같다.

이렇게 본다면 세상에서 발생하는 모든 현상이나 사건은 상즉의 관계에 놓이게 된다. 뒤집어서 말하면, 상즉의 원리에 따를 때 비로소 사회적 관계와 사회적 행위는 개인과 개인 사이에서만 일어나는 것이 아니라 모든 사건이나 사물들 사이의 관계에서도 발생할 수 있음이 확연히 드러난다. 그리고 바로 이러한 점에서 상즉의 원리는 사회학의 상징적 상호작용론의 범위를 넘어서 있다. 그러나 만약 인간과 인간, 인간과 사회, 사회와 사회 사이의 사회적 행위와 사회적 관계를 연구하는 학문을 사회학이라 한다면, 상즉의 원리는 이미 사회학적 함의를 충분히 내포하고 있다고 할 수 있다.

다음으로 '상입'의 원리는 하나가 드러날 때 다른 하나는 감추어지는 현상을 극복하고 그러한 쌍방이 동시에 그리고 여실히 드러나게 하는 원리이다. 이 원리는 그동안 억압되었거나 배제되었던 대상이나 현상들을 우리의 인식 관심의 범주 속으로 다시 편입시키는 역할을 수행한다. 나아가 상입의 원리가 갖는 의의는 단순한 복원의 차원을 넘어선다. 제8장 제2절에서 언급한 바 있듯이 구조주의나 기존의 비판이론과는 달리, 상입의 원리는 실체를 인정하는 실체론이 아니라 과정론이다. 오늘날 한국 사회의 학문 지평에서 볼 때, 이는 그 자체로 서양철학과 그에 기초하여 정립되는 근대 학문을 전복시키는 일종의 반역이다. 이렇게 볼 때, 상입의 원리는 단순히 불교사회학적 연구 대상과 방법을 복원시키는 것을 넘어서 있다. 오히려 오늘날 한국의 학문적 지평에서 볼 때는 상입의 원리는 근원적 비판이론인 동시에 폭로를 넘어서서 질곡의 지양이라는 실천적 함의를 지니고 있다.

이상의 두 가지 원리가 결합된 것이 '상즉상입'의 원리이다. 관계성의 원리와 상호 인과성의 원리가 결합하여 총체성의 원리를 이루게 된 것이다. 육상六相이 원융圓融하는 원리를 드러내고 있는 상즉상입의 원리는 사건이나 사물들이 지닐 수 있는 모든 특성들을 담아내고 있다. 이러한 점에서 상즉상입의 원리야말로 완벽한 총체성의 원리라 할 수 있을 것이다. 그러나 또한 여기에 상즉상입의 원리가 갖는 문제점이 놓여 있다. 그리고 상즉상입의 원리에 따르면 장점은 동시에 이미 단점을 내포하고 있다. 이러한 원리는 상즉상입의 불교사회학 그 자체에도 적용된다.

2) 상즉상입의 불교사회학의 문제점

『화엄경』은 석가모니의 출가수행이라는 구체적인 사실을 기본 모티프로 삼아 그가 도달한 정신세계 및 그 경지에서 확인된 세계를 묘사하고 있다(조윤호, 2003, 196쪽). 다시 말하면, 상즉상입의 원리에 의해 포착되는 세계는 완전한 세계인 동시에 완전한 자, 곧 깨달은 자만이 인식할 수 있는 세계이다. 그러나 또는 그렇기 때문에 이러한 세계를 가시적으로 보여 주려는 학문적 노력은 두 가지 상반된 가능성과 그로 인해 의도하지 않은 결과를 초래할 가능성이 매우 높다. 하나는 지독한 엘리트주의를 조장할 가능성이고 다른 하나는 범부들의 지나친 낙관주의나 기복祈福주의를 낳을 가능성이며, 그리고 이 두 가지 요소들이 결합하면 의도하지 않은 결과로서 체제 유지 이데올로기로 작용할 가능성이 있다.

불교는 본질적으로 엘리트주의적 경향을 내포한다. 이 세계는 본질적으로 고통의 세계인데 그러한 세계로부터 벗어날 수 있는 사람은 극소수에 불과하기 때문이다. "사람들 가운데 극소수 사람들만이 강을 건너가려고 하고, 나머지 사람들은 강둑에서 이리저리 뛰어다닐 뿐이다."(Ratnapala, 1992, p. 34) 상즉상입의 세계 역시 고도의 수행을 통하여 무애無碍의 정신적 경지에 도달한 자만이 인식할 수 있는 세계이다. 실제로 『화엄경』「입법계품」은 석가여래에 의해 인식된 세계를 법계

法界로 표현하는데, 이 법계는 연기법적 세계로서 관계성의 세계이며 따라서 모든 것은 아무런 장애 없이 상즉상입의 관계로 존재한다(조윤호, 2003, 197쪽). 이렇게 상즉상입의 세계는 석가여래가 깨달은 경지를 인식할 수 있는 정신적 경지에 도달한 사람만이 인식할 수 있는 세계이며, 이러한 점에서 상즉상입의 원리를 학문적 원리로 도입하는 것은 엘리트주의 경향을 조장하는 결과를 초래할 가능성을 항상 내포하게 되는 것이다.

그렇다면 그러한 정신적 경지에 도달하지 못한 사람들은 『화엄경』이 가시적으로 제시해 주고 있는 상즉상입의 세계를 어떻게 인식하는가? 대부분의 범부들은 저 언덕으로 건너가지 못한 채 이 세상을 전부로 인식하면서 살아가는 사람들이다. 그런데도 그들은 석가여래가 도달한 상즉상입의 세계를 이 세계의 본래 모습으로 착각할 가능성이 매우 크다.

조윤호(2003)는 한국을 포함한 동아시아의 불교문화나 화엄사상이 '즉卽의 논리'를 무분별하게 적용함으로써 이러한 가능성을 부추기는 결과를 초래했을 뿐만 아니라 나아가 낙관주의와 현실 긍정적 태도를 강화했다고 주장한다(213~215쪽). 이러한 엘리트주의 경향과 낙관주의 경향은 모두, 의도하지는 않았다 하더라도 사회 현실에서 발생하는 대립이나 갈등과 그 해결을 위한 실천적 노력에 눈을 감거나 무관심하도록 유도하는 효과를 갖는다는 것이다. 또한 이 두 가지 경향이 서로 작용한 결과, 평신도들은 『화엄경』에 의해 제시된 상즉상입의 이상적인 세계가 자신이 살고 있는 이 세상임을 믿게 되거나 이상적인 삶을 실현시킬 수 있는 수단에 지나치게 집착하게 된다.

이러한 것이 기복 신앙의 원인으로 생각된다. 이러한 현상도 의도하지 않은 결과이다. 왜냐하면 원래 불교는 이 세상을 고苦로 파악하고 자신의 노력을 통한 고의 극복을 지향하고 있기 때문이다. 그러나 문제는 그 결과가 특정한 체제나 현실의 유지에 봉사하는 효과를 갖거나 평신도들의 기복적인 종교 관행으로 귀결된다는 데 있다. 이렇게 된다면, 상즉상입의 불교사회학은 '민중의 아편'이라는 의도하지 않은 결과를 낳게 될 것이다.

이러한 위험성을 고려할 때, 상즉상입의 불교사회학에서 도입한 상즉상입의 원리는 이 세상에는 존재하지 않는 일종의 이념형임을 명심할 필요가 있다. 그러므로 상즉상입의 원리 그 자체를 미화하거나 신비화하는 것은 이 글의 의도에서 근본적으로 벗어나는 것이다. 따라서 상즉상입의 원리는 하나의 이념형으로서 불교사회학을 새롭게 정립하는 데 필요한 도구 이상의 의미를 지니는 것이 아님을 분명히 해 두어야 한다. 또한 상즉상입의 총체성의 원리를 집단 중심주의적 일체성을 강조하는 원리로 이해하거나 전체주의 이데올로기로 오해해서는 안 될 것이다. 왜냐하면 상즉과 상입은 이미 개체의 자율성을 전제하고 있기 때문이다.

물론 상즉상입의 불교사회학은 본질적인 문제를 남겨 두고 있다. 지금까지의 이론적 논의와 별도로, 상즉상입의 불교사회학이 경험적 연구에 적용 가능하다는 것을 보여 주어야 하는 문제가 남아 있다. 이 문제를 해결하기 위해서는 많은 경험적 연구의 축적이 불가피하다. 이어지는 두 개의 장에서는 상즉상입의 불교사회학에 포함될 수 있는 두 편의 경험적 연구를 시도하고자 한다.

제9장 한국 불교와 사회제도의 연기체

이 장에서는 해방 이후 남한 사회가 경험한 토착적 현대성의 특수성을 전통 종교인 불교와 관련하여 이해함으로써 우리 사회 현대성의 바탕에 깔려 있는 특성들을 규명해 내고자 한다. 그간 현대성 담론은 종교와의 관계 속에서 이루어지지 못했기에 토착적 현대성의 성격 규명 역시 제대로 이루어질 수 없었다고 생각되기 때문이다.

　　비교사회학적 차원에서 종교는 특정 사회의 문화적 차이를 가져오는 가장 결정적인 요인이지만, 사회 변화는 종교의 변화를 추동하기도 한다. 이러한 상호변용성을 고려할 때, 한국 사회의 특수한 토착적 현대성을 포착하려는 이 글의 목적을 달성하기 위해서는 연기법적 결합체(이하 '연기체緣起體')라는 방법론적 개념을 활용할 필요가 있다.

1. 토착적 현대성과 연기체적 접근의 필요성

한국 사회는 19세기부터 본격적으로 서구의 현대성[1]과 접촉하기 시작했으며, 일제의 식민 지배에 의해 타의적으로 현대적 제도를 부분적으로 경험하기도 했다. 그러나 이러한 현대성은 서구와 일본이 제국주의적 침략 및 식민 지배를 목적으로 강제적으로 이식한 것에 불과했다. 따라서 한국인의 삶의 의미 및 가치 영역은 자유롭게 분화되기보다 오히려 제국 대 반反제국의 이분법적 대립 구도로 단순화되었다.

서구 제국주의적 침략의 역사를 경험한 "세 세계Three Worlds",[2] 즉 아시아, 아프리카, 라틴아메리카의 사례 일반이 그러하듯, 한국 사회도 제국주의적 지배로부터 해방된 이후에서야 비로소 자신의 현대성을 구현해 나가기 시작했다고 볼 수 있다. 윤해동(2007)은 "식민 지배로부터 해방되었다고 해서 식민지로부터 벗어날 수 있는 것은 아니"라는 시각에서 "모든 근대는 식민지근대"라고 주장하기도 한다. 그러나 정치적 자율성의 측면에서, 제국의 일부였던 식민지 상태와 정치경제적 독립 이후 상태에서는 조건이 다르다. 그러한 차이를 인정한다면, 해방 이후 현대성은 식민지 근대와는 다른 개념으로 포착하지 않을 수 없다. 여기에서는 해방 이후의 현대성을 식민지 근대와 구분하여 "토착적 현대성"이라 부르기로 한다.[3]

---

1) 이 글에서는 modernity, modernizaion, post-modernity를 각각 현대성, 현대화, 탈현대성으로 옮겼다. 단, 다른 사람의 글을 인용할 경우에는 있는 그대로 표기했다.

2) Hettne(1994)에서 빌린 개념이며, "제3세계The Third World"와 혼동하면 안 된다. 헤트네는 "제3세계" 개념이 갖는 선입견을 피하기 위해 의도적으로 "세 세계"라는 표현을 사용하고 있으며, 이 글에서도 그러한 의도를 살려 이 개념을 사용했다.

3) '왜색 불교'를 청산하고 한국 불교의 정체성을 확립한 '정화 운동'의 성공은 해방 전후 우리 사회의 변화를 보여 주는 대표적 사례의 하나이다. 한국 불교의 정화 운동이 처자를 거느린 사람은 승려가 아니므로 사찰에서 물러가라는 1954년 5월 21일의 이승만 대통령의 '정화유시'에 힘입은 바 크지만, 해방 직후의 불교 혁신 운동이 이미 왜색 불교 청산을 주도했음은

8·15 해방은 한국 사회가 자신의 토착적 현대성의 역사를 기록하는 진정한 의미의 최초 시기라 할 수 있다. 남한의 경우에는 해방 이후 본격적으로 국가 형성과 산업화를 시도함으로써 자본주의 제도를 확립했고, 북한의 경우에는 사회주의혁명을 성공시킴으로써 사회주의 제도를 정착시켰다. 해방 이전에도 현대적 제도화가 부분적으로 진행되기는 했지만, 그것은 윤해동에 따르면 제국의 일부로서의 "식민지 근대성"(33쪽)이었다. 또한 해방 이후 토착적 현대성조차도 국내외적 요인들로 형성된 복잡한 정치적 혼란과 내전과 민족분단으로 귀결된 비극적 현대성을 경험하기도 했다. 그러나 남한에서는 자본주의적 현대성이 지배적 구조로 자리 잡았으며, 북한에서는 사회주의적 현대성이 기획되고 실천되었다.

그런데도 지금까지 한국 사회의 현대성 논의는 거의 대부분 '서세동점西勢東漸' 시기와 일제시대의 현대성에 한정되어 있어서, 해방과 함께 드러나는 한국 사회의 토착적 현대성은 학문적 논의에서 배제되어 왔다.

한국 사회의 현대화 과정에 대한 연구는 이미 사회학, 정치학, 경제학 등 한국 사회과학계에서 다양하게 이루어져 왔고, 한국 사회과학계는 해방 이후 한국 사회의 현대화 과정을 그 나름대로 규명해 왔다. 그러나 현대화 이론modernization theory과 현대성 논의는 차원이 다르다. 기존의 현대화 이론에서는 남한의 자본주의적 현대성이든 북한의 사회주의적 현대성이든 그 현대성이 19세기 이래 서구 사회가 경험한 현대성과는 기본적으로 비동질적이라는 점에 대한 고려가 매우 부족하다.

반면에 '토착적 현대성' 개념은 한국 사회를 포함하여 제2차 세계대

잘 알려진 사실이다. 이러한 사례는 해방 이후 토착적 현대성을 모두 식민지 근대성으로 환원할 수 없음을 보여 준다.

전 이후 현대화를 경험한 "세 세계"의 사례는 서구의 현대성 경험과 크게 다르게 전개되어 왔음을 보여 준다는 사실을 논의의 출발점으로 삼는다. 그렇지만 지금까지 한국 사회과학계의 현대성 논의는 주로 서구적 경험에 기초한 일반 이론들을 순수 이론적 차원에서 논의하거나 기껏해야 그러한 이론 틀에 기초하여 해방 이후 한국 사회의 제도적 특징을 그려내는 데 머물러 있다. 그 결과, 기존의 연구에서는 해방 이후 한국 사회가 경험한 토착적 현대성의 특성을 충분히 해명하지 못하고 있다.

이러한 한계를 극복하기 위하여 이 글에서는 종교와 우리 사회의 현대성 사이의 만남과 그 상호변용의 실체를 연기법적 관점에서 밝혀 볼 것이다. 여기에서 연기법적 관점이란 모든 현상을 상호 의존적으로 발생한 그 무엇inter-dependently originated one으로 이해하려는 관점이며, '그 무엇'은 다양한 요인들의 결합물이다. 불교에서는 이러한 결합물를 온蘊이라 부를 뿐만 아니라 인간조차도 오온五蘊으로 간주하고 있지만, 여기에서는 이를 조작적 차원에서 "연기법적 결합체"라 명명하고 이를 두 개 이상의 요인들이 결합하여 형성되는 사회적 관계, 사회조직 및 사회집단, 사회현상 등을 지칭하는 한정적 의미로 사용하고자 한다. 이렇듯 사회적 현상을 연기체로 간주하는 순간, 그 대상을 이해하는 방법에서도 실체를 규명하고자 하는 본질론적 접근보다는 연기법적 접근 방법이 요구될 수밖에 없다.

2. 연기체와 그 연기법적 접근

앞에서도 언급했듯이, 서구의 식민지를 경험했거나 제국주의적 영향을 받은 "세 세계"의 현대화 과정을 선형적 인과 모델을 적용하여 설명하는 것은 분명한 한계를 갖는다. 오히려 "세 세계"의 현대화 과정을 설명하기 위해서는 서구적 기원을 갖는 현대적 제도가 토착적 종교성의 토양 속에 뿌리를 내리는 과정(또는 그 상호변용)을 설명해야 한다. 한국 사회의 경우도 예외가 아니다. 제3절에서 자세하게 논의하겠지만, 해방 이후 한국 사회의 토착적 현대화 과정도 실은 한국의 전통 문화(종교간 상호변용 포함)와 현대적 사회제도 사이의 상호변용의 산물이다.[4]

이렇게 볼 때, 한국 사회와 근대적 사회제도 사이의 관계를 설명하기 위해서는 베버와 벨라를 극복할 수 있는 새로운 이론적 패러다임이 요구된다.[5] 동일한 맥락에서 일찍이 일본의 근대성을 연구한 아나슨도 베버의 동양 사회 연구를 "서구 기준의 비성찰적 보편화"라고 비판하면서, 베버의 비교사회학적 문명 비교의 시각에서 베버를 극복할 필요가 있다고 주장한 바 있다(Arnason, 1997, p. 5).

여기서 주목해야 할 학자는 엘리아스이다. 그는 벨라의 스승이었던 파슨스와 베버의 사회이론을 비판하고, 인간과 사회 사이의 상호 의존적 결합 과정을 "결합체configuration"라고 명명하고 그에 기초하여 자신의 사회이론을 독창적으로 제시함으로써(엘리아스, 1987) 세계적인

---

4) 여기에서 '상호변용의 산물'이란 이항 사이의 상호작용의 산물이나 기계적인 독립-종속변수 관계를 의미하는 것이 아니라 상호 의존적으로 발생하는 연기법적 산물inter-dependently originated one을 의미한다.

5) 김상준(2007)의 "중층근대성론" 개념과 "성과 속의 통섭구조 및 그 전환으로서의 근대성" 이해는 기본적으로 이 글의 문제의식과 동일하다. 그의 결론도 이렇다. "근대성을 생각하는 근본적인 틀을 바꾸어야 한다. 근대성에 관한 언어 모두가 발본적으로 재해석되고 재구성되어야 한다. 패러다임은 이미 시작되었다고 생각한다."(273쪽) 그러나 그의 논의에는 중층을 구성하는 층 사이의 상호변용 및 성과 속의 통섭을 넘어 그 상호변용을 설명할 수 있는 이론적 틀이 빠져 있다. 마치 건물만 있고 건물 속의 삶은 없는 셈이다.

주목을 받았다. 또한 그는 사회학 이론의 전통적 이분법, 즉 구조와 행위의 대립을 지양하고 양자의 상호 의존성과 그 변화 과정을 장기 지속의 관점에서 해석할 것을 제안한 이론가이기도 하다(Krieken, 1998). 그는 한편으로는 사회 체계나 구조 개념의 물화物化를 피하면서도 다른 한편으로는 인간과 인간 및 인간과 사회의 장기적 상호 의존 과정을 표현하기 위해 "결합체"라는 개념을 사용했다. 여기에서 결합 체란 인간과 사회의 상호 의존 과정의 산물로, 고정된 실체가 아니라 본질적으로 지속적으로 변화하는 그 무엇이다.

이러한 엘리아스의 결합체 개념은 구조 이론과 행위 이론의 이분법 적 대립을 넘어설 수 있는 통합 이론을 지향함으로써 기존 이론의 한계를 극복하는 데 성공하고 있다. 또한 사회학자로는 드물게 사회현 상을 대립자의 상호 인과율의 관점에서 설명하고 있다. 그러나 '결합체 사회학'은 주로 행위자actor에 초점을 맞추어 대립자 사이의 관계와 그 역동적 변화를 이론화하고 있다. 따라서 엘리아스의 결합체 개념만 으로는 세계 체제, 국가의 정치경제제도, 특수한 종교문화, 개인의 행위 등 사회 단위적 차원에서의 다차원적 요소들 사이에서 실제로 발생하는 상호변용이나 매우 이질적이고 모순적인 다양한 요소들 사이의 상호 의존성과 그로부터 파생된 토착적 근대성을 충분히 이해할 수는 없다.[6]

이에 우리는 불교적 관점에서 둘 이상의 요인이 결합되어 만들어지 는 사회를 파악할 수 있는 개념적 도구로서 연기체緣起體라는 개념을 사용하고자 한다.[7] 앞의 제8장 1절에서 보았듯이, 다양한 제도들의

---

6) Krieken(1998)은 엘리아스의 결합체 개념이 행위 주체actor와 행위 주체의 관계에만 초점을 맞춤으로써, 제도와 제도의 관계는 물론 제도와 행위 주 체의 관계 등을 충분히 고려하지 못했다고 비판한 바 있다.

7) '연기체' 개념은 불교의 연기사상緣起思想에서 빌려온 것이지만 불교의 연기

상호변용 및 상호모순적인 요소들이 상호 의존적으로 결합함으로써 발생한 토착적 현대성을 연기체라는 개념으로 파악할 것이다. 더 나아가 한국 불교와 현대적 사회제도 사이의 상호변용의 산물, 즉 연기체를 우리는 한국 사회의 토착적 현대성으로 규정하고자 한다. 실제로 비서구 사회의 현대성은 다차원적 수준의 다양한 구성 요소로 형성되어가고 있을 뿐만 아니라 그 구성 요소들의 결합 방식도 다양하게 나타나고 있다.

최근 자신의 독창적 세계화 이론을 제시하고 있는 로버트슨에 따르면, 사회에 따라서는 보편성이 특수화되고 특수성이 보편화될 수 있다(Robertson, 1992, p. 100). 그의 논지와 그 성과는 앞서 제7장의 제2절과 4절에서 이미 고찰한 바 있으니, 여기서는 이런 정도 언급하는 것에 그치도록 하겠다.

3. 불교와 다른 종교 및 사회의 상호변용

1) 한국 사회의 종교적 혼종성과 불교와 다른 종교의 상호변용

'종교 백화점'이란 말이 시사하듯이 한국 사회에는 다양한 종교들이 공존한다. 토속적 민간신앙, 불교, 유교, 기독교, 각종 신흥종교 그리고 이슬람까지 다양한 종교들이 때로는 상호 경쟁하고 갈등하면서 때로는 기능적 역할 분담을 통하여 공존하고 있다. 불교는 이러한 종교들과

법과 동일한 개념은 아니다. 불교의 연기법은 어떤 현상에 대한 어떠한 실체도 허용하지 않으며, 그러한 점에서 최소한의 고정성을 요구하는 학문적(또는 방법론적) 필요성을 충족시키는 것과는 거리가 멀다. 반면에 '연기체'란 학문적 논의를 위해 조작적 의미로 사용되는 실체화된 개념이다.

만나면서 어떻게 상호변용을 경험했으며 또 경험할 것인가?

이에 답하기 위해서는 한국 사회의 종교적 특수성을 이해해야 한다. 이때의 종교적 특수성이란 한국 사회의 종교백화점 현상, 즉 종교적 혼종성을 말한다. 그 중에서도 특히 이른바 세계종교로 알려진 불교, 유교, 기독교, 이슬람 등은 야스퍼스가 말하는 "기축 시대Axial Age"의 원형 근대성의 담지자擔持者였을 뿐만 아니라 현재까지도 세계 윤리를 통해 개인적 이해와 긴장을 낳고 있으며, 세속적인 현존 질서에 의문을 제기하는 강력한 초월성을 내장하고 있다. 이러한 여러 세계종교가 한 사회에서 공존한다는 것은 매우 희귀한 사례이다.

초월신의 세계상을 전제로 한 기독교나 이슬람은 내재적 초월을 추구하는 유교 및 불교와 다르며, 유교와 불교도 각각 다르다. 기독교와 이슬람은 서로 수백 년간 피비린내 나는 전쟁을 벌이기도 했다. 그런데도 한국 사회에서는 이러한 종교들 각각이 역할 분담을 통해 저마다의 종교적 기능을 분점하고 있다. 예컨대 불교식의 천상천하유아독존天上天下唯我獨尊인 존재의 종교적 기능과 유교식의 천지지간최귀天地之間崔貴인 존재의 그것은 다른데, 전자는 세속내적 초월을 통한 구원의 기능을 수행하지만 후자는 철저하게 현세적 윤리로서 기능을 수행한다. 또한 이 두 가지 기능은 기독교적 인간인 초월 신의 피조물의 철저한 현세 합리적 태도와도 다른 역할을 수행한다.

이런 이유로 한국 사회의 종교적 긴장도는 매우 높다. 한국 사회의 대표적 종교 사이에는 경쟁이 치열하다. 생활 세계의 차원에서도 친구 사이, 직장 동료 사이, 가족 사이, 심지어 부부 사이에서도 종교 차이를 둘러싼 토론이 일상적으로 일어나고 있다. 이렇게 한국 사회의 각 종교들은 다른 종교와 경쟁과 다툼을 통해 소통하면서 공존하며, 그러한 현실은 전체 사회의 차원에서는 종교적 혼종성으로 현상한다. 역으로 종교적 혼종성이 다양한 종교의 공존을 가능하게 하는 종교문화적 토대를 제공하는 것일지도 모른다.

불교와 다른 종교 사이의 관계도 예외가 아니다. 그리고 바로 이러한 관계 속에서 불교와 타 종교 사이의 상호변용이 발생한다. 불교가 기독교의 찬송가를 모방하여 찬불가를 만들어 부른다거나 한국 기독교가 불교의 새벽 기도나 철야정진徹夜精進을 본떠서 부흥회를 하는 것이 그러한 예이다. 또한 한국천주교가 유교의 제사 형식을 변형하여 천주교식 제사를 지낸다거나 생활윤리의 본성을 지닌 유교를 종교화하는 등의 부분적 변용이 일어나기도 했다.

2) 불교와 사회제도의 상호변용

(1) 불교로 인한 사회제도의 변용

사회학자 루만에 따르면 현대사회의 구조적 특징은 기능적 분화인데, 그 분화의 결과 생겨난 하위 체계가 전체 사회와 관련을 맺는 방식과 하위 체계들 사이에 상호 관계하는 방식은 서로 다르다. 루만은 전자를 기능function의 관점에서 분석한 반면에 후자는 실행performance의 관점에서 분석했다(Luhmann, 1982). 루만에 따르면 정치, 경제, 종교와 같은 사회의 각 하위 체계는 자신의 기능을 분점하면서 전체 사회에서 기능을 수행하는데, 이때 각 하위 체계들은 매우 실질적 이유에 의해서만 서로에게 작용한다. 예컨대 인권 탄압이 정치적 영역에서 발생했지만 정치 체계 내에서는 해결되기 어려울 때 그 문제를 해결하기 위한 종교적 실행이 발생하며, 이렇게 종교와 정치는 서로 영향을 미친다.

그러나 한국 불교는 국가 건설이나 산업화를 통한 자본주의 체제 확립 등 현대적 사회제도의 형성 및 발전 과정에서 종교적 실행을 행하지 못했다. 해방 후 진행된 현대적 국가 형성 과정은 친미주의적이고 기독교적인 이승만 세력에 의해 주도되었기 때문에 한국 불교는 그 과정에 개입할 수 없었다. 오히려 불교는 이승만 대통령의 '정화유시'를 계기로 내분에 휩싸여 1970년대까지 지속적인 내홍을 겪어야만 했다(유승무, 2004 참조). 또한 일부 토지 자본의 산업자본화를 꾀하기도 했지만, 정화운동은 한국 불교의 산업자본화의 싹이 자랄 수 있는 터전을 제공해 주지 못했다. 또한 정화운동의 사회적 결과로, 한국 불교는 선禪 수행 중심의 사사화私事化를 강화했고, 그로 인해 공적 영역에 대한 관심을 좀처럼 소생시키지 못하고 말았다.

'호국護國'의 성격이 강했던 한국 불교는 실행의 관점이 아니라 기능의 관점에서 국가 형성에 기여할 수 있었다. '호국 불교'인 한국 불교는 그 신도들에게 국가에 대한 충성 및 국가은國家恩에 대한 보답을 교육함으로써 간접적이고 이데올로기적 방식으로 국가 형성에 기여할 수 있을 뿐이었다. 그리고 1960년대 이후 한국의 자본주의화가 국가 주도의 발전 계획을 따라 이루어졌다는 점을 고려하면, 불교는 기껏해야 간접적인 방식으로 사회제도의 형성에 기여했을 뿐이다.

한국 불교로 인한 현대적 사회제도의 변용은 거의 일어나지 않았다. 그 공백은 다른 종교의 몫이었다. 한국 사회의 제도화가 서구화를 지향했고 이승만 정부가 종교적으로 친기독교적이었기 때문에, 기독교는 정부, 교육제도, 의료제도, 복지제도 등에 절대적인 영향을 미쳤다. 불교가 다른 종교에 비해 상대적으로 뒤늦게 일부 공적 활동을 전개해 나갔기 때문에 아직까지도 그 성과는 상대적으로 미미하다.

(2) 사회제도로 인한 불교의 변용

한국 불교로 인한 현대적 사회제도의 변용은 거의 일어나지 않았지만 그것이 한국 불교와 사회제도 사이의 단절을 의미하는 것은 아니다. 오히려 한국 불교는 현대적 사회제도로부터 엄청난 영향을 받았고, 그만큼 고유의 전통으로부터의 변용을 경험했다.

전통적으로 대중공의大衆公議에 의해 공적 사안들을 결정했던 한국 불교의 실질적인 정치적 기구는 문중門中이었으며, 각 문중을 통합하는 상위의 정치체가 별도로 존재하지 않았다. 오늘날과 같은 종단의 질서가 확립된 것은 일제시대 이후이다. 조선총독부는 조선의 불교를 효과적으로 관리하고 통제하기 위해, 전국 사찰을 31개 본산本山으로 구획한 다음에 주지를 임명하여 개별 사찰을 관리할 수 있도록 했고, 이들 개별 사찰을 통합할 수 있는 중앙 행정 기구를 설치했다. 이것이 근대적 종무 행정 체제의 시작이었다.

그 후 불교는 지금까지도 이른바 근대적 관료제도라 할 수 있는 종무宗務 행정 체제를 통해 종단 질서를 유지하고 있다. 이는 전통으로부터의 엄청난 변용이다. 변화는 여기에서 그치지 않았다. 이러한 종무 행정 질서는 근대적 법체계, 즉 종헌宗憲·종법宗法에 의해 수행될 수밖에 없는데, 이는 선원禪院의 원규院規였던 선원청규禪院淸規의 법적 효력을 매우 약화시켰을 뿐만 아니라 계율을 문화적 습속 정도로 제한시키는 효과를 초래했다.

이러한 변화는 의식주를 비롯한 일상생활의 변화로 이어질 수밖에 없다. 전통적으로 출가자 개개인의 일상생활과 선원의 공동생활은 계율과 청규에 의해 강한 규제를 받았지만, 이제는 종헌·종법이 출가자의 일상을 규정하는 합법적 기준으로 작용하고 있기 때문이다.

이러한 내적 요인 이외에도 외부 환경의 변화, 즉 자본주의적 소비 환경의 만연은 출가자의 일상생활에 직접적인 영향을 미치고 있다. 이제 출가자의 모든 일상사가 더 이상 자본으로부터 자유롭지 않기 때문이다. 이러한 정치경제적 변화로 인해 출가자의 의식, 문화,

윤리 등도 전통으로부터의 변용을 경험하지 않을 수 없게 되었다.

이와 같이, 해방 이후 한국 불교는 고정된 실체가 아니라 사회 및 다른 종교와의 만남을 통해 역동적으로 변화하는 연기체이다. 또한, 한국 불교가 현대적 사회제도의 형성 및 정착 과정에 결정적인 영향을 미치지는 못했다 하더라도, 현대적 사회제도의 운영은 불교나 유교 등 한국의 전통 종교의 영향으로부터 완전히 자유로울 수 없었을 것이다. 왜냐하면 한국인의 문화적 습속이 제도의 작동 방식에 영향을 미치기 때문이다. 이는 한국 사회의 현대적 사회제도도 연기체일 수밖에 없음을 의미한다. 그리고 한국 불교와 현대적 사회제도의 만남을 통해 생성된 '토착적 현대성'은 그 상위 체계로서 연기체이다.

4. 결론

참여불교에 대해 소개한 제7장 제4절에서 밝혔듯이, 최근 사회학계에서 현대성 논의는 급속하게 '다중적 근대성'으로 이동하고 있다. 그리고 한국 사회는 하나의 종교가 지배적인 영향력을 행사하고 있는 사회와는 달리, 다양한 종교가 공존하는 복합적 종교 지형을 형성하고 있다. 이런 이유로, 한국 사회는 종교들 사이의 기능적 분화 및 상호변용의 가능성이 매우 크다. 그렇기 때문에 불교와 사회제도의 만남도 다른 종교와의 기능적 분업 관계 및 경쟁 관계 속에서 이루어 질 수밖에 없다.

이는 해방 이후 불교와 현대적 사회제도의 결합 방식 및 내용이 제한적인 의미를 가질 수밖에 없었던 이유이기도 하다. 루만이 분류한 실행의 관점에서 보자면 해방 이후 불교가 국가 형성 및 산업화에 직접적으로 개입하지 못한 것은 한계이지만, 단일 종교로서는 한국 사회의 최대 종교이자 1,600여 년의 역사를 가진 한국 불교가 사회적 기능을 하지 않았다고 말할 수는 없다. 이렇듯 한국 불교와 사회제도의 만남은 상호변용과 결합에 의해 이루어져 오고 있으며, 한국 사회의 복합적 종교 지형은 끊임없이 종교적 혼종성을 재생산해 나가고 있다. 이런 이유로, 발생학적 차원에서의 상호 의존성을 전제하고 있는 연기체적 관점에서 한국 사회의 토착적 현대성을 파악하고자 했던 것이다. 나아가 이런 이유로, 비서구 사회인 한국 사회의 발전에 관한 한 이러한 연기체적 관점이 기존의 사회 발전론의 한계를 넘어설 수 있는 관점임을 주장한 것이다.

그렇다면 미래의 전망은? 세계화 및 정보화에 따라 한국 사회의 종교 지형은 더욱 복잡해지고 혼종성은 더욱 강화될 것이다. 해방 이후 한국 종교들은 이미 혼종성을 경험했고 사회와도 상호변용을 경험한 바 있기 때문에, 혼종성의 경험이 거의 없는 단일 종교 사회의 종교들에 비해 문화적 다양성 상황에 훨씬 유연하게 적응할 수도 있다. 그리고 그러한 점에서 한국 불교와 다른 종교 및 현대적 사회제도 사이의 상호변용 과정은 경로 의존성을 가질 것으로 전망된다. 따라서 앞으로 한국 사회 종교성의 복합성 및 혼종성이 어떠한 창조적 에너지를 갖고 있으며, 그것이 한국의 역동적인 압축적 현대화와 어떤 관련성을 갖고 있는지에 대한 연구가 이어져야 할 것이다.

제10장 중도와 '또 다른 진보'의 연기체

이 책의 마지막인 제10장에서는 서구 근대의 근본적 대안을 규범적으로 재구성해 보고자 한다. 이러한 목적을 달성하기 위해 서구 근대적 세계상과는 다소 이질적인 불교적 세계상에 기초하여 새로운 문화의 본보기를 제시해 볼 것이다. 기존의 것과 이질적인 것일수록 새로움의 가능성도 그만큼 커질 것이다. 서구 근대의 길과는 다른 지식의 길을 찾아야 함을 역설하고 있는 브룸필드도 불교의 '중도中道'에서 그 실마리를 찾을 수 있다고 주장한다(브룸필드, 2002, 270쪽).

동시에 이러한 문화 패러다임이 실천될 수 있는 사회구조적 조건, 즉 '또 다른 진보'의 패러다임도 시론試論으로 모색할 것이다. 불교적 세계상이 행위적 차원과 연관되어 있다면 '또 다른 진보'는 사회구조적 차원이나 체제의 차원에서 논의될 것이다.

이렇게 이 글에서는 불교의 중도의 세계상을 서구 근대적 욕망론과 대비시키고 '또 다른 진보'를 자본주의와 대비시킴으로써, 욕망과 자본주의의 악순환을 극복할 수 있는 중도와 '또 다른 진보'의 선순환을 규범적으로 재구성해 보고자 한다.

1. 대안적 사회 모델을 찾아서

16세기 서구 근대화가 시작된 이래, 서구 이외의 지역에서는 서구적 근대가 발전 모델 및 역사 발전의 보편성으로 전제되기 시작했다. 약간의 시간의 지체가 있었지만 동아시아에서도 예외는 아니었다. 실제로 19세기 이래 동아시아에서 '서세동점西勢東漸'은 그러한 전제의 폭력적 강제와 다름없었다. 이렇게 서구적 근대가 전제되는 과정에 강제와 폭력만 존재했던 것은 아니었다. 오히려 서구 근대적 사회질서가 규율화될 수 있었던 데에는 서구 이외 지역의 자발적 동의와 규범 준수가 철저하게 수반되었다.

그렇다면 그러한 전제의 정당한 근거는 무엇인가? 그것은 합리화, 정치적 민주주의, 자본주의, 그와 연관된 사회적 효과 등에 대한 기대였다. 그 이후에 이루어진 경제적 발전이나 정치적 민주화 등과 같은 기대의 충족은 그러한 정당성을 뒷받침해 주기에 충분했다. 그 결과, 서구 근대 이외의 시공간은 특수성, 예외성, 저발전으로 현상되었다.[1] 서구 이외의 지역에서 살아가고 있는 사람들은 자신의 전통과 문화를 부정하게 되었을 뿐만 아니라 스스로의 정체성에 대해서도 부끄러움과 열등감을 갖게 되었다(앞의 책, 34~35쪽).

그러나 오늘날은 상황이 많이 달라졌다. 서구 근대 이외의 시공간이 완전한 자신감을 회복한 것은 아니지만 서구 근대 자체도 지속적인 정당성 위기에 시달리고 있다. 무엇보다도 이러한 정당성은 이미 서구

---

1) 공간적으로는 유럽이나 미국을 제외한 지역이, 시간적으로는 근대적 시간 이외의 시간이 그러한 취급을 받았다. 특히 시간관에서 서구 근대 특유의 직선적 시간관과는 다른 아시아 문화권 대부분의 시간관으로 특징지어지는 순환적 시간관도 동일한 취급을 받았다.

내부에서부터 도전을 받아왔다(앞의 책, 77쪽 참조). 서구 이외의 지역에서도 이러한 정당성에 대한 의문이 꾸준히 제기되어 왔는데, 그 이유는 서구적 근대성의 이면에 자연의 반란, 불평등의 심화, 그리고 문화적 다양성을 파괴하는 동질화 경향 등과 같은 자기부정 현상의 씨앗이 묻혀 있기 때문일 것이다.

문제는 현실이 점점 더 파국적으로 전개되고 있다는 데 있다. 이른바 자본주의의 황금기Golden Age가 위기에 봉착하면서 시작된 신자유주의적 세계화는 이제는 전 지구적으로 그리고 삶의 전 영역으로 관철되어 가고 있다. 그 결과, 서구 근대의 부정적인 현상은 보다 집약적으로 나타나고 있다. 환경 파괴의 가속화, 사회적 불평등 및 사회적 배제의 심화, 이른바 글로벌 스탠더드의 규율화에 따른 문화적 동형화와 고유문화의 급속한 파괴, 폭력과 전쟁의 빈발 등과 같은 현상이 그러하다. 그런데도 개별 국민국가가 이러한 부정적 현상에 개입할 여지는 점점 더 축소되고 있다.

부정적인 사회현상의 심화 정도는 사회체제의 정당성과 반비례한다. 이제 서구 근대성이 낳은 부정적인 측면은 현대사회의 체제 정당성을 근본적으로 위협하고 있다. 이제는 보다 근본적인 사회체제의 전환을 준비하지 않을 수 없다. 어쩌면 이미 늦었는지도 모른다. 그렇지만 우리는 지금 새로운 모델을 모색하지 않을 수 없는 상황에 놓여 있다. 그리고 새로운 사회체제 모델은 그에 적합한 또는 그 기초가 되는 새로운 문화를 요구한다. 왜냐하면 문화는 행위자의 욕망 형성과 실현에 지침이 되는 본보기를 제공하기 때문이다.

2. 기존의 진보 이론과 아시아적 가치론에 대한 비판

1) 기존의 진보 이론 비판

근대 사회과학은 유럽 사회가 전통에서 근대성으로 전환되는 역사적 도정에서 탄생했다. 이러한 역사적 배경은 전통에서 근대로의 변화라는 19세기 사회과학의 독특한 인식 관심을 형성하는 데 결정적인 역할을 했다(Hettne, 1994). 특히 사회학의 경우, 콩트의 3단계설과 스펜서의 군사형 사회에서 산업형 사회로의 진화를 필두로, 뒤르켐의 기계적 연대에서 유기적 연대로의 변화, 베버의 탈주술화=합리화 개념, 맑스의 발전 단계설[2], 퇴니스의 공동사회에서 이익사회로의 변화 등에 이르기까지, 거의 모든 이론가들이 전근대사회에서 근대사회로의 진화라는 진화론적 시각을 별다른 의문 없이 공유하고 있었다. 그리고 이러한 인식 틀은 서구의 제국주의적 팽창과 함께 비서구 사회의 지식인들에게도 적지 않은 영향을 미쳤다. 서구와 비서구를 막론하고 당시 지식인들의 거의 대부분은 이러한 발전의 방향을 역사 발전의 보편적인 길로 간주하며 그 속에 담긴 서구 중심주의적이고 자민족 중심주의적 요소를 결코 인식할 수 없었다.[3]

---

2) 맑스의 경우, 근대 자본주의사회를 역사의 종착점이 아니라 궁극적으로는 지양되어야 할 것으로 전제하여 다른 이론가들과 약간의 차별성을 지니고 있다. 그러나 전근대사회에서 근대사회로의 진화를 역사의 진보로 간주했다는 점에서는 다른 이론가들과 공통적이었다. '아시아적 생산양식'의 낙후성에 대한 언급은 맑스의 이러한 인식론을 잘 보여 준다.

3) 이러한 인식은 서세동점 당시 중국을 비롯한 동아시아 지식인들에게도 강력한 영향을 미쳤다. 량치차오梁啓超와 같은 중국의 변법자강론자나 한국의 애국 계몽 운동가 및 자력 갱생론자들의 진화론적 인식은 모두 그러한 영

이러한 진화론적 진보의 시각은, 20세기에 산업 체제가 공고화되면서 사회의 균형과 통합을 강조하는 기능주의적 시각으로 대체된다. 이러한 시각의 대체에도 불구하고 서구 중심주의적 진보관은 오히려 강화되었다. 파슨스의 구조 기능주의와 그에 따른 행위 유형론은 그 대표적인 이론적 성과였다.

그러나 제2차 세계대전이 끝난 20세기 중반 이후 식민지 상태에 있던 비서구 사회들이 독립국가를 형성하면서 비서구 사회의 발전 문제가 제기되기 시작했다. 물론 비서구 사회의 발전 문제를 보는 주류의 시각은 여전히 진화론적 진보관과 기능주의적 진보관의 유산을 그대로 물려받은 근대화이론이었다(So, 1988). 또한 근대화이론의 진보관은 인간의 창의성, 성취동기, 신념 체계나 가치 체계를 자본주의적 발전의 문제와 연관시켜 논의하거나 사회구조적 조건과 자본주의 발전의 관련성을 논의함으로써,[4] 그러한 특성을 갖고 있지 못한 것으로 간주된 비서구 사회의 전통문화나 그러한 문화에 익숙한 인간형이나 그들의 사회구조를 발전의 장애물로 간주하도록 은연중에 강요하는 효과를 지니고 있었다. 이는 서구 중심주의나 자민족 중심주의의 강화나 고착과 다름없었다.

지금과 같은 주류 사회과학의 진보 이론은 1970년대 후반 등장하기 시작한 종속이론에 의해 심각한 도전을 받게 된다. 남미의 지역주의와 네오맑스주의를 기반으로 하는 종속이론은 제3세계의 발전 문제를 '전통에서 근대로의 진화'가 아닌 중심부-주변부 모형으로 설명할 뿐만

향력의 결과로 보인다. 이러한 진화론적 인식은 일제시대 한국의 대표적인 독립운동가로 알려진 만해 한용운의 사회의식에도 강력한 영향력을 미쳤다. 유승무(2003)를 참조할 것.

4) 멜클러렌드, 잉켈레스, 벨라 등은 전자의 요소를, 가족 구조와 발전을 논의하고 있는 롱이나 민주주의와 발전의 관계를 논의한 헌팅턴 등은 후자의 요소를 강조하고 있다. So(1988)을 참조할 것.

아니라 저발전의 원인을 내적 요인이 아닌 외적 요인에서 찾음으로써 진화론에 입각한 근대화이론을 전면적으로 부정했다. 이는 단선적 진화로서의 진보 개념이 설득력을 상실했다는 것을 의미했다. 나아가 종속이론은 제3세계의 경우에는 서구의 발전 경험이나 경로와는 다른 새로운 발전 전략이 필요함을 역설함으로써 새로운 진보 개념의 모색을 촉발하는 계기를 마련해 주었다. 이처럼 문제 제기가 정당했음에도 불구하고, 종속이론은 이론 내적 한계, 즉 동어반복, 발전의 의미의 혼란, 정책적·실천적 효과의 부족, 착취 대상의 혼란 등으로 인하여 새로운 진보를 구체화하는 데 실패했다(So, 1988; Hettne, 1994 참조). 진보의 문제를 단순한 인과 모델로 설명하는 이론 틀의 한계였던 것이다.

근대화이론과 종속이론이 설득력을 상실했다는 것은 특정한 사회의 진보의 문제를 단선적 진화론이나 단일한 인과론만으로는 더 이상 설득력 있게 설명할 수 없음을 의미한다. 이제 진보는 세계 체제 속의 각 국가가 처한 다양한 위상 및 조건과 각 사회 내부의 다양한 요인에 의해 설명되어야 한다는 것이다. 게다가 1980년대 후반에 접어들면서 이른바 '현실 사회주의'가 붕괴하면서 맑스주의적 진보 이론의 입지마저 크게 줄어들었다. 바로 이즈음에 '네 마리 용'으로 불리는 국가들의 경제발전에 힘입어 등장한 발전 이론이 '아시아적 가치론' 또는 '아시아적 경제발전 모델'이다. 아래에서는 아시아적 가치론을 진보 이론의 맥락에서 비판적으로 검토해보고자 한다.

2) 아시아적 가치론 비판

아시아적 가치Asian value라는 개념은 말 그대로 아시아 문화권이 간직하고 있는 가치 체계를 말한다(이승환, 1999). 그러나 여기서 아시아란

아시아 대륙 전체를 가리키는 것이 아니라 주로 유교 문화권 국가를 의미하기 때문에, 아시아적 가치란 유교적 가치 체계를 말한다. 아시아 적 가치라는 개념이 '유교 자본주의'와 혼용되는 것도 이 때문이다. 그리고 유교적 가치가 주목의 대상이 된 것은 이 문화권 국가들이 비약적인 경제발전을 이룩했다는 사실과 관련되어 있기 때문인데(김석 근, 1999), 이렇게 아시아적 가치는 한마디로 유교가 자본주의적 발전과 친화성을 가지고 있다는 것을 함의하고 있다. 아시아적 가치는 유교적 가치 중에서도 정실주의, 연고주의, 권위주의 등과 같은 부정적 가치가 아니라 국민들의 높은 성취 의욕, 노동윤리, 교육열, 공동체 의식, 위민 사상, 민본주의, 그리고 경제개발에서의 국가의 선도적인 역할 등 아시아의 경제발전을 설명하기 위한 가치이다.

이렇듯 아시아적 가치는 아시아의 경제발전을 설명하기 위해 선택 되고 조작적으로 정의된 가치이기 때문에, 1997년 아시아가 경제 위기에 처하자 아시아적 가치는 더 이상 설득력을 잃게 되었고 오히려 유교적 가치들 가운데 부정적인 가치들이 부각되는 것을 지켜봐야만 했다. 아시아적 가치론을 간략히 요약하자면, 경제발전을 정치발전에 우선하는 가치로 두는 국가 주도형 경제발전 모델이 지난 30년간 동아시아가 경험한 경제발전의 근본 요인이었다는 것이다(함재봉, 1999). 이러한 방식의 설명은 일찍이 일본의 경제발전을 설명한 벨라의 주장(Bellah, 1957)에서 발견된다. 앞서 언급했듯이 벨라의 이 연구가 근대화이론을 대표하는 저서라는 점을 고려해볼 때, 아시아적 가치론 은 국가 주도의 근대화이론과 다름없어서 근대화이론이 지닌 한계를 그대로 간직하고 있다.

또한 아시아적 가치론은 구체적인 사회관계에서 여성, 소수자, 어린이 등과 같은 사회적 약자에 대한 사회적 배제와 차별의 이데올로 기의 기능을 수행하는 이데올로기로서의 유교를 합리화하는 한계를 내포하고 있다. 이러한 한계가 아시아적 가치론이 권위주의를 옹호하고 소수자나 약자의 인권을 경시하는 이론으로 비판받게 된 이유이다.[5] 특히 유교의 이일분수理一分殊의 논리는 실제로 한국 사회의 일상적인 사회관계에서 자신의 사회적 위치에 대한 분수를 강조하는 이데올로기 기능을 해 왔는데,[6] 이는 사회적 약자를 배제한다는 문제뿐만 아니라 지배자의 배타적 자아를 강화하는 측면을 내포하고 있었다. 따라서 그 결과는 사회적 약자에 대한 배제와 차별로 현상한다.[7] 유교적 가치 체계가 지닌 배제의 성격은 여기서 그치지 않는다. 유교는 인간을 짐승이나 다른 종들보다 우월한 그 무엇으로 간주한다. 아마도 유교에는 인간을 금수禽獸와는 다른 존재로 변화시키는 데 필요한 윤리 체계 그 이상의 의미가 없을 것이다. 그 결과는 다른 동물이나 자연에 대한 배제의 논리나 파괴의 논리로 자연스럽게 연결된다. 왜냐하면 다른 종보다 인간이 우월하다고 주장하는 오만함이 심각한 파괴의 원인이기 때문이다(브룸필드, 2002, 298쪽).

지금까지의 진보 이론들은 관심의 초점을 경제발전에 둠으로써 경제발전의 어두운 그림자에 대해서는 거의 주목하지 않았다. 그리고 이 점이야말로 기존의 진보 이론들의 결정적인 결함이었다. 실제로 경제발전의 현실 속에 살아가고 있는 오늘날의 우리들은 '누구를 위한

---

5) 함재봉(1999)에서는 아시아적 가치가 인권 운동가들이 비난하는 표적이 되고 있음을 알 수 있다. 이러한 비난 중 일부는 서구 제국주의적 음모의 소산이기도 하지만 그렇다고 해서 아시아적 가치에 내포된, 사회적 약자에 대한 차별이 정당화되는 것은 아니다.

6) 이는 세계관, 즉 통제-부분자적 세계관과 연결되어 있기 때문에(최봉영, 2002), 그 이데올로기적 특성이 한층 강화된다. 행위자를 분수에 맞게 행동하도록 강제함으로써 체제 속에 가두어 두는 효과를 갖는다.

7) 유승무(2000)는 조선시대 유교 문화의 현실에 대한 비판적 연구로서 여성과 피지배자에 대한 차별의 실제를 구체적으로 드러낸 바 있다.

진보이며 무엇을 위한 진보인가?'라는 반성적 질문을 하지 않을 수 없는 부조리한 현실에서 살아가고 있다. 사회적 배제를 경험하는 사람들에게 진보 또는 경제발전이 과연 무슨 의미가 있는 것일까? 그렇다면 오늘날의 경제발전을 진보라고 할 수 있을까? 어쩌면 그것은 배제를 강화하는 진보일 뿐, 더불어 살아가는 행복을 위한 진보는 아니지 않을까?

이러한 질문에 대한 답을 얻기 위해서는 진보나 자본주의 그 자체도 비판의 대상이 되어야 한다. 이에 아래에서는 자본주의 자체를 비판의 대상으로 삼아 욕망과 자본주의의 악순환 및 그 한계를 개략적으로 살펴볼 것이다.

3. 욕망과 자본주의의 악순환, 그리고 그 한계

1) 욕망과 자본주의의 악순환

욕망 개념은 매우 다의적이고 혼란스럽게 사용되고 있다. 유형론적 측면에서, 욕망 개념은 식욕이나 수면욕 등과 같은 생물학적 욕구를 의미하기도 하고, 성욕과 같은 본능으로 이해되거나 심지어는 인간의 본질로 이해되기도 하며, 문화적으로 만들어진 물질적 욕망, 정치적 욕망, 지식의 욕망, 창조의 욕망 등을 의미하기도 한다. 또한 기능적인 측면에서, 욕망 개념은 부정적인 의미로도 사용되고 긍정적인 의미로도 사용된다. 일반적으로 생물학적 욕망이나 본능적 욕망은 중립적이거나 긍정적인 의미로 사용되는 경향이 있고, 문화적 욕망의 경우에는 상황이나 사람에 따라 그 평가가 달라지지만, 물질적 욕망이나 지배 및 권력과 관련된 정치적 욕망은 대개 부정적인 의미로 사용된다.

대상에 대한 이해를 추구하는 지식의 욕망, 무엇인가를 발명하려는 창조의 욕망, 목표를 달성하고자 하는 성취의 욕망 등은 긍정적인 의미로 사용된다.

이러한 다의적 의미 때문에 욕망을 어떻게 처리할 것인가에 관한 견해도 분분하다. 예로부터 대부분의 사회는 욕망을 억압하거나 억제하려는 윤리, 즉 금욕의 윤리를 발전시켜 왔는데, 그것은 종교적 세계관이 절대적인 영향력을 발휘해 온 것과 무관하지 않다.[8] 또한 일부 철학자들은 욕구와 욕망을 구분한 다음, 주로 욕망을 통제의 대상으로 설정하기도 했다. 그것은 그들이 욕구를 생물학적인 것으로 정의하거나 정치사회적 조건의 소망과 관련시켜 정의하는 반면, 욕망은 이러한 욕구가 각 개인의 주관적 심리 속에서 변형된 것이거나 또는 환상인 것으로 조작적으로 정의하고 있기 때문이다(김귀곤, 1997 참조).

개인의 자유를 최대한 보장하는 근대사회에 들어오면서 욕망에 대한 족쇄는 급속하게 풀리기 시작했다. 베버에 따르면 금욕의 윤리가 초기 자본주의의 발전을 가능하게 한 원동력이었긴 하지만, 자본주의 사회가 고도화되면서 대량생산, 대량소비의 사회가 형성됨에 따라 금욕의 윤리가 힘을 잃게 되고 오히려 향락과 소비가 장려되기에 이르렀다. 심지어 프로이트나 라캉에 이르면 욕망은 '무의식'으로서 우리의 의식을 좌우하는 일종의 구조로 간주된다.[9]

---

8) 불교나 유교 등과 같이 수양을 강조하는 동양 종교는 말할 것도 없고 기독교 등에서도 금욕주의의 윤리가 매우 강조되고 있다. 이러한 금욕의 윤리를 자본주의의 발생과 관련시킨 베버(1993)는 그 증거로 충분하다.

9) 라캉은 프로이트의 무의식 개념을 이어받아 욕망에 대한 자신의 독특한 이론을 전개한다. 나아가 그는 "욕망désire은 …… 요구demande로부터 욕구besoin를 뺀 차이인 것이다"라고 주장함으로써, 욕망의 무의식적 측면을 강조하고 있을 뿐만 아니라 요구, 욕구, 욕망 사이의 관계와 차이점을 분명히 하고 있다. 에반스(2004)를 참조할 것.

이러한 인식에 이르면, 이제 자본주의사회의 구조와 욕망은 순환의 관계를 맺고 있음이 명확하게 드러난다. 맑스는 『정치경제학 비판 요강Grundrisse』에서 생산이 소비와 직접적인 관계를 지니고 있다는 점 이외에도 소비가 다음과 같은 두 가지 방식으로 생산에 기여함을 자세하게 논의하고 있다. 첫째, 생산물은 소비됨으로써만 비로소 실질적인 생산물이 되며, 둘째, 소비는 새로운 생산을 위한 욕구, 동기, 목적 등을 창출한다. "어떠한 특정한 필요성이 없는 생산은 없다. 그러나 소비가 그 필요성을 재생산한다."(Tucker, 1978, p. 229) 결국 지속적인 잉여가치가 산출되기 위해서는 지속적인 생산이 이루어져야 하고 지속적인 생산이 이루어지기 위해서는 지속적인 소비가 이루어져야 한다는 것이다.

그렇다면 지속적인 소비가 이루어지기 위한 전제 조건은 무엇인가? 그것은 바로 끊임없는 욕망의 존재이다. 맑스는 동일한 저서에서 다음과 같이 쓰고 있다. "상대적 잉여가치의 생산, 즉 생산력의 증대와 발전 위에 세워진 잉여가치의 생산은 새로운 소비의 생산을 필요로 한다. 즉 앞에서 생산 영역이 확대된 것과 같이 유통의 내부에서 소비 영역이 확대됨을 필요로 한다. 첫째로 현재의 소비의 양적 확대, 둘째로 현존하는 욕구를 더 커다란 범위로 보급함에 의한 새로운 욕구의 창조, 셋째로 새로운 욕구의 생산과 새로운 사용가치의 발견과 창조 …… 따라서 여러 가지 물건의 새로운 유용한 특질을 발견하기 위해 전 자연을 탐사하는 것, 모든 다른 풍토와 나라들의 생산물을 전반적으로 교환하는 것, 자연 대상을 인공적으로 가공함에 의하여 그것들에게 새로운 사용가치를 주는 것, …… 마찬가지로 사회체제로부터 태어나는 새로운 욕구의 발견, 창조, 충족, 사회적 인간의 모든 성질의 도야와 될 수 있는 한 풍부한 욕구를 가진 자로서의 그러한 인간을 만들어내는 것 …… 역시 자본 위에 세워진 생산의 한 조건이기 때문이다."(김귀곤, 1997, 123쪽에서 재인용) 이렇게 볼 때 맑스는 자본에 의한 생산 및 노동의 확대를 인간의 욕구의 확대와 조응하는 것으로 해석하고 있음을 잘 알 수 있다.

오늘날과 같이 끊임없이 대중의 욕망을 자극하고 또 창조해 나가고 있는 소비사회는 포드주의적 생산양식, 즉 대량생산, 대량소비 체제의 산물이자 전제 조건이기도 하다. 대량생산을 통해 잉여가치를 추출하려는 포드주의 체제가 유지되기 위해서는 새로운 수요를 창출하지 않을 수 없고, 새로운 수요를 창출하려면 새로운 욕구를 창조해야 하기 때문이다. 그러므로 새로운 욕구의 창출은 오늘날 모든 기업의 마케팅 전략이자 광고의 목표이다.

그러나 이 체제의 본질은 여기에서 끝나지 않는다. 새로운 욕구를 창출하려는 노력은 결코 멈추어서는 안 되며, 이 체제는 상품의 이미지를 통한 기호記號 가치를 창출해야 할 뿐만 아니라 사회적 신분을 상상하는 상징적 가치를 덧씌워야 한다. 다시 말하면 이 체제는 이제는 소비자로 하여금 계급을 구매하도록 강요해야 한다. 이를 위해 그리고 과시 소비를 부추기기 위해, 이 체제는 대량소비의 제도화, 즉 슈퍼마켓이나 백화점뿐만 아니라 할부 제도와 신용카드도 마련해 놓고 있다.

욕망과 자본주의의 순환은 보편성과 특수성의 결합이다. 욕망desire을 인간의 요구demand 중에서 욕구need를 뺀 잉여물로 간주할 경우, 그것은 어느 시대 어느 사회를 막론하고 모든 인간 사회에 존재하는 일종의 보편적 현상이다. 그러나 이러한 욕망이 자본주의와 결합하면서 현대인들은 특수한 욕망 부풀리기를 경험하고 있다. 생산과 욕망이 조응 관계에 있다면, 이는 자본주의적 생산의 고도화가 욕망의 고도의 부풀리기를 전제하고 있기 때문이다. 문제는 이것이 순환을 형성하면서 우리의 삶 자체를 위협한다는 데 있다. 따라서 이 글에서는 이러한 관계의 순환을 악순환惡循環으로, 그리고 이러한 순환과 대비되는 새로운 행위와 구조의 순환을 '선순환善循環'으로 보고자 한다.

2) 악순환의 한계

앞에서 우리는 욕망과 자본주의의 순환이 우리의 삶 자체를 위협한다는 이유에서 악순환으로 보았했다. 그렇다면 이러한 악순환은 우리의 삶을 구체적으로 어떻게 위협하고 있는가?

첫째로, 환경 위기를 야기한다. 세계적인 환경 운동가로 잘 알려진 러미스는 "제로성장을 환영한다"(러미스, 2003, 93쪽)고 주장하기도 했다. 그렇다면 지속적인 경제성장의 원인은 무엇인가? 욕망과 자본주의의 악순환이다. 자본주의에 의해 생산된 욕망과 그 새롭게 생성된 욕망을 충족시키기 위한 생산의 순환, 잉여가치의 창출을 위한 지속적인 생산과 그 생산의 지속을 담보해 주는 소비와 욕망의 순환이야말로 오늘날 경제성장의 원동력이다. 경제발전과 환경 위기 사이의 관계를 역사적으로 파악한 바 있는 포스터에 따르면, 인간과 자연 사이의 관계는 사회관계에 의해 매개된다. 따라서 오늘날 환경 위기는 자본주의적 사회관계에 의해 매개되고 있으며, 더 근원적으로는 자본주의적 사회관계를 유지시키는 욕망과 자본주의의 악순환이 환경 위기의 촉매제로 작용한다고 말할 수 있다.

둘째로, 사회 불평등을 심화시키고 있다. 오늘날 사회 불평등은 크게 두 가지 차원에서 심각한 문제를 야기하고 있다. 하나는 남북 사이의 불평등이다. 1976년 세계은행이 저소득국으로 분류한 나라들의 일인당 평균 소득은 고소득국의 2.4%에 지나지 않았다. 1982년에 이것은 2.2%로 떨어졌으며, 1988년에는 1.9%로 떨어졌다(포스터, 2001, 122쪽). 다른 하나는 남북 모두에서의 국내 불평등이다. 산업화 이후 지금까지의 사회 발전 모델은 백인-남성-청장년-비장애인 중심의 모델이었고, 특정한 사회의 가치도 이들에게 유리하게 구성되었다. 이 모델에서 배제된 자들, 곧 외국인을 비롯한 소수자, 여성, 노인 및 어린이, 장애인 등은 불평등을 겪어 왔다. 이러한 두 가지 불평등 현상은 내포적 축적과 외연적 축적으로 이루어진 역사적 전개 과정과 무관하지 않다(Cox, 1995 참조). 그리고 그러한 축적 방식의 전개 과정은 축적의 본질적 성격에서 유래하기도 하지만, 그러한 축적을 가능하게 하는 분배와 소비의 양식과도 무관하지 않다. 오늘날 부유한 나라들이 신자유주의적 세계 질서를 구축하려고 하는 이유나 부유한 나라의 부유층들이 현재의 상태에 만족하지 않고 지속적으로 부의 축적에 열을 올리는 것은 자본간 경쟁과 관련이 있을 뿐 아니라 끊임없이 새롭게 창출되는 욕망과도 무관하지 않다.

셋째로, 앞에서 살펴본 사회적 불평등 구조는 자원에 대한 통제권 및 소유권에 의해 유지되기도 한다. 게다가 비클러와 닛잔에 따르면 자본 자체는 이미 사회적 관계를 재구조화하는 권력이다(비클러·닛잔, 2004). 따라서 욕망과 자본주의의 악순환은 갈등과 전쟁을 유발하지 않을 수 없다. 이라크전쟁의 본질적 원인이 중동의 석유 자원에 대한 통제권, 즉 그 생산 및 분배와 관련된 국제 관계의 재구조화에 있었다는 사실은 이를 충분히 입증하고 있다. 한편 탈냉전 시대로 접어들면서 제3세계 곳곳에서 인종갈등이 폭증한 것도 욕망과 자본주의의 악순환 은 그 억제력이 제거되는 어디에서나 항시 분출되어 인종갈등과 같은 사회갈등을 야기할 수 있음을 암시하고 있다.

마지막으로, 욕망과 자본주의의 악순환은 인간소외와 자아 상실을 초래한다. 맑스는 『1844년의 경제학 철학 초고』에서 자본주의사회에 서의 노동자의 소외를 네 가지로 정리하고 있다. 노동의 결과, 즉 생산물로부터의 소외, 생산 활동 자체로부터의 소외, 유적 본질로부터 의 소외, 다른 인간으로부터의 소외 등이 그것이다. (맑스, 1991, 72~80쪽)

이러한 소외 현상은 상품 또는 화폐가 수단이 아니라 목적으로 중시될 뿐만 아니라 인간의 행과 불행을 좌우하는 주술적인 힘을 갖게 되었음을 의미한다. 그 결과, 인간은 주술적인 힘을 갖는 화폐의 명령에 철저하게 복종해야 하는 자기소외를 경험하지 않을 수 없게 된다. 게다가 자본주의가 고도화됨에 따라 이러한 물신화 과정은 삶의 전 영역으로 확대되어 간다. 자본주의의 고도화 과정은 토지와 노동력뿐만 아니라 지식, 예술, 교육 및 서비스 영역까지도 모두 상품화해 나가는 과정이다. 이는 인간의 정신적 생활이나 영역까지도 물질화됨을 의미한다. 이러한 악순환은 물질에 의한 인간의 노예화, 즉 자아 상실로 귀결될 수밖에 없다.[10]

여기에서 욕망과 자본주의의 악순환의 한계란 환경 위기의 심화, 사회 불평등의 심화, 사회갈등의 심화 및 전쟁 가능성의 증가, 자기소외 및 자아 상실감의 증대 등 현대 문명의 취약점을 전제한 한에서의 한계이다. 그리고 그 한계는 자본주의가 발전하면 할수록 욕망은 더욱더 커지고 욕망이 더욱더 커질수록 자본주의는 더욱더 고도화되어야 하기 때문에 초래된 것이다. 그렇다면 이러한 한계를 극복하기 위해서는 욕망을 줄이고 자본주의와는 다른 새로운 진보의 모델을 모색하지 않을 수 없다.

그러나 지금까지의 사회과학 이론에서는 현대 문명의 한계를 극복할 수 있는 보편적인 진보 이론을 도출할 수 없다. 맑스주의 진보 이론이 그에 가장 근접한 모델이지만 그 모델은 인간 자신의 배타적 자아의 문제나 욕망을 비판의 대상으로 설정하지 않는 경향이 있다. 따라서 욕망과 자본주의의 악순환의 문제를 극복하고자 한다면, 욕망

---

10) 현대 자본주의사회와 자아 상실의 관계에 대한 연구는 이미 수없이 진행되어 왔다. 최근 신자유주의 시대의 자아 상실 현상에 대해서는 세넷 (2002)을 참조할 것.

과 대비되는 개념으로서 불교의 '중도' 개념과 자본주의와 대비되는 개념으로서 '또 다른 진보'라는 '선순환'의 틀을 규범적으로 재구성해 볼 필요가 있을 것이다.

4. 중도와 '또 다른 진보'의 선순환

1) 발상의 전환: 악순환에서 선순환으로

어떤 두 요인 사이의 인과 사슬이 인간에게 점점 더 큰 해로움만 가져다주는 것을 '악순환'이라 한다면, 동일한 논리를 지니고 있으면서도 인간에게 이로움을 가져다주는 것을 '선순환'이라 할 수 있다. 여기서는 욕慾 실현의 가치와 자본주의적 발전이라는 두 요인 사이의 인과 사슬을 악순환으로 간주한다. 이 악순환의 문제를 해결하려면 발상의 전환과 기존의 상식이나 편견에 도전할 것을 요구한다.

　행위적 차원의 특정한 가치와 사회구조적 차원의 특정한 사회 체계의 인과 연쇄가 사회적 배제 없이 보다 많은 인간에게 물질적 이익을 포함하여 삶의 행복을 가져다줄 때, 그 인과 연쇄를 '선순환'이라 하자. 이러한 정의에 따른다면, 소수집단의 물질적 이익 이상을 담보해 주지 못하는 욕망 추구 가치와 자본주의 체제 사이의 인과 사슬은 더 이상 선순환이 아니다. 또한 사회적으로 배제된 집단에게는 최소한의 욕구 충족도 어렵게 했던 전근대적 가치와 전근대적 사회체제 사이의 인과 연쇄도 선순환이 아니다. 이렇게 볼 때, 이 글에서 추구하는 선순환의 경험적 사례는 근대사회에서는 물론 전근대사회에서도 찾기 어렵다. 시공간적 특수성을 지닌 서구 근대의 경험이나 아시아적 가치론에서 전제하는 경험적 사례는 우리의 선순환 모델과는 거리가 멀다.[11]

오히려 선순환은 당위적으로 재구성하고 실천해 나가야 할 일종의 모델이다.

선순환 모델의 재구성 전략은 이렇다. 첫째, 삶의 행복을 개념적으로 이해하지 않고 삶의 실천으로 이해해야 한다. 왜냐하면 행복을 특정한 개념으로 특정화하는 순간, 그러한 목표 달성의 불가능성 또는 그러한 조건은 곧바로 불행으로 귀결되기 때문이다. 둘째, 그렇다면 우리가 현실적 조건 속에서 실천 가능한 전략으로 선택할 수 있는 방법은 보다 많은 사람들에게 고통을 주는 조건들을 조금씩 줄여 나가는 것이다. 셋째, 그 실천은 행위적 차원과 구조적 차원에서 동시에 이루어져야 한다.

이러한 세 가지 조건을 모두 그리고 동시에 충족시킬 수 있는 길을 찾기란 어렵다. 다만 행위적 차원에서는 불교의 중도적 실천이, 그리고 사회구조적 차원에서는 자본주의적 사회체제와는 다른 사회 구성 원리를 추구하는 각종 공동체 운동이나 세계시민 운동 등(이 글에서의 개념에 따르면, '또 다른 진보')이 이러한 세 가지 조건을 동시에 충족시키는 것에 비교적 근접해 있다고 생각된다. 그러나 중도적 실천은 자본주의 체제를 극복할 수 있는 사회구조적 조건을 형성해 나가는 데 일정한 한계를 가지고 있으며, 사회운동은 개별 행위자의 실천을 동기화하는 데에서 불교에 비해 상대적으로 그 힘이 약하다. 따라서 이 글에서는 규범적인 하나의 가능성으로서 '중도와 또 다른 진보의 선순환 모델'을 재구성해 볼 것이다.

이를 위해 먼저 중도의 의미를 불교의 욕망 방정식과 연관하여 재구성해 본 다음, 사회체제의 차원에서 '또 다른 진보'를 이론적으로

---

11) 서구 근대의 특수성이 지닌 한계에 대한 체계적인 비판은 김영주(1999)와 프랑크(2003)를 참조할 것.

재구성해 볼 것이다. 그리고 마지막으로 이러한 논의에 기초하여 그 둘 사이의 선순환 모델을 제시해 보고자 한다.

2) 불교의 욕망 방정식과 중도

브룸필드(2002)는 서구 근대의 진보를 일종의 망상이라고 비판하고, 양자이론으로 노벨상을 수상한 덴마크 물리학자 보어N. Bohr의 사례를 들어 다른 문화를 통해 그 한계를 돌파할 것을 주장하고 있다. "우리는 문화적 선입관을 만드는 거울로 이루어진 방 한가운데 서 있는 것이고, 무언가를 찾고자 이 거울을 응시하지만, 되돌아오는 문화적 이미지들만 볼 수 있을 뿐이다. 보어는 다른 문화의 철학이 이 거울을 투시할 수 있게끔 도와준다는 사실을 알았다. …… 20세기 가장 혁신적인 과학적 정신이 비서구 문화로부터 개념적 영감을 얻었다는 사실은 **중요**하나."(78쪽)

서구 근대의 자본주의적 욕망 방정식과 가장 먼 대척점에 불교의 욕망 방정식이 자리하고 있다(허우성, 1995 참조). 자본주의적 욕망 방정식이 끝없는 욕망의 충족을 지향하고 있다면, 불교는 욕망 그 자체의 지양, 최소화, 지멸止滅 등을 실천할 것을 요구하고 있다(정기문, 2001 참조). 왜냐하면 욕망이야 말로 고苦의 근원이기 때문이다.

이러한 불교의 욕망관은 불교의 존재론, 즉 연기사상緣起思想에 기초하고 있다. 불교의 존재론에 따르면 모든 존재는 상호 조건적 존재일 뿐이다. 따라서 모든 존재는 무상하며 자아라고 할 그 어떤 실체도 없다. 인간조차도 예외가 아니다. 이는 무아無我, 무상無常, 그리고 그 실천으로서의 열반적정涅槃寂靜이 삼법인三法印으로 간주되는 까닭이다. 이러한 존재론에 따르면, 연기의 법칙을 무시하고 배타적 자아 개념 또는 개별적 자아 개념에 기초하여 살아가고 있는 현대인들의 삶은 욕망을 더욱 자극할 뿐이다. 고통을 줄이는 길은 욕망의 불을 끄는 방법, 즉 팔정도八正道를 실천하는 것뿐이다. 이것이 불교의 가장 기본적인 교리인 사성제四聖諦이다.

사성제의 궁극적인 귀결은 물론 도道, 즉 고苦를 없애는 길이다. 그리고 그 길이란 바로 여덟 가지 올바른 길을 실천해 나가는 것이다.[12] 이는 동시에 중도 실천의 길이다. 팔정도에서 올바르다[正]는 것은 곧 극단적 금욕과 극단적 탐욕의 중도를 의미하기 때문이다.[13] 이는 붓다가 발견한 길이자 불교적 수행 방법의 독특한 특징이다. 물론 팔정도에서 정어, 정업, 정명은 계戒로, 정정진, 정념, 정정은 정定으로, 정견과 정사유는 혜慧로 다시 구분해 볼 수 있다. 그런데 계·정·혜의 삼학三學이 비구계 수지受支의 기본적인 조건이라는 점을 생각하면, 팔정도를 모두 통과하면 제자들에게 부처님의 가르침을 설할 수 있는 비구로서의 자격을 가질 수 있고 중도의 길을 모두 통과했음을, 동시에 욕망의 불길로부터 자유로울 수 있음을 의미한다.

---

12) 팔정도 중에서 정견正見와 정사유正思惟는 연기법적 세계를 올바로 보고 올바르게 사유한다는 내용으로서 이른바 지혜에 해당하며, 또한 그러한 점에서 가장 중요한 요소이기도 하다. 다음으로 정어正語, 정업正業, 정명正命은 마음과 정신을 집중시키기 위해 계율을 철저히 지켜 나가는 것을 의미하는데, 특히 정명은 올바른 일상생활 및 경제생활에 해당하는 것으로 불교사회학적 의미를 내포하는 요소이다. 마지막으로 정정진正正進, 정념正念, 정정正定은 이른바 선정禪定을 의미하는데, 특히 정념은 선불교의 성성惺惺에 해당하는 것으로서 불교 수행법의 가장 중요한 특징이다. 틱낫한(2001)의 수행 방식에서도 정념 — 그는 이를 "마음 다함"으로 해석한다 — 은 가장 중요한 수행 실천으로 간주되고 있다.

13) 이를 불교에서는 고락중도苦樂中道라 한다. 중도에는 이외에도, 태어나지도 않고 없어지지도 않는 것[不生不滅], 즉 생멸중도生滅中道나, 너무 급하게 하는 것도 아니고 너무 게으르지도 않은 것[精進不退], 즉 실천중도實踐中道 등이 있다(서종범, 1996).

그러나 이러한 자유는 개인의 행위 이상의 의미를 지니지 못한다. 팔정도가 이미 그 자체 속에 자비의 실천을 내포하고 있지만 이것마저도 개인적 차원의 행위론적 의미를 가질 뿐 사회구조의 변화를 목표로 하는 집합적 실천은 아니다[14]. 이로 인해 불교사회운동의 차이가 나타난다. 틱낫한은 수행자로서 불교의 전통성에 기초하여 개인의 변화를 목표로 하는 수행 중심의 불교운동을 전개하고 있는 반면에, 학자로서 술락시바락사는 불교의 전통성에서 벗어나 사회구조의 변화를 모색하는 사회운동을 전개하고 있는 특징을 보인다(틱낫한, 2001; 술락시바락사, 2001 참조).

이러한 대비에서 알 수 있듯이, 행위자가 중도를 실천하기 위해서는 그에 적합한 사회조직 원리가 요구된다. 구체적으로 말하면, 사회경제 활동에는 교호성交互性의 원리가 지배적으로 작동하고, 정치적으로는 배제자의 참여가 가능한 조건을 갖추고 있어야 하며, 생태적 차원에서는 인간을 자연의 일부로 간주하는 생태적 생활을 실천하도록 하는 그러한 사회조직 원리가 요구된다. 또한 이러한 사회조직 원리가 지속되기 위해서는 중도적 삶이 요구된다. 따라서 중도의 실천은 이러한 사회조직 원리와 선순환의 인과 연쇄를 형성할 수 있다.

---

14) 틱낫한(2001)이나 최종석(1999)은 이러한 해석의 대표적인 사례이다. 개인의 해탈을 통한 세계의 변화(여기에서 세계란 그의 세계이다)는 '반反연기법적이며 그래서 반反불교적인' 측면을 내포하고 있으며, 이것이 붓다가 깨달은 후 설법을 시작한 진정한 이유인 것이다. 그러한 점에서 대승불교는 정당성을 지니지만 그것이 곧 구조 변화의 함의를 내포하는 것은 아니다. 오히려 그것마저도 사실은 행위론적 의미를 지닌다.

3) '또 다른 진보'의 규범적 재구성

저발전의 발전 테제로 유명한 대표적인 종속이론가 프랑크는 『리오리엔트_ReOrient: Global Economy in the Asian Age_』에서 19세기와 20세기에 만들어진 사회이론은 식민주의와 제국주의를 옹호하고 정당화하는 데 동원된 유럽 중심주의 이데올로기에 불과하다고 신랄하게 비판하고 있다. 그에 따르면, 이 이데올로기는 프로쿠루스테스의 침대였기 때문에 서구 근대 이외의 역사와 현실은 심하게 왜곡했으며, 지금까지 인류 문명의 중심은 유럽이 아니라 중국이다. 한편, 폴라니K. Polanyi는 『거대한 전환_The Great Transformation_』(1944)에서 18세기 이후 거대한 전환 이후에 나타난 시장경제체제, 즉 경제 외적 사회관계로부터 독립된 시장경제체제는 인류 역사상 유일한 예외적인 경제체제였으며, 인류 역사의 대부분에서 호혜reciprocity와 재분배redistribution라는 비경제적 사회관계가 시장경제보다 우위에 있었다고 주장한다. 이들의 주장을 받아들일 경우, 서구 근대의 경험을 역사 발전의 보편으로 간주할 근거는 완전히 사라진다. "근대인들은 실제적인 윤리도 내적인 견실함도 없이 사물을 탄생시키며, 그 안에 휩쓸려 들어가고 있다. 속화된 진보, 발전만을 추구하는 진보, 숙고하는 마음을 몰아내고 그것을 헛된 구호로 채우는 진보는 전혀 진보라 할 수 없다. 그것은 인간을 기만해 절망에 빠뜨리는 사막의 신기루 같은 것이다."(브룸필드, 2002, 76쪽)

이러한 인식을 새로운 진보 이론의 구체적인 모색으로 연결시키는 데 성공한 학자가 바로 세계적인 발전 이론 연구자로 알려진 헤트네다. 제9장 제1절에서 본 바와 같이, 그는 아시아, 아프리카, 라틴아메리카 등 "세 세계Three Worlds"의 역사적 경험에 기초하여 또 다른 사회이론을 전개할 것을 요구한다. "실제적인 발전 실태를 보면, 전 세계 인구의 60%는 경지 침체, 주변화, 가난으로 특징지어지는 주변인이다. 이러한 사실이야말로 대안적 발전이 모색되어야 하는 실제적인 드라마이다. 대안적 발전론은 발전 드라마의 승리자보다 보이지 않은 수많은 희생자에게 더 많은 관심을 기울려야 한다. 바로 배제된 자의 시각이 요구된다."(Hettne, 1993, p. 161)

이러한 전제 아래 그는 지금까지 제기된 대안적 발전론들을 체계적으로 검토하고 다음과 같은 세 가지 원칙을 포함한 대안적 발전 이론을 재구성할 것을 제안하고 있다. 기능주의의 대안인 공간적 영토주의 원칙[15], 표준화된 근대화의 대안인 문화적 다원주의 원칙[16], 성장주의와 소비주의의 대안인 생태학적 지속성의 원칙이 그것이다. 이러한 원칙에 따를 때, 세계관의 차원에서는 비주류 세계관을 부활시키고, 경제적 차원에서는 교호성의 원리에 따라 경제생활을 제도화하고, 마지막으로 정치석 차원에서는 왕 중심의 제1정치체제나 부르주아계급 주도의 제2정치체제가 아닌 배제된 자의 참여를 포함한 시민 중심의 제3정치체제를 정치 활동의 조건으로 성숙시킬 수 있을 것임을 암시하고 있다(pp. 199~206).

그러나 오늘날 전 지구적 자본주의에 포섭되어 가는 '세 세계'의

---

15) 영토주의 원칙은 공간에 기초한 특수한 요소, 즉 지리적으로 한정된 공동체에서 생활하고 자연 자원을 자율적으로 통제하며 문화적 가치 체계를 통해 유대 관계를 형성하고 있는 개인들의 집단을 포함한다. 영토주의 전략의 목표는 그러한 특수한 상황을 발전시키는 것이지 국민총생산의 관점에서 발전을 이룩하는 것이 아니다. 영토성은 돌봄의 윤리, 동료 시민에 대한 관심, 구성원들이 공유하는 환경에 대한 관심 등을 배양해 나간다.

16) 문화적 다원주의는 자신의 고유한 언어로 말할 권리, 자신의 전통적 종교적 실천을 유지할 수 있는 권리, 정치적 과정에 참여할 수 있는 권리, 토지나 다른 자연 자원을 통제할 수 있는 권리 등을 전제로 성립된다.

현실을 보면 이러한 대안적 사회체제가 얼마나, 그리고 어떻게 유지될 수 있을 것인지에 대한 의문이 든다. 그것은 두 가지 쉽지 않은 문제 때문이다. 하나는 자본주의적이고 제국주의적인 침략을 어떻게 방어할 것인가이며, 다른 하나는 사회 구성원들의 가치관이 서구 지향적 가치관으로 변화하는 것을 어떻게 해결할 것인가의 문제이다. 첫 번째의 문제와 관련하여서는, 직접적인 이해관계와의 연관으로 자연발생적 저항 세력이 형성될 가능성이 크다. 그러나 두 번째 문제의 해결을 위해서는 자본주의적 욕망을 극복할 수 있는 별도의 행위 지침이 요구된다. 그러므로 '또 다른 진보'라는 대안적 사회체제가 유지되기 위해서는 행위자인 사회 구성원들의 내면에 중도와 같은 행위 지침이 내면화되어 있어야 할 것이다.

욕망과 자본주의의 악순환과는 무관한 삶의 양식은 지속적으로 사라져가고 있는 반면, 반反세계화 운동이나 대안적 불교사회운동의 사례는 아직도 일종의 실험이며 지금으로서는 이러한 실험들이 얼마나 성공을 거둘 것인지도 알 수 없다. 그러나 욕망과 자본주의의 악순환이 우리의 미래를 행복으로 이끌지 못하는 한, 대안 찾기는 계속될 수밖에 없다. 그리고 대안 찾기가 계속되는 한, 대안적 모델이나 대안적 사회운동에 대한 우리의 희망은 꺾일 수 없다. 중도와 '또 다른 진보'의 선순환 모델이 우리의 희망의 불씨를 지피는 데 조금이라도 기여할 수 있기를 기대해 본다.

참고 문헌

1. 국내 저서 및 논문

강인철, 1996, 『한국기독교회와 국가·시민사회(1945-1960)』, 한국기독교역사연구소.

──, 1997, 「한국 무종교인에 관한 연구」, 『사회와 역사』 제52집, 한국사회학회 편, 문학과지성사.

권규식, 1985, 『宗敎와 社會變動: 막스 웨버의 宗敎社會學』, 형설출판사.

김경동, 1983, 『현대사회학의 쟁점』, 법문사.

김귀곤, 1997, 『욕망의 인간학』, 세종출판사.

김동일 외, 1983, 『社會科學 方法論 批判』, 청람.

김상준, 2007, 「중층근대성: 대안적 근대성 개요」, 『한국 사회학』 제41집 제4호, 한국사회학회.

김석근, 1999, 「IMF, 아시아적 가치 그리고 지식인」, 『아시아적 가치』, 전통과현대.

김어수, 1980, 「8·15부터 6·25까지의 佛敎界의 動向」, 『법륜』, 6월호.

김영식, 1993, 『역사와 사회 속의 과학』, 서울대학교 출판부.

김영주, 1999, 『시장주의, 그 신화와 환상』, 인물과사상사.

김용정, 1986, 『제3의 철학』, 사사연.

김용옥, 1989, 『나는 佛敎를 이렇게 본다』, 통나무.

김용택, 1996, 『불교사회복지론』, 아시아미디어리서치.

김재범, 1997, 『주역의 인식원리의 사회학방법론적 함의』, 경북대학교 대학원 사회학과 박사학위논문.

김재성, 1988, 「초기불교에 있어서의 인간이해 - 오온설과 12연기설을 중심으로 -」, 서울대학교 대학원 철학과 석사학위논문.

김종서, 1997, 「해방후 50년의 한국종교사회학 연구사」, 『해방후 50년 한국종교 연구사』, 한국종교학회 편, 창.

김종욱. 2001. 「하이데거와 불교의 만남」, 『불교평론』 제3권 제4호, 불교평론사.

김진열, 1988, 「불교의 사회학적 접근시론」, 『한국불교학』 제13호, 한국불교학
회.

───, 1993, 『불교사회학 원론(I)』, 운주사.

───, 1997, 「현 한국승단의 양태와 대승불교의 정신」, 『脩多羅』 제13집, 해
인사승가대학.

김형효, 1999, 『하이데거와 화엄의 사유』, 청계.

동국역경원, 1997, 한글대장경:중-1-412(『증일아함경』, 「고락품」 29-9).

박경일, 2001, 「니체와 불교 그리고 해체철학」, 『불교평론』, 제3권 제4호. 불교
평론사.

박경준, 1990, 「초기불교의 연기상의설 재검토 ─ 불교의 사회화를 위한 이론
적 정초」, 『한국불교학』 제14호, 한국불교학회.

───, 1992, 『원시불교의 사회·경제사상 연구』, 동국대학교 대학원 불교학과
박사학위논문.

박성환, 1992, 「한국의 가산제 지배구조와 그 문하적 의의」, 『막스 베버와 동
양사회』, 나남.

───, 2005, 「고전사회학에 나타난 근대사회의 '행복' 논리」, 『한국 사회학』
제39집, 한국사회학회.

법성 외, 1993, 『민중불교의 탐구』, 민족사.

서종범, 1996, 「대승불교의 성립과 중관사상」, 『선불교와 그리스도교』, 바오로
딸.

송두율, 1990, 『계몽과 해방』, 한길사.

───, 1995, 『역사는 끝났는가』, 당대.

───, 1998, 『21세기와의 대화』, 한겨레신문사.

양영진, 1995, 「막스 베버의 종교사회학에 대한 일고찰」, 『막스 베버 사회학의
쟁점들』, 민음사.

여익구. 1985, 『민중불교입문』, 풀빛.

───, 1987, 「한국근대불교의 전개와 그 역사적 과제」, 『한국 불교의 현실과
전망』, 지양사.

오경환, 1990, 『종교사회학』, 서광사.

유승무, 1993, 「구조주의 마르크시즘에 대한 비판적 검토」, 『논문집』 제2집, 중

앙승가대학.

──, 2000, 「처사신분집단과 성리학적 민본주의」, 『동양사회사상』 제3집, 동양사회사상학회.

──, 2003, 「사회진화론과 만해의 사회사상」, 『동양사회사상』 제8집, 동양사회사상학회.

──, 2004, 「정화운동의 사회적 결과」, 『대각사상』 제7집, 대각사상연구원.

──, 2009a, 「한국 불교 노동관의 탈현대적 함의」, 『한국학논집』 제38집, 계명대학교 한국학연구원.

──, 2009b, 「연기법적 관점에서 본 사회고」, 『불교복지, 행복과 대화하다』, 학지사.

윤세원, 1985, 『불타의 정치사상에 관한 연구 ─ 원시경전을 중심으로 ─』, 중앙대학교 대학원 정치외교학과 박사학위논문.

윤승용, 1997, 『현대 한국종교문화의 이해』, 한울.

윤해동, 2007, 『식민지근대의 패러독스』, 휴머니스트.

이경원, 1990, 『막스 베버의 중국사회론에 관한 연구』, 한양대학교 대학원 석사학위논문.

이기영, 1999, 『불교와 사회』, 한국불교연구원.

이승환, 1999, 「아시아적 가치의 담론학적 분석」, 『아시아적 가치』, 전통과 현대.

이영관, 1992, 『벨라 宗敎觀과 韓國宗敎』, 원불교출판사.

임석진, 1990, 『헤겔의 노동의 개념』, 지식산업사.

장회익, 1990, 『과학과 메타과학』, 지식산업사.

전성우, 1992, 「막스 베버의 근대사회론」, 『막스 베버와 동양사회』, 나남.

──, 1996. 『막스 베버의 역사사회학 연구』, 사회비평사.

──, 2005a, 「베버와의 가상 대담」, 『사회와 이론』, 한국이론사회학회 편, 이학사.

──, 2005b, 「근대성: 하나인가 여럿인가?」, 『사회와 이론』, 한국이론사회학회 편, 이학사.

정기문, 2001, 「불교의 욕망관과 경제문제의 인식」, 『불교평론』 제3권 제4호, 불교평론사.

정병조, 1997, 「한국에서의 불교연구, 그 현실과 과제 ─ 해방 이후 반세기를 중심으로」, 『해방후 50년 한국종교 연구사』, 한국종교학회 편, 창.

조원경, 1988, 「8·15 직후의 불교적 과제와 불교혁신세력의 활동」, 『불교와 한국 사회』, 한국불교사회연구소.

조윤호, 2001, 「화엄의 세계와 사이버세계의 구조비교」, 『불교평론』 제3권 제4호, 불교평론사.

─────, 2003, 『동아시아 불교와 화엄사상』, 초롱.

최재현, 1992, 『열린 사회학의 과제』, 창작과 비평사.

최종석, 1999, 「연기와 공의 종교신학적 이해에 대한 고찰」, 『공과 연기의 현대적 조명』, 고려대장경연구소.

최봉영, 2002, 『본과 보기의 문화이론』, 지식산업사.

한국비교사회연구회, 1990, 『비교사회학: 방법과 실제 I』, 열음사.

한국사회과학연구회, 1977, 『현대사회과학방법론』, 민음사.

함재봉, 1999, 「아시아적 가치 논쟁의 정치학과 인식론」, 『아시아적 가치』, 전통과 현대.

허우성, 1995, 「불교의 욕망론」, 『욕망론』, 경서원.

호진, 1998, 「불교의 노동관」, 『불교에서 본 인생과 세계』, 홍법원.

홍승표, 2002, 『깨달음의 사회학』, 예문서원.

황성모, 1984, 「사회과학의 토착화」, 『韓國社會史論: 東學革命에서 해방 후까지』, 尋雪堂.

2. 번역서

기타가와, 1994, 이진구·신광철·이욱 역, 『동양의 종교』, 사상사.

中村元 [나카무라 하지메], 1993, 차차석 옮김, 『불교정치사회학』, 불교시대사.

니버, 1991, 김승국 옮김, 『맑스·엥겔스의 종교론』, 아침.

뚜웨이밍, 2006, 김태성 옮김, 『문명들의 대화』, 휴머니스트.

딧사나야케, 1987, 정승석 옮김, 『불교의 정치철학』, 대원정사.

라홀라, 1988, 이재창·멱정 옮김, 「불타의 가르침」, 『현대사회와 불교』, 한길사.

러미스, 2003, 김종철·이반 옮김, 『경제성장이 안되면 우리는 풍요롭지 못할 것인가』, 녹색평론사.

르누아르, 2002, 양영란 옮김, 『불교와 서양의 만남』, 세종서적.

링, 1993, 안옥선 옮김, 『붓다, 마르크스 그리고 하나님』, 민족사.

마두로, 1993, 강인철 역, 『사회적 갈등과 종교』, 한국신학연구소.

마르크스, 1988, 김재기 편역, 「고타강령비판」, 『마르크스·엥겔스 저작선』, 거름.

마르크스, 2002, 이진우 옮김, 『공산당선언』, 책세상.

마르크스, 2004, 김수행 옮김, 『자본론 III』, 비봉출판사.

마스타니 후미오, 1983, 목정배 역, 『불타시대』, 경서원.

맑스, 1991, 최인호 외 옮김, 『칼 맑스 프리드리히 엥겔스 저작 선집 I』, 박종철출판사.

맑스, 1999, 김태호 역, 『임금 노동과 자본』, 박종철출판사.

맥과이어, 1994, 김기대·최종렬 옮김, 『종교사회학』, 민족사.

바하, 1994, 김종서 옮김, 『비교종교학』, 민음사.

배비, 1987, 최명 역, 『사회연구의 철학』, 법문사.

베버, 1993, 이상률 역, 『유교와 도교』, 문예출판사.

베버, 1986, 홍윤기 옮김, 『힌두교와 불교』, 한국신학연구소.

베버, 1993, 박성수 역, 『프로테스탄티즘의 윤리와 자본주의 정신』, 문예출판사.

벤튼, 1986, 고영복 역, 『사회학 방법론의 조류』, 홍성사.

벨라, 1981, 박영신 옮김, 『사회 변동의 상징 구조』, 삼영사.

벨라, 1994, 박영신 역, 1994, 『도쿠가와 종교』, 현상과 인식.

브룸필드, 2002, 박영준 옮김, 『지식의 다른 길』, 양문.

블로흐, 1994, 정남기 옮김, 『역사를 위한 변명』, 한길사.

비클러·닛잔, 2004, 홍기빈 옮김, 『권력자본론』, 삼인.

사사키겐준, 1992, 김진열 옮김, 『業 研究』, 경서원.

齊藤榮之郞[사이토], 1988, 이재창·멱정 역, 「불교의 사회사상」, 『현대사회와 불교』, 한길사.

세넷, 2002, 조용 옮김, 『신자유주의와 인간성의 파괴』, 문예출판사.

술락시바락사, 변희욱 옮김, 2001, 『평화의 씨앗』, 정토출판.

슈마허, 1986, 김진욱 역, 『작은 것이 아름답다』, 범우사.

아렌트, 1996, 이진우·태정호 옮김, 『인간의 조건』, 한길사.

에반스, 2004, 김종주 외 옮김, 『라깡 정신분석 사전』, 인간사랑.

엘리아스, 1987, 최재현 역, 『사회학이란 무엇인가』, 나남.

오노신조, 1992, 박경준·이영근 옮김, 『불교사회경제학』, 불교시대사.

오데아, 1989, 박원기 옮김, 『종교사회학』, 이화여자대학교 출판부.

오스웨이트, 1995, 이기홍 옮김, 『새로운 사회과학 철학』, 한울.

왈라스, 1990, 김영정·남재봉 옮김, 『사회학 방법론 - 과학적 사회학의 논리 -』, 한울.

카프라, 1989, 이성범·김용정 옮김, 『현대 물리학과 동양사상』, 범양출판사.

칼루파하나, 1992, 최유진 옮김, 『불교철학』, 천지.

쿡, 1995, 문찬주 역, 『화엄불교의 세계』, 불교시대사.

퀸·킹, 2003, 박경준 역, 『아시아의 참여불교』, 초록마을.

틱낫한, 2001, 오강남 옮김, 『귀향』, 모색.

포스터, 2001, 김현구 옮김, 『환경과 경제의 작은 역사』, 현실문화연구.

풀리간드라·푸하카, 1988, 이재창·멱정 옮김, 「불교·자유·영구혁명철학」, 『현대사회와 불교』, 한길사.

프롬, 1995, 김남석 옮김, 『인간소외』, 을지출판사.

프롬, 2001, 김병익 옮김, 『건전한 사회』, 범우사.

프롬, 2005, 권오석 옮김, 「선과 정신분석」, 『사랑의 기술』, 홍성문화사.

프랑크, 2003, 이희재 옮김, 『리오리엔트』, 이산.

츠앙, 1998, 이찬수 역, 『화엄철학』, 경서원.

호네트, 1996, 문성훈·이현재 옮김, 『인정투쟁』, 동녘.

3. 외국 논문과 서적

Arnason, J. P., 1997, *Social Theory and Japanese Experience*, Kegan & Paul, London.

Alatas, Syed Hussein, 1991, 'The Weber Thesis and South East Asia', *Max Weber: Critical Assessments (1)*, Routledge.

Bailey, G & Mabbett, I., 2003, *The Sociology of Early Buddlism*, Cambridge University Press.

Bellah, Robert N., 1957, *Tokugawa Religion: The Values of Pre-industrial Japan*, New York: Free Press.

―――, 1970, *Beyond Belief: Essays on Religion in a Post-Traditional World*, University of California Press.

Bulmer, M., 1990, *Sociological Research Methods*, Macmillan Education LTD.

Chappell, D. W., 1991, *Buddhist Responses to Religious Pluralism, Buddhist Ethics and Modern Society*, Greenwood Press.

Cox, Robert W., 1995, *Critical Political Economy, International Political Economy*, Fernwood Books Ltd, Halifax, Canada.

Eisenstadt, S. N., 2000, *Multiple Modernities*, Daedalu.

Filstead, W. J., 1970, *Qualitative Methodology*, Markham Publishing Company, Chicago.

Fromm, Erich, 1966, *Marx's Concept of Man*, Frederick Ungar Publishing co., New York.

Green, Ronald M., 1990, 'Buddhist Economic Ethics', *Ethics, Wealth, and Salvation*, Univ. of South Carolina Press.

Habermas, J., 1981, *The Theory of Communicative Action*, Beacon Press.

Harold, C., 1991, *Derida and Indian Philosophy*, Sri Satguru Publication, Delhi-India.

Hettne, Björn, 1994, *Development theory and the three worlds: Towards an international political economy of development*, Longman scientific & technical.

Ichimura, S., 1991, *Buddhist Dharma and Natural Law, Buddhist Ethics and Modern Society*, Greenwood Press.

Kalupahana, D. J., 1995, *Ethics in early Buddhism*, Univ. of Hawai'i Press.

Krieken, Robert V., 1998, *Norbert Elias*, Routledge.

Lenski, G., 1967, 'Religion's Impact on Secular Institution,' *Readings in the Sociology of Religion*, Pergamon Press.

Luhmann, N. , 1982, *The Differentiation of Society*, Trans. S. Holmes and C. Larmore, Columbia Univ. Press.

Ratnapala, R., 1992, *Buddhist Sociology*, Sri Satguru Publication, Delhi-India.

Robertson, R., 1992, *Globalization*, Sage.

Smart, Ninian, 1977, *The Science of Religion & the Sociology of Knowlwdge*, Princeton University Press, New Jersey.

So, A. V., 1988, *Social Change and Development: Modernization, Dependency and World-System*, Sage Publications:New delhi.

Spradley, J. P., 1980, *Paticipant Observation*, Holt, Rinehart and Winston.

Tucker, R. C., 1961, *Philosophy and Myth in Karl Marx*, Cambridge.

―――, 1978, *The Marx-Engels Reader*, Princeton University Press.

Vogel, Ezra F., 1979, *Japan as Number One: Lessons for America*, Mass, Harvard University Press.

Weber, Max, 1948, "The social Psychology of the World Religion", *From Max Weber*, trans. ed. by Gerth & Mills, Routledge & Kegan Paul.

―――, ed. by Guenther Roth Wittich, 1968, *Economy and Society*, Bedminster Press.

Wei-hsun Fu, C., 1991, *From Paramartha-satya to Sabvrti-satya, Buddhist Ethics and Modern Society*, Greenwood Press.

Wijayaratna, Mohan, 1990, *Buddhist Monastic Life*, trans. by Claude Grangier and Steven Collins, Cambridge University Press.

芷田精俊, 平成3年[1991년], 佛敎社會學硏究, 國書刊行會.

秋山範二, 昭和41年[1966년], 「禪と行爲, 勞動」, 『佛敎とマルキシズム』, 創元社.

찾아보기

유승무

한양대학교 사회학과를 졸업하고 동 대학원에서 "반월공업공단 노동자계급의 형성과정"으로 박사 학위를 취득하였다. 현재는 중앙승가대학교에서 포교사회학과 교수로 있으면서 불교사회과학연구소 소장을 맡고 있으며, 한국사회학회 이사 및 동양사회사상학회 부회장으로 활동하고 있다. 『유교적 사회질서와 문화, 민주주의』(전남대출판부, 2005), 『불교복지, 행복을 만나다』(홍익제, 2009), 『한국민족주의의 종교적 기반』(나남, 2010) 등 여러 권의 공저가 있으며, 「구조조의 맑시즘에 대한 비판적 이해」, 「한국불교 노동관의 탈현대적 함의」 등 여러 편의 논문을 썼다.

불교사회학 Buddhist Sociology of Buddhism
불교와 사회의 연기법적 접근을 위하여

지은이 | 유승무
펴낸곳 | 박종철출판사
편집 | 권혁주
주소 | 서울시 마포구 서교동 457-6 2층 (㉾121-841)
전화 | 332-7635(영업) 332-7629(편집)
등록번호 | 제12-406 (1990. 7. 12.)

제1판 1쇄 | 2010년 12월 20일

값 18,000원

ISBN 978-89-85022-54-5 93330